Udo Bermbach

—

Richard Wagners Weg zur Lebensreform

wagner in der diskussion

Band 17

Udo Bermbach

Richard Wagners Weg zur Lebensreform

Zur Wirkungsgeschichte Bayreuths

Königshausen & Neumann

Bibliografische Information der Deutschen Nationalbibliothek

Die Deutsche Nationalbibliothek verzeichnet diese Publikation in der Deutschen Nationalbibliografie; detaillierte bibliografische Daten sind im Internet über http://dnb.d-nb.de abrufbar.

Gedruckt auf säurefreiem, alterungsbeständigem Papier
Umschlag: skh-softics / coverart
Umschlagabbildung: Fidus, Lichtgebet, 1910, aus: Pamela Kort/Max Hollein, Künstler und Propheten. Eine geheime Geschichte der Moderne 1872–1972, Frankfurt/M. o.J. (2015), Ausstellungskatalog der Kunsthalle Schirn, Frankfurt/M., S. 61.
Bindung: docupoint GmbH, Magdeburg

Printed in Germany
ISBN 978-3-8260-6470-8
www.koenigshausen-neumann.de
www.libri.de
www.buchhandel.de
www.buchkatalog.de

Inhaltsverzeichnis

„Wir erkennen den Grund des Verfalls der historischen Menschheit
sowie die Notwendigkeit einer Regeneration derselben;
wir glauben an die Möglichkeit dieser Regeneration,
und widmen uns ihrer Durchführung in jedem Sinne."
Richard Wagner, *Was nützt diese Erkenntnis?*

„Wir streben eine Renaissance des Menschengeschlechtes an."
Ida Hofmann-Odenkoeven, *Monte Verità, Wahrheit ohne Dichtung*

Vorwort

Als im Laufe des 19. Jahrhunderts die moderne Industrialisierung einsetzte und nicht nur die Formen herkömmlicher Produktion eingreifend zu verändern begann, sondern ebenso folgenschwere Auswirkungen auf die privaten Lebensstile der Menschen hatte, formierten sich sehr bald Gegenbewegungen, die zum einen die Industrialisierung selbst, vor allem aber die Konsequenzen auf die private Lebensführung abzumildern bzw. ganz zu verhindern suchten. Jean-Jacques Rousseaus Ruf: *Retour à la nature* hatte schon ein Jahrhundert zuvor jene zugkräftige Formulierung geliefert, die das Ziel für Bewegungen benannte, die gegen die negativen Auswirkungen der Modernisierung und dem damit verbundenen Umbruch aller eingewohnten Lebensbereiche antraten. Es waren zunächst kleine Gruppen, die Gegenakzente zum generellen Trend der gesellschaftlichen Entwicklung suchten: so etwa der deutsche Arzt Samuel Hahnemann (1759–1843), der mit der von ihm entwickelten Homöopathie gegen die akademische Medizin antrat und in seinen ab 1796 erscheinenden Schriften das *Simile*-Prinzip vertrat, das besagte, man müsse Ähnliches mit Ähnlichem bekämpfen; oder die von Sebastian Kneipp (1821–1897), einem Priester, propagierten Wasserkuren, die zur Heilung von allerlei Krankheiten angepriesen wurden; auch die zu Anfang des 19. Jahrhunderts aus England kommende Sportbewegung, die in freier körperlicher Bewegung in der Natur ein Gegenprinzip zur zunehmend einengenden Lebensweise in den großen Städten und Industriegebieten sah. Oder, um ein letztes Beispiel zu geben, die Klein-Gartenbewegung, die der Leipziger Arzt und Universitätslehrer Daniel Gottlob Moritz Schreber (1808–1861) gegen die Verstädterung mit ihren gesundheitsschädigenden Folgen propagiert hatte und die 1864 durch Ernst Innozenz Hauschild, einem Reformpädagogen, sich zu einer Gartenkolonie-Bewegung wandelte, die Schrebers Namen annahm. Aus der Vielzahl solcher zunächst vereinzelter Bewegungen entstand dann allmählich gegen Ende des 19. Jahrhunderts eine machtvolle und auf immer neue Lebensbereiche übergreifende Reformbewegung, die den weitgehenden Anspruch hatte, gegen die negativen und gesundheitsgefährdenden Auswirkungen der Moderne neue und gesunde, naturgemäße Formen der Lebensführung zu propagieren, zugleich aber auch Kunst und Leben in ein neues Verhältnis zueinander setzen wollte.

Richard Wagner steht mit seinen *Spätschriften*, die fast alle um 1880 im Umfeld der *Parsifal*-Komposition entstanden sind, mit am Beginn dieser Lebensreformbewegung, ohne sich über das Ausmaß dieser Neubestrebungen im Klaren zu sein. Aber nicht nur seine *Spätschriften*, sondern auch seine politisch-ästhetische Utopie des Gesamtkunstwerks, seine immer wiederholte Betonung von der „Einheit alles Lebenden", die als Einheit von Mensch und Natur interpretiert wurde, stimulierten viele der führenden Köpfe der Lebensreformbewegung. Wagner hat diese Bewegung in ihren differenzierten Ausformungen zwar nicht mehr selbst miterlebt, wohl aber ihre ersten Anfänge positiv zur Kenntnis genommen. Das belegen seine vehementen Einsprüche gegen die Vivisektion, belegt sein Plädoyer für Vegetarismus und Antialkoholismus, auch seine Reflexionen über Klima und menschliche Lebensbedingungen. Es ist bemerkenswert, dass die *Spätschriften*, sieht man von *Religion und Kunst* (1880) einmal ab, kaum als Kommentar zu seinem Werk, auch nicht zum *Parsifal*, verstanden werden können, wie dies unzweifelhaft für die sogenannten *Zürcher Kunstschriften* gilt, die sich mit den bis dahin entstandenen Werken wie dem entstehenden *Ring* auseinandersetzen und die Intentionen des Komponisten festschreiben. Die zwischen 1849 und 1851 niedergeschriebenen Essays formulieren Wagners politische Ästhetik und sind Kommentare und Erläuterungen des sich mehr und mehr entfaltenden neuen Typus seines Musikdramas, zugleich Anleitung zu dessen ‚richtigem' Verstehen. Eine solche Intention fehlt den *Spätschriften* völlig. Sie beziehen sich nicht auf den entstehenden *Parsifal*, haben mit dem musikdramatischen Werk Wagners kaum etwas zu tun, sondern sind vielmehr Einsprüche und Beiträge zu einer gesellschaftlich-politischen Debatte, die sich am Ende des Jahrhunderts zu entwickeln beginnt und in den breiten Strom der *Lebensreform* mündet. Mit ihnen nimmt Wagner Stellung, wie er meint, zu Fehlentwicklungen des modernen Lebens, die seiner Meinung nach dringend korrigiert werden müssen. Zugleich sind diese Schriften grundlegend für die Forderung nach einer „Regeneration" der Menschheit, die als eine tiefgreifende Veränderung überkommener Lebensführung verstanden wird. In ihnen wird mit neuem Nachdruck aufgenommen, was Wagner ansatzweise schon in den *Züricher Kunstschriften* vertreten hatte: ein neues Verhältnis von Mensch und Natur zu fordern, das sich am Ideal der „Einheit alles Lebenden“ und dem „Reinmenschlichen“ ausrichten soll. Durch solche fundamentalen Intentionen, die – wie Chamberlain zurecht angemerkt hat – alle die nur auf Änderung der politischen und sozialen Strukturen zielenden Revolutionen weit übergreifen, gehören diese *Spätschriften* mit zu den ersten Beiträgen für eine Bewegung, für die sich später der Begriff der *Lebensreformbewegung* eingebürgert hat. Sie greifen damit weit über innermusikalische und allgemeinästhetische Fragen hinaus und direkt in die allgemeine Lebensführung der Menschen ein, sind somit auch als ein eigenständiger Schriftkorpus im Schaffen Wagners zu verstehen. Dass zu diesem Eingriff ins Leben zugunsten einer umfassenden Regeneration auch die Musikdramen gehören, versteht sich von selbst; denn Wagner hat diesen lebensintervenierenden Aspekt seiner musikalischen Bühnenwerke in seinen kunsttheoretischen Schriften der 1850iger Jahre wie in zahlreichen Briefen, die er im Zusammenhang mit dem entstehenden *Ring* zu dessen Verständnis geschrieben hat, immer wieder betont und sein Schaffen nie nur als „Unterhaltung der Gelangweilten“ verstanden, sondern mit der Aufführung seiner Musikdramen im Bayreuther Festspielhaus auf moralische Besserung seiner Zuhörer gehofft. So überwölbt ein verbindender Bogen die *Zürcher Kunstschriften* mit den *Spätschriften* und schafft jene „Einheit des Denkens“, die Wagner für sich in einem seiner letzten Gespräche mit Cosima behauptet hat.

Man wird nicht nachweisen können, dass Wagners *Spätschriften* noch seine These von der lebensintervenierenden Kraft seiner Kunst einen unmittelbaren konstituierenden Einfluss auf die entstehende Lebensreformbewegung um die Jahrhundertwende gehabt haben. Doch hat beides die Protagonisten der Lebensreform indirekt und zum Teil nachhaltig in ihrem Denken und Tun beeinflusst. Überdies sind wichtige Projekte der Lebensreform mit Berufung auf Wagners Schriften und vor allem nach dem Vorbild seiner politisch-ästhetischen Utopie *Gesamtkunstwerk* in Gang gesetzt worden. Und es ist auffallend, dass einige der prominentesten Vertreter der Lebensreform sich explizit als Wagnerianer bzw. Bayreuthianer bekannten und damit indirekt zu Protokoll gaben, wie stark der *Bayreuther Gedanke* in diese Bewegung hineingewirkt hat.

Es ist höchst erstaunlich, dass dieser Zusammenhang zwischen Wagner, Bayreuth und der Lebensreformbewegung in der bisherigen Wagner-Literatur noch nicht thematisiert worden ist, obwohl er doch zu den wichtigsten Nachwirkungen Wagners und Bayreuths gehört. Vor allem Houston Stewart Chamberlain mit seiner sehr spezifischen Interpretation der Weltanschauung Wagners, aber auch Hans von Wolzogen, der sechzig Jahre die *Bayreuther Blätter* herausgab und zu den engsten Vertrauten Cosima Wagners gehörte, standen den Zielen der Lebensreformbewegung mit großer Sympathie nahe. Ihre eigene Weltanschauung überschnitt sich mit großen Teilen der Lebensreform. In vielen konkreten Reformprojekten und bei vielen Protagonisten der Bewegung lässt sich die Nähe zu Wagner und zu Bayreuth geradezu mit Händen greifen.

Die hier vorgelegte Studie will an einigen ausgewählten Beispielen diese Nähe dokumentieren und nachzeichnen. Sie ist weit davon entfernt, das gesamte Feld umfassend zu untersuchen, sondern beschränkt sich bewusst auf einige besonders markante Beispiele. Manches, was mit Bayreuth in Verbindung stand, wird nicht behandelt, so etwa die genossenschaftlich organisierte Obstbaukolonie „Eden“ bei Oranienburg/Berlin. Sie war die erste aller Landkommunen mit einem Anspruch auf autarke Selbstversorgung, auf Änderung der Lebensweise, gleiche Verteilung des Bodens sowie eine Sozialreform ausgerichtet. Ganz im Sinne Wagners galt hier Alkoholverbot, wurde vegetarisch gegessen und ein Familien- und Gemeinschaftsleben praktiziert, bei dem Gesundheit, Abhärtung und Einfachheit der Lebensführung im Vordergrund standen. Hier lebten die Klindworths, glühende Wagnerianer und Bayreuth-Pilger. Karl Klindworth, Liszt-Schüler und berühmter Pianist, der von 1884–1886 zusammen mit Joseph Joachim die Berliner Philharmoniker leitete und 1883 in Berlin ein Musik-Konservatorium gründete, hatte zusammen mit seiner Frau die zehnjährige, elternlose Winifred Williams adoptiert, diese zu den Festspielen nach Bayreuth mitgenommen und dafür gesorgt, dass der noch unverheiratete Siegfried Wagner sie kennenlernte, heiratete und sie damit zur ‚Herrin des Hügels‘ machte. Inwieweit die völkisch ausgerichtete Siedlung „Eden“ Winifred Wagners spätere Einstellung und ihren Lebensstil geprägt hat, ist eine sicherlich interessante Frage, die aber hier nicht beantwortet werden kann.

Der Versuch einer auch nur annähernden Vollständigkeit hätte jeden Umfang gesprengt und musste deshalb zugunsten exemplarischer Auswahl unterbleiben. Dasselbe gilt für einzelne Vertreter der Lebensreform, die sogenannten Barfußpropheten, von denen ebenfalls nur drei Repräsentanten behandelt werden. In allen Fällen zeigt sich aber ein typisches Muster des Einflusses und der Empathie der Reformer zu Wagner, seinem Werk und Denken. Und einzig dies zu zeigen, ist der Sinn der vorliegenden Arbeit.

Ich möchte dieses Buch all jenen Kollegen und Freunden widmen, mit denen ich über lange Jahre bei der Herausgabe des *wagnerspectrums* zusammengearbeitet habe oder denen ich, über den unmittelbaren Arbeitszusammenhang hinaus, in meiner kritischen Leidenschaft zu Wagner verbunden bin. Allen voran gilt dies für Dieter Borchmeyer, mit dem ich gemeinsame Kongresse in Bayreuth organisiert und in Sachen Wagner oft leidenschaftlich debattiert habe; für Hermann Danuser, dem ich wichtige Einsichten in Wagners Musik verdanke; für Jens Malte Fischer, der manche Hinweise auf antisemitische Spuren und Inhalte der Musikdramen und Schriften gab und darüber hinaus für mich Wichtiges zum Wagner-Gesang erschloß; für Sven Friedrich, von dessen Kenntnissen auch abgelegener Wagneriana ich stets profitiert habe; für Herfried Münkler, der meinen Blick für die Machtspiele von Wagners ‚Helden' geschärft hat; für Volker Mertens, dessen Arbeiten zu den mittelalterlichen Quellen Wagners für eigene Arbeiten bedeutsam waren; für Hans Rudolf Vaget, dessen genaues politisches Bohren gegenüber Wagner auch meine eigenen Arbeiten anregte; für Stefan Bodo Würffel, der meine Wagner-Arbeiten stets freundschaftlich, aber konstruktiv kritisch begleitet hat. Ihnen allen danke ich von Herzen für die nicht nur kollegiale Freundschaft, die uns verbindet.

Hamburg, Frühjahr 2018 Udo Bermbach

Teil I

Richard Wagners Spätschriften

Richard Wagners Spätschriften

Theoretischer Vorlauf

Im allgemeinen werden in der Wagnerliteratur die Spätschriften Wagners, die um 1880 herum zur Zeit der Arbeit am *Parsifal* entstanden sind, als ein Komplex behandelt, der sich nur schwer, wenn überhaupt, in die übrigen Schriften des ‚Meisters' einfügen und mit diesen in Übereinstimmung bringen lässt. Überwiegend herrscht die Meinung vor, zwischen diesen *Spätschriften* und den für das Werk und Werkverständnis zentralen sogenannten *Zürcher Kunstschriften* – den Schriften *Die Kunst und die Revolution* (1849); *Das Kunstwerk der* Zukunft (1849) und *Oper und Drama* (1850/51) – klaffe ein tiefer Bruch und selbst gemessen an den vergleichsweise systematischen Revolutionstraktaten jener Jahre – hier geht es vor allem um *Wie verhalten sich republikanische Bestrebungen dem Königthume gegenüber* (1848); *Der Mensch und die bestehende* Gesellschaft (1849); *Die Revolution* (1849) – seien die späten Auslassungen bloß assoziativ, kaum in einem systematischen Zusammenhang zu sehen und inhaltlich sogar eher abwegig. Besonders übel vermerkt wird, dass Wagner sich in ihnen u.a. mit positiven Bemerkungen ausführlich mit der Rassentheorie Gobineaus auseinandergesetzt und so den Anschein erweckt habe, auf seine alten Tage nicht nur einen sich verschärfenden und zunehmend aggressiver werdenden Antisemitismus vertreten zu haben – wie er vor allem in den *Cosima*-Tagebüchern zu beobachten ist –, sondern auch noch zu einem ebenso aggressiven Rassisten geworden sei – eine Behauptung, die in dieser Schlichtheit nicht stimmt.[1] Zugleich müssen die *Spätschriften* häufig als Beleg dafür herhalten, Ausdruck von „Wagners Blutideologie" zu sein, die dann auch die *Parsifal*-Schlussformel „Erlösung dem Erlöser" als die „Erlösung vom Ju-

[1] Dazu Udo Bermbach, *Wagner und Gobineau. Zur Geschichte eines Missverständnisses*, in: derselbe, *Kultur, Kunst und Politik. Aufsätze. Essays* Würzburg 2016, S. 281ff.

dentum" versteht und zum ideologischen Zentrum des Denkens und der Werke[2] erklärt wird.

Diese These, die sich in vielen Variationen vor allem dort findet, wo Wagner und sein Werk auf wenig Sympathie stoßen und zum antisemitischen und rassistischen Vordenker Hitlers gemacht wird,[3] hebt die *Spätschriften* ab von allem, was Wagner in früheren Jahren geschrieben hat. Die Trennung zwischen den Revolutionsschriften und den *Spätschriften* findet sich in der Wagner-Literatur vielfach und wird in der hier zitierten Formel von Zelinsky ideologisch nur besonders zugespitzt. Dabei ist es einerseits richtig, zwischen beiden Schriftkomplexen zu differenzieren. Denn die *Zürcher Kunstschriften* – die an anderer Stelle ausführlich analysiert worden sind, was hier deshalb unterbleiben soll[4] – formulieren neben einer Abrechnung mit der gegebenen Gesellschaft und Politik vor allem auch ein politisch-ästhetisches Konzept, das Leitlinien für eine ‚richtige' Rezeption der entstehenden Musikdramen bereitstellen sollte, wie dies etwa aus Briefen an August Röckel, die während der *Ring*-Komposition geschrieben wurden, hervorgeht. Die *Spätschriften* dagegen beziehen sich kaum auf musikalische Werke – Ausnahme ist hier *Religion und Kunst* (1880) –, sondern beschäftigen sich mit Fragen der praktischen Lebensführung, die Wagner in den Kontext einer „Regeneration der historischen Menschheit"[5] stellt und die ihm Vorbedingung für eine radikale Änderung der gesellschaftlich-politischen Verhältnisse sind.

Gleichwohl muss man fragen, ob es nicht doch einen tieferen inneren Zusammenhang zwischen beiden Schriftkomplexen gibt. Denn es wäre sehr verwunderlich, wenn Wagner, der selbst immer wieder die Einheit seines Denkens und Werks nachdrücklich betont hat[6], eine so radikale Denkkehre vollzogen hätte, dass es zwi-

---

2 Hartmut Zelinsky, *Die deutsche Losung Siegfried oder die ‚innere Notwendigkeit' des Juden-Fluches im Werk Richard Wagners*, in: Udo Bermbach (Hrsg.), *In den Trümmern der eignen Welt. Richard Wagners ‚Der Ring des Nibelungen'*, Berlin/Hamburg 1989, S. 217.

3 So z.B. bei Paul Lawrence Rose, *Richard Wagner und der Antisemitismus*, Zürich/München 1992.

4 Udo Bermbach, *Der Wahn des Gesamtkunstwerks, Richard Wagners politisch-ästhetische Utopie*, Stuttgart/Weimar 2004, S. 81ff.

5 Richard Wagner, *Was nützt diese Erkenntnis?*, in: derselbe, GSD Bd. 10, S. 253ff.

6 Dazu ausführlich Udo Bermbach, *Der Wahn des Gesamtkunstwerks*, S. 283ff.

schen den Grundüberlegungen beider Schriftkomplexe keine inhaltlichen Verbindungen geben sollte. In *Wollen wir hoffen?* (1879) schreibt er, er glaube, eine seinen Werken angemessene „That nicht eher erwarten zu dürfen ..., als bis die Gedanken, welche ich mit dem ‚Kunstwerk der Zukunft' verbinde, ihrem ganzen Umfange nach beachtet, verstanden und gewürdigt worden sind"[7], und fügt hinzu: „Und so kehre ich, durch alle Umwege unentwegt, zu meinen vor dreißig Jahren von mir konzipierten Gedanken ... zurück, indem ich offen bezeuge, daß an dem schroffesten Ausdrucke derselben meine seitherigen Lebenserfahrungen nichts ändern konnten."[8] Das schließt natürlich Modifikationen aufgrund seiner praktischen Lebenserfahrungen gewiss nicht aus, die sich auch in seinen Publikationen niedergeschlagen haben – anderenfalls hätte Wagner Lernverweigerung betrieben – , aber es betont die Kontinuitäten seines Denkens in wichtigen Grundüberzeugungen. Solche Kontinuitäten treten allerdings häufig in neuen semantischen Formulierungen und geänderten Kontexten auf, so dass die Übereinstimmung der Inhalte gelegentlich schwer zu erkennen ist. Wagner, der ein unermüdlicher Leser war und alle Literatur in sich einsaugte, sie sich aber auch gleichzeitig zu seinen Zwecken anverwandelte, war in dem, was er schrieb und sagte, oft vom gerade Gelesenen stark beeindruckt. Die Lektüre der Cosima-Tagebücher belegt diesen Sachverhalt, belegt aber auch zugleich, dass er sehr selektiv las; zumeist suchte er in dem, was er las, Bestätigung für seine eigenen Auffassungen und dort, wo Differenzen zwischen ihm und dem Gelesenen zu groß wurden, verwarf er die fremden Thesen, selbst wenn er für diese eine partiale Bewunderung empfand – Gobineaus Rassentheorien sind hierfür ein Beispiel.

Als einer der Beweise für den Bruch in Wagners Denken gelten die vermeintlichen Ergebnisse seiner Schopenhauer-Lektüre, die er auf Empfehlung seines engen Freundes Georg Herwegh, eines radikalen Sozialisten und aktiv Beteiligten an der Revolution von 1848/49, im Sommer 1854 begann. Wagner war sofort, obwohl ihm die Lektüre der philosophischen Texte nach eigenem Bekunden schwer fiel, von Schopenhauers Weltverneinung und Willensmetaphysik angetan. An Liszt schrieb er, der Hauptgedanke Schopenhauers, die endliche Verneinung des Willens zum Leben, sei „von

[7] Richard Wagner, *Wollen wir hoffen?*, in: GSD. Bd. 10, S. 119.
[8] Ebenda, S. 121.

furchtbarem Ernste, aber einzig erlösend. Mir kam er wahrlich nicht neu, und niemand kann ihn überhaupt denken, in dem er nicht bereits lebte."[9] Das ist eine für Wagner typische Wendung, mit der er sich als Vorausdenker ausgibt und Schopenhauer nur als denjenigen gelten lässt, der das bestätigte, was er selbst bereits seit langem wusste.

Dass er die „Verneinung der Welt" so enthusiastisch begrüßte, kann allerdings als philosophische Sublimierung seines revolutionären Denkens verstanden werden. So wie er in seinen *Dresdner* und *Zürcher Schriften* die Welt und ihre Moral gänzlich verwarf und eine grundsätzliche neue Welt, gegründet auf der Kunst als Modus der künstlerischen Vergemeinschaftung[10] forderte, so wurde die Verneinung der Welt nun zum Ausdruck der ebenso gänzlichen Ablehnung des Status quo – nunmehr allerdings als individueller Akt des Denkens und Handelns. Forderte Wagner während der Mai-Unruhen des Jahres 1849 einen radikalen Umbau der politischen, sozialen und ökonomischen Institutionen und unterfütterte diese Forderungen durch entsprechend eigene Aufsätze und Reden, später theoretisch anspruchsvoller in seinen *Zürcher Kunstschriften* ausgearbeitet, so überzeugte ihn nun, nach dem Scheitern dieser revolutionären Hoffnungen, die mentale Weltverneinung, die sich weigerte, Realität so hinzunehmen, wie sie war. Ohne hier die Schopenhauer-Rezeption Wagners und vor allem die Perzeption von dessen Mitleidsethik genauer nachzuvollziehen[11], muss darauf verwiesen werden, dass Wagner hoffte, jeder Einzelne werde sich der Gesellschaft, in der er lebte, soweit wie möglich entziehen und solcher Entzug werde irgendwann kollektiv mitvollzogen. Schopenhauers Verneinung des Lebens wurde in Wagners Verständnis zu einer politischen, sozialen und ökonomischen Generalverweigerung, in der sich die alten revolutionären Forderungen in anderer Form und theoretisch sublimiert wiederfinden lassen.

---

9 Richard Wagner, *Sämtliche Briefe* (im Folgenden: SB), hrsg. von Hans-Joachim Bauer/Johannes Forner, Leipzig 1986, Bd. VI, S. 298 (Brief an Franz Liszt vom 16. Dezember 1854).

10 Vergemeinschaftung im Sinne von Ferdinand Tönnies, *Gemeinschaft und Gesellschaft. Abhandlung des Communismus und des Sozialismus als empirischer Culturform*, Berlin 1887/Darmstadt 2005.

11 Eingehend dazu Udo Bermbach, *Der Wahn des Gesamtkunstwerks*, S. 286ff.

Die Schopenhauer-Lektüre hat in dieser Lesart keineswegs Wagners revolutionären Impuls abgemildert oder gar gebrochen. Wagner fand hier vielmehr eine Bestätigung dessen, was er immer schon gedacht und erhofft hatte – ganz so, wie er es Liszt gegenüber formuliert hat –, wenngleich er sich von einem unmittelbaren Handlungsdruck entlastet fühlen konnte. Auf die Barrikaden musste er nun nicht mehr steigen und die Revolution als große Kollektivhandlung war überflüssig geworden. Sie wurde ersetzt durch viele kleine Handlungen, durch subjektive Verweigerung gegenüber einer verwerflichen Welt. Für Wagner bedeutete das, sich ganz und gar auf die künstlerische Aufgabe zu konzentrieren und die Kunst selbst, wie dies in den *Zürcher Schriften* ja bereits klar gefordert worden war, für den Kampf um eine neue Welt bereitzustellen. In einem Brief an einen seiner engsten Freunde, an August Röckel, schreibt er während seiner Auseinandersetzung mit Schopenhauer: „Natürlich kann die Summe aller Wissenschaft, die Philosophie, somit nur in der Verneinung endigen, wogegen alle übrigen, dem Willen zugewandte Speculation allerdings immer nur zu bejahen sucht. – Diese, um jeden Preis durchgesetzte Bejahung ist aber eben das heute zu Tage wieder so mächtig gewordene Judenthum, in welchem sich die engste und kleinste Weltsicht kundthut, die jemals überhaupt kundgegeben worden ist.“[12] Und wenig später heißt es in demselben Brief: „Der eigentliche Kern des Judenthums ist aber jener geist- und herzlose Optimismus, dem in Wahrheit alles ganz recht ist, ... wenn man's nur klug anfängt, und sich die Welt, wie sie nun einmal ist, gehörig herzurichten und zu nutz zu machen weiß.“[13]

Dass Wagner hier die Juden zu Repräsentanten einer positiven Haltung zur Welt und zu deren ausbeutbaren Nutzen macht, stimmt mit früheren Inhalten seines Antisemitismus überein, wie sie bereits in *Das Judenthum in der Musik* (1850) anklingen. Für ihn waren sie die Vertreter und Nutznießer der bürgerlich-kapitalistischen Welt und damit zugleich Feinde einer fundamentalen Veränderung der Gesellschaft. Sie nahmen, so glaubte Wagner ge-

[12] SB, BD. VII, S. 129.

[13] Ebenda, S. 130.

gen die Fakten[14], eine besonders starke wirtschaftliche Stellung ein, waren Materialisten und ihr Tun wurde von Geld- und Habgier bestimmt. Wenn aber im Zusammenhang mit der Schopenhauer-Lektüre die Juden als die eigentlichen Gegner der „Verneinung der Welt“ und somit als Stabilitätsgaranten des Status quo verstanden wurden, dann musste eine auf „Regeneration der Menschheit“ angelegte Weltanschauung zwangsläufig antisemitisch sein. Doch war dies nur ein Nebenaspekt insofern, als die Notwendigkeit der Regeneration ja nicht nur die Juden betraf, sondern alle Menschen des bürgerlich-kapitalistischen Gesellschaftssystems; den Juden kam hier lediglich die Funktion zu, als besonders hartnäckige Vertreter der gegebenen Gesellschafts- und Wirtschaftsform die Unvermeidbarkeit einer grundlegenden Veränderung besonders anschaulich zu illustrieren.

Mit der Akzeptanz von Schopenhauers Weltpessimismus waren Wagners revolutionäre Ansichten und Hoffnungen also keineswegs verabschiedet worden. Sie nahmen lediglich eine andere, wenn man so will subtilere Form an, welche die dringend erhofften Veränderungen nicht mehr allein an den Wechsel politischer, gesellschaftlicher und ökonomischer Institutionen band, sondern darüber hinaus sehr viel prinzipieller ansetzte, wie die *Spätschriften* zeigen werden: beim Wandel jedes einzelnen Menschen zunächst auf der Ebene des Bewusstseins, so dann in der Konsequenz der mentalen Veränderung auf der Ebene des praktischen Lebens. Damit war die Form der Revolution, die Wagner 1848/49 betrieben hatte, geändert, nicht aber das Ziel. Im Gegenteil, man kann durchaus hier mit Chamberlain der Meinung sein, dass die „Eingriffstiefe“[15] von Wagners revolutionärem Willen in den *Spätschriften* sehr viel prinzipieller ist als in den Revolutionsschriften und den *Zürcher Kunstschriften* – muss aber sogleich hinzufügen, dass diese Kontinuität nicht nur, wie bei Chamberlain, der musikdramatischen Ästhetik gilt, sondern darüber hinaus gerade auch auf die gesellschaftlichen und politischen Verhältnisse abzielt. Unter dieser Bedingung kann man die *Zürcher Kunstschriften* durchaus als Vorstufe der *Spätschriften* verstehen. Ein solches Insverhältnisset-

---

14 Vgl. Steven M. Lowenstein/Paul Mendes-Flohr/Peter Pulzer/Monika Richarz (Hrsg.), *Deutsch-Jüdische Geschichte in der Neuzeit*, München 1997, Bd. 3 1871–1918, S. 39ff. und S. 151ff.

15 Houston Stewart Chamberlain, *Richard Wagner*, München 1936, S. 209ff.

zen dieser beiden Schriftengruppen zeigt allerdings deren dialektischen Charakter: einerseits in gleicher Weise einer Grundidee, der der radikalen Veränderung des Status quo, verpflichtet zu sein, und andererseits diese Grundidee an unterschiedlichen Themata und entsprechend differierenden Aspekten zu behandeln.

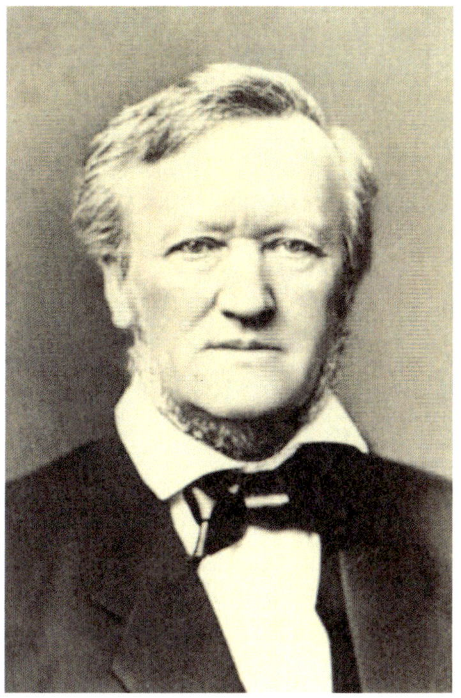

Richard Wagner
Aufnahme vom 24. Mai 1877

Die Spätschriften

Bei den hier sogenannten *Spätschriften* handelt es sich um Essays, die im Wesentlichen während der Jahre der *Parsifal*-Komposition entstanden sind. Mit Ausnahme der Schrift *Religion und Kunst* (1880), in der Wagner die auf seine Werke, besonders den *Parsifal*, zielende Idee der Kunstreligion entfaltet, wonach es der Kunst nach dem „künstlich" Werden der Religion, d.h. nach deren institutionellen und rituellen Erstarrungen in organisierten Kirchen, vorbehalten bleibe, „den Kern der Religion zu retten, indem sie die mythischen Symbole, welche die erstere im eigentlichen Sinne als wahr geglaubt wissen will, ihrem sinnbildlichen Werthe nach erfaßt, um durch ideale Darstellung derselben die in ihnen verborgene tiefere Wahrheit erkennen zu lassen"[16], geben die übrigen *Spätschriften* keinen Beitrag zu seinem Konzept einer politischen Ästhetik. Im Unterschied zu den *Zürcher Kunstschriften*, in denen auf der Grundlage einer scharfen Kritik von christlicher Kirche, Gesellschaft und Politik eine politische Ästhetik der Zukunft entworfen wurde, in die zugleich die Konturen einer politischen Utopie eingearbeitet waren, befassen sich diese *Spätschriften* sehr konkret mit alltäglichen Verhaltensweisen. In chronologischer Reihenfolge geht es um die folgenden Essays: In *Was ist deutsch?* (1865/78), begonnen 1865 für Ludwig II. und dann ergänzt bzw. weitergeführt, erstmals erschienen in den *Bayreuther Blättern* 1878[17], setzt sich Wagner mit dieser Frage auseinander, beginnt mit den Eigentümlichkeiten der deutschen Sprache, behandelt das Problem der Aneignung fremder Kulturen und unternimmt dann eine ‚Wesensbestimmung des Deutschen' in Abgrenzung zu den Juden und zu Revolutionen, um am Ende einzugestehen, bei der Suche nach einer Antwort in „immer größere Verwirrung"[18] zu geraten und öffentlich Constantin Frantz oder auch Paul de Lagarde zu bitten, diese Frage zu klären.[19] In *Offenes Schreiben an Herrn Ernst von Weber, Verfasser der Schrift: ‚Die Folterkammer der Wissenschaft'*, erstmals veröffentlicht in den *Bayreuther Blättern* 1879[20] geht es vor allem um die positive Auseinandersetzung Wagners mit dieser Schrift gegen die Vivisektion. Unter Vivisektion verstand man damals – und auch noch heute – einen medizinisch-operativen Eingriff am lebenden und unbetäubten Tier mit dem Ziel, Einsichten in die Funktionszusammenhänge des Körpers zu gewinnen, die sich dann auch in die Humanmedizin übertragen ließen. In *Wollen wir hoffen?* (1879), ebenfalls erstmals erschienen in den *Bayreuther Blät-*

[16] Richard Wagner, *Religion und Kunst*, in: GSD, Bd. 10, S. 211.

[17] Richard Wagner, *Was ist deutsch?* in: BBl 1878, S. 29ff.; ebenso in: GSD, Bd. 10, S. 36ff. Zitiert wird im Folgenden nach den GSD.

[18] Richard Wagner, *Was ist deutsch?* S. 51.

[19] Ebenda, S. 53.

[20] Richard Wagner, *Offenes Schreiben an Herrn Ernst von Weber, Verfasser der Schrift: ‚Die Folterkammer der Wissenschaft'* in: BBL 1879, S. 299ff.; ebenso in: GSD, Bd. 10, S. 194ff. Zitiert wird im Folgenden nach den GSD.

tern 1879[21], kommt er auf die *Zürcher Kunstschriften* zurück, auf die Durchsetzung seiner Kunstutopie und bekennt, er wolle mit seiner Kunst ein Beispiel dafür geben, „an welchem die Anlagen des deutschen Geistes zu einer Manifestation, wie sie keinem anderen Volke möglich ist, untrüglich nachgewiesen und einer herrschenden gesellschaftlichen Macht zu dauernder Pflege empfohlen werden könnten."[22] Erst diese Kunst könne den Deutschen ihre Identität geben. Um dies zu begründen, erörtert er ausführlich den für ihn deprimierenden Status quo. Ein Jahr später erschien dann *Was nützt diese Erkenntnis?* (1880)[23], in der erneut das Verhältnis von Politik und Kunst debattiert wird, mit den bereits hinlänglich bekannten Thesen. Und wiederum ein Jahr später publizierte Wagner *Erkenne Dich selbst* (1881), eine Schrift, die den Bogen von den vermeintlich desaströsen gesellschaftlichen und politischen Zuständen schlägt zur verhängnisvollen Rolle des Geldes, des Privateigentums und der Juden. In diesem Zusammenhang wird auch die Rassentheorie thematisiert. In *Heldenthum und Christenthum* (1881) setzt sich Wagner dann explizit mit Gobineaus Rassentheorie auseinander, die er einerseits bewundert, am Ende aber verwirft, weil sie dem christlichen Glauben, der Heiland sei für alle Menschen, gleich welcher Rasse, gestorben widerspreche. In diesem Text findet sich auch erstmals der Begriff einer „ästhetischen Weltordnung"[24], auf den Wagners Utopie hinausläuft. In einem weiten Sinne gehören auch noch Schriften wie *Modern*[25], ein Text, welcher die Tendenzen der Moderne wesentlich auf jüdische Einflüsse zurückführt[26] sowie *Publikum und Popularität* [27]dazu, letztere ein Essay, der das Verhältnis des Publikums zum Theater der Zeit, zur Presse und Pressefreiheit, zur Qualität der Kritik und erneut das der Kunst zur Politik reflektiert. Betrachtet man diese Schriften in ihrem thematischen Zusammenhang, dann zeigt sich sehr rasch,

---

21 Richard Wagner, *Wollen wir hoffen?* In: BBl 1879, S. 121ff.; ebenso in: GSD, BD. 10, S. 118ff. Zitiert wird im Folgenden nach den GSD.

22 Richard Wagner, *Wollen wir hoffen?* S. 127.

23 Richard Wagner, *Was nützt diese Erkenntnis? Ein Nachtrag zu*: *Religion und Kunst*, in:; BBl 1880, S. 333ff.; ebenso in GSD, Bd. 10, S. 211ff.

24 Richard Wagner, *Heldenthum und Christenthum* in: GSD, Bd. 10, S. 284.

25 Richard Wagner, *Modern* , in: GSD, Bd. 10, S. 54ff.

26 Dazu genauer Helmuth Kiesel, Geschichte der literarischen Moderne, München 2004, S. 64ff.

27 Richard Wagner, *Publikum und Popularität*, in: GSD, Bd. 10, S. 61ff.

dass das, was Wagner in den *Zürcher Kunstschriften* verhandelt hatte – die Frage von Kirche, Staat, Politik und Gesellschaft in ihrem Verhältnis zur Kunst – auch hier thematisch wird und Teil jener Überlegungen ist, die sich mit den Fragen eines fundamentalen Lebenswandels im Sinne einer Regeneration der Menschheit befassen. Es zeigt sich ebenfalls, dass die frühen Thesen der revolutionären Jahre keineswegs überholt und als Gegenstand der Reflexion obsolet sind, sondern dass sie vielmehr auch in den *Spätschriften* präsent bleiben, in ihren Zielperspektiven nun aber auf die praktischen Lebenskonsequenzen der Menschen abzielen. In gewisser Weise hat Wagner sein Themenspektrum, das ja stets auf sein ästhetisches Konzept des Gesamtkunstwerks als der höchsten Stufe von Vergemeinschaftung über Kunst abzielt, im Alter erweitert, in dem er sich nicht mehr, wie in seinen *Dresdner* und *Zürcher Schriften*, auf das Verhältnis von Gesellschaft, Politik und Kunst beschränkt, sondern nun, wenn auch selektiv, ganz praktische Lebensweisen ins Auge fasst, Anweisungen zu einer richtigen Lebensführung gibt, die er gleichsam als materielle Basis seiner politisch-ästhetischen Utopie versteht.

Gesellschaftlich-politische Vorbedingungen der Regeneration

Geht man die *Spätschriften* systematisch durch, dann zeigt sich: es wird zunächst eine Kritik von Politik, gesellschaftlichen Strukturen und westlicher Zivilisation geleistet, wie sie ähnlich bereits in den *Zürcher Schriften* formuliert worden war. In *Deutsche Kunst und deutsche Politik* (1867/68), eine wichtige Abhandlung vor allem zum *Parsifal*-Verständnis, die man aus inhaltlichen Gründen in großen Teilen bereits den *Spätschriften* schon zurechnen kann, hatte Wagner den Staat ganz wie zur Zeit seiner früheren revolutionären Auffassung als „Vertreter der absoluten Zweckmäßigkeit" abwertend charakterisiert, der nichts außer Zweckmäßigkeit kenne und daher alles ablehne, „was nicht einen unmittelbar nützlichen Zweck nachweisen kann."[28] Er hatte ihn als „Organisation des Zweckmäßigen von oben"[29] pejorativ bestimmt, und diese negative Haltung zur staatlichen Verfasstheit der Gesellschaft auch in den

[28] Richard Wagner, *Deutsche Kunst und deutsche Politik*, in: GSD, Bd. 8, S. 103.
[29] Ebenda.

übrigen Essays jener Jahre immer wieder betont. Das belegt, dass selbst im Alter die anarchische, anti-etatistische Einstellung der Dresdner Jahre noch immer seine politische Haltung bestimmte. Der Staat ist dem späten Wagner, wie Jahrzehnte zuvor, eine Ausbeutungsmaschine, eine „Mühle ..., durch welche das Getreide der Menschheit, nachdem es auf der Kriegs-Tenne ausgedroschen, hindurchgemahlen werden müsse, um genießbar zu sein“[30], heißt es in *Religion und Kunst*, und kaum weniger zurückhaltend bemerkt er zu Cosima: „Eigentlich ist ein jeder Staat ein Verband von Denunzianten, die Angst vor dem Denunziertwerden bedingt allen Verkehr.“[31] Wie in den Zeiten der revolutionären Begeisterung finden sich auch in den *Spätschriften* keine positiven Bewertungen des Staates als einer allgemeinen und notwendigen Institution, die primär in der Garantie der Sicherheit der Bürger ihre Legitimität findet. Das kontrastiert in eigenartiger Weise mit dem praktisch-politischen Verhalten Wagners während seiner Münchner Jahre. Denn in dieser Zeit hat Wagner dem bayerischen König Ludwig II. in Denkschriften und Briefen konkrete Hinweise zur Verbesserung der staatlichen Funktionen wie Revision der Finanzorganisation, Einführung des Volksheeres, Umbau des Kabinetts usw.[32] gegeben, und man könnte daraus schließen, dass er die Notwendigkeit der Existenz des Staates nunmehr anerkannt hatte. Doch solche Interventionen, die er auch in Dresden in den Revolutionsschriften schon praktiziert hatte, lassen allenfalls erkennen, dass er, wenn es denn schon einen Staat gab, diesen in seinem Sinne zu verbessern suchte. An seiner prinzipiell ablehnenden Haltung der Institution selbst gegenüber änderten solche Einlassungen, die auch Ausdruck seines allgegenwärtigen Gestaltungs- und Mitentscheidungswillen waren, nichts.

Ähnlich scharfe Urteile wie über die Institution des Staates werden über Politiker gefällt, denen Wagner die Verantwortung für

[30] Richard Wagner, *Religion und Kunst*, in: Bd. 10, S. 251. Eine ausführlichere Darstellung von Wagners politisch-gesellschaftlicher Haltung in seinen späten Jahren in: Udo Bermbach, *Blühendes Leid. Politik und Gesellschaft in Richard Wagners Musikdramen*, Stuttgart/Weimar 2003, S. 285ff.

[31] Cosima Wagner, *Die Tagebücher 1878–1883*, München 1977 (im Folgenden: TB), Bd. II, S. 705 (4. März 1881).

[32] Vgl. Verena Naegele, *Parsifals Mission. Der Einfluß Richard Wagners auf Ludwig II. und seine Politik*, Köln 1995.

alles Leid und Elend seit der Antike, für die von ihm immer wieder beschworene Degeneration der Menschheit und die Verworfenheit der westlichen Zivilisation zuschreibt. Unfähig zur Erkenntnis dessen, was sie angerichtet hätten, trieben sie ihr verderbliches Spiel immer weiter und führten die Menschen immer tiefer in ihr Unglück. „Gern würden wir euch auch an die mächtigen Staatenlenker verweisen“ – schreibt er 1880 –, „wenn selbst bei den größten derselben die Erkenntniß richtig und vollständig vorauszusetzen wäre, was aus dem Grunde unmöglich ist, weil ihr Geschäft sie immer nur zum Experimentieren mit geschichtlich gegebenen Umständen anwies, nie aber den freien Blick über diese Umstände hinaus und in ihren Urstand hinein gestattet. Gerade der Staatenlenker ist es demnach, an dessen stets misrathenden Schöpfungen wir das üble Ergebniß des Nichtgewinnes jener Erkenntniß (des generellen Übels der Zivilisation, U.B.) am deutlichsten nachzuweisen vermögen.“[33] So ist denn auch von den vermeintlich großen Staatspolitikern nichts zu erhoffen, wie seine Kritik selbst am Reichskanzler Bismarck deutlich macht: der scheint ihm „seiner Aufgabe nicht gewachsen“[34], will er zentrale Aufgaben des Staates verkennt, und deshalb treibt das Reich langfristig nach Wagners Überzeugung in den Untergang: „Er glaubt bei uns an einen vollständigen politischen Untergang und immer dringenderes Hervortreten der sozialen Frage, aufgehalten durch den Krieg“,[35] notiert Cosima und hält eine Fülle ähnlicher Äußerungen fest, die immer auf dasselbe hinauslaufen: auf den festen Glauben, die Politik könne keine positive Entwicklung bewirken.

In der Kritik an der bestehenden bürgerlichen Gesellschaft stand bereits in den *Zürcher Schriften* die asymmetrische Verteilung des Privateigentums an vorderster Stelle der Einwände gegen den Status quo. Der Gegensatz zwischen Arm und Reich, die kaum änderbare Verteilung des Besitzes, erschienen ihm als eine der gravierendsten Bedrohungen der Gesellschaft, und an diesem Urteil hielt er auch in den Jahren der *Spätschriften* unbeirrt fest. Besitz, so sagte er wenige Monate vor seinem Tode zu Cosima, sei das „Grund-Übel von allem“[36] und wenige Tage vor seinem Tod präzi-

[33] Richard Wagner, *Was nützt diese Erkenntniß?* S. 253.
[34] TB, Bd. II, S. 388 (29. Juli 1879).
[35] TB, Bd. II, S. 382 (15. Juni 1879).
[36] TB, Bd. II, S. 1008 (28. September 1882).

sierte er dieses Urteil und fügte hinzu, Proudhon habe den Begriff des Eigentums noch viel zu materiell und ohne die Folgen aufgefasst, „denn das Eigentum bedingt die Ehen in Rücksicht darauf und dadurch die Degeneration der Race.“[37]

Gemeint sind hier die aus wirtschaftlichen Gründen geschlossenen Ehen unter gesellschaftlich Gleichgestellten, die nach damaligem Glauben über Generationen zur biologischen Degeneration führten und damit, da die Ehe als das Fundament der Gesellschaft angesehen wurde, auch zur Degeneration der Gesellschaft insgesamt. Wagners Einwand gegen die ungleiche Verteilung des Privateigentums – er war nicht generell gegen Privateigentum, sondern nur gegen dessen ungleiche Verteilung und meinte, alle Menschen sollten ausreichendes Privateigentum besitzen –, war ein Vernichtungsurteil gegenüber einer Basisstruktur der bürgerlichen Gesellschaft, aus dem sich auch seine Vorbehalte gegen den Staat teilweise erklären: denn der Staat war, wie es die klassischen Theorien der bürgerlichen Gesellschaft etwa von Kant und Hegel behaupteten, nicht zuletzt deshalb nötig, um jene Stabilität zu garantieren, die durch die ungleichmäßige Verteilung des Eigentums bedroht wurde und wogegen notfalls mit Gewalt vorgegangen werden musste. Der Staat also garantierte um eines erzwungenen Friedens willen die ungleiche Eigentumsverteilung, und dies machte ihn in der Sicht Wagners zu einer illegitimen Institution mit illegalem Gewaltmonopol.

Eine ähnlich verhängnisvolle Rolle wie das Privateigentum spielte für Wagner auch das Geld, das er als eine der Voraussetzungen für die ungerechte Eigentumsverteilung verstand. „Mit Geld läßt sich nichts Gutes anfangen, man kann die Menschen damit nicht verändern, vernichten muß man es“[38], notierte Cosima in ihrem *Tagebuch*, und ergänzend zu dieser Bemerkung: „Nur das Geld muß aufhören, es müssen für Geld gewisse Dinge nicht mehr zu haben sein, und darauf ist, wie mir scheint, die sozialistische Ökonomie nicht genügend gerichtet.“[39]

Diese hier nur beispielhaft aufgezählten kritischen Positionen gegenüber einem politischen, sozialen und wirtschaftlichen Status quo stimmten inhaltlich mit den in den Dresdner und Züricher

---

[37] TB, Bd. II, S. 1107, Anmerkung (5. Februar 1883).

[38] TB, Bd. II, S. 721 (4. April 1881).

[39] TB, Bd. II, S. 607 (29. September 1880).

Jahren vertretenen völlig überein. Wagner blieb seiner ablehnenden Haltung der bürgerlichen Gesellschaft wie des kapitalistischen Staates treu, auch wenn es Zwischenphasen gab – wie etwa die in München aufgrund der Einladung Ludwig II. –, die eine scheinbare Wandlung vermuten ließen. Doch die war seitens Wagners vor allem durch seine Hoffnung motiviert, finanzielle Hilfe vom König für die eigenen künstlerischen Pläne – Aufführung der musikdramatischen Werke, Bau eines Festspielhauses – erhalten zu können. Das erklärt manche merkwürdige Wendung, ändert jedoch nichts daran, dass Wagner, wo immer er konnte, selbst in Zeiten scheinbarer Saturiertheit seine alten revolutionären Pläne verfolgte.[40] Die alten Urteile blieben davon ganz unberührt: der heutige Stand der Wissenshaft und Staatskunst sei, so heißt es in *Erkenne dich selbst*, „bar jedes wahrhaft religiösen Kernes“, und beides ergehe sich deshalb „in einem barbarischen Gefasel“.[41]

Für solches „Gefasel“ machte der Komponist schon in den *Zürcher Kunstschriften* vor allem Zeitungen und Zeitschriften verantwortlich und dort hatte die Kritik des Kulturbetriebs und der die Kultur vermittelnden Organisation einen breiten Raum eingenommen.[42] Jetzt, in den *Spätschriften*, verschärfte sich der Ton zunehmend und Wagner goss seine ganze Verachtung über „das ärgste Gift für unsere geistigen und sozialen Zustände“[43] aus. Er wetterte gegen die „Herren Zeitungsschreiber, die Einzigen, welche in Deutschland ohne ein Examen bestanden zu haben angestellt werden!“ Dass sie in ihren Berichten fälschen, war für ihn ausgemacht, und das einzige Mittel gegen den Einfluss einer falsch berichtenden Presse bestand seiner Meinung nach darin, sie nicht mehr zu lesen. „Daß wir ein Volk von Zeitungslesern geworden sind, hierin liegt eben unser Verderb.“[44] Empfohlen wurde seinen Lesern, die Presse zu ignorieren: „Zur Durchführung eines richtigen Verhaltens gegen diese Zeitungs- und Libellen-Presse hätten wir demnach gar keinen anderen Aufwand nöthig, als den der Abwehr jeder Versuchung sie zu beachten.“[45]

---

40 Udo Bermbach, *Mythos Wagner*, Berlin 2013, S. 176ff.

41 Richard Wagner, *Erkenne dich selbst*¸ S. 264.

42 Dazu Udo Bermbach, *Der Wahn des Gesamtkunstwerks*, S. 163ff.

43 Richard Wagner, *Wollen wir hoffen?* S. 134. Hier auch das folgende Zitat.

44 Ebenda, S. 135.

45 Ebenda.

Ein Grund dafür, dass die Presse vermeintlich falsch berichtet und lügt, lag für Wagner darin, dass sie jüdisch beeinflusst, überwiegend sogar jüdisch dominiert war. Alte antisemitische Vorurteile, wie sie bereits im *Judenthum in der Musik* (1850) sich finden, kehrten in den Spätschriften erneut wieder, jetzt ergänzt – oder auch verstärkt – durch rassistische Unterstellungen. Erneut findet sich die These, Juden seien „zur produktiven Theilnehmung an unserer Kunst"[46] unfähig, seien primär am Geld interessiert und hätten in der Verbindung mit dem Militär, für das sie immer wieder Geld beschafften, größte ökonomische Vorteile für sich herausgeholt. „Die erstaunlichen Erfolge der unter uns angesiedelten Juden im Gewinn und in der Anhäufung großer Geldvermögen haben nun unsere Militärstaats-Autoritäten stets nur mit Achtung und freudiger Verwunderung erfüllt",[47] und angefügt wird, es gäbe Anzeichen dafür herauszufinden, woher die Juden denn ihr Geld hätten. Die bürgerliche Emanzipation der Juden lehnt Wagner scharf ab, denn deren Gleichstellung – „die an die Juden ertheilte Vollberechtigung"[48] – sei vergleichbar „wie die Schwarzen in Mexiko durch ein Blanket autorisiert wurden, sich für Weiße zu halten."[49] Zugleich aber gibt es auch Bewunderung dafür, dass die „jüdischen Stämme ..., trotz aller Auseinandergerissenheit, bis auf den heutigen Tag mit den mosaischen Gesetzen ein Ganzes geblieben, während unsere Kultur und Zivilisation mit der christlichen Lehre im schreiendsten Widerspruche stehen."[50] Und Bewunderung auch dafür, dass die Juden sich rassisch reingehalten haben, denn sie seien, so Wagner, das „erstaunlichste Beispiel von Rassen-Konsistenz"[51] der Weltgeschichte. Dass er am Ende seiner Überlegungen zur Regeneration der Menschheit freilich keinen Unterschied mehr zwischen Juden und Nicht-Juden macht und alle gleichermaßen – wie schon im Schlussabsatz von *Das Judenthum in der Musik* – für regenerationsfähig hält, sei hier nur kurz vermerkt.[52]

---

46 Richard Wagner, *Erkenne dich selbst*, S. 265.
47 Ebenda, S. 266.
48 Ebenda, S. 265.
49 Ebenda.
50 Ebenda, S. 266.
51 Ebenda, S. 271.
52 Vgl. dazu Udo Bermbach, *Der Wahn des Gesamtkunstwerks*, S. 2171ff.

Modifikationen seiner Einstellung ergaben sich allerdings zum Christentum. Die lebenslang nie aufgegebenen Vorbehalte gegen Institutionen per se blieben zwar gegenüber den christlichen Kirchen in aller Unnachgiebigkeit bestehen – auch in den *Spätschriften* sind die Kirchen verhasste politische Apparate, die das Evangelium verfälschen und nur an der eigenen gesellschaftlichen Machstellung interessiert sind. So ist es beispielsweise ein „Skandal"[53], dass die katholische Kirche als Organisation noch immer existiert und ein römischer Papst aus Italien die Geschicke der deutschen Katholiken lenken kann. Doch so sehr Wagner die organisierten Kirchen der Protestanten wie der Katholiken als politische Herrschaftsapparate strikt ablehnt – womit er sich theologisch in guter Gesellschaft befindet[54] –, so sehr verändert sich seine Haltung zum Christentum selbst. Dessen zentrale Aussage wird in den *Spätschriften* nun positiv bewertet, wobei Wagner die Figur Jesu ins Zentrum seiner Theologie rückt und alle daran anknüpfenden Varianten theologischer Auslegungen beiseiteschiebt. War der revolutionäre Jesus in Wagners Dramenentwurf *Jesus von Nazareth*[55] von 1849 im Wesentlichen noch ein gottbegnadeter Mensch, ein einfacher Mann aus dem Volk, ein Sozialrevolutionär, weniger ein Prophet, Erlöser und Kämpfer für Gott, so tritt in den *Spätschriften* mehr und mehr die göttliche Seite Jesu hervor: Jesus ist nun der „Heiland" der Liebe und des Mitleidens mit der Menschheit und im Mitleiden mit dem Nächsten und allem Leben fordert er eine neue Lebenshaltung ein. Zwar hält Wagner in der Tradition der kritischen Bibelkritik des 19. Jahrhunderts, insbesondere von Ludwig Feuerbach und David Friedrich Strauss, einerseits an seiner Humanisierung der Person Jesu fest, wie er dies in den *Zürcher Schriften* getan hatte, fügt aber nun diesem Jesus ein religiös-transzendentes Moment hinzu. Jesus ist nunmehr eine Person der alles übergreifenden Liebe, des Leidens und Mitleidens, ein göttlich-vorbildhafter Mensch, dessen „zu qualvollem Leid am Kreuz ausgespannter Leib" den „höchsten

---

53 TB, Bd. II, S. 224 (10. November 1878).

54 Vgl. etwa Adolf von Harnack, *Das Wesen des Christentums*, Berlin 1901.

55 Richard Wagner, *Jesus von Nazareth. Ein dichterischer Entwurf*, in: GSD, Bd. 11, S. 273ff.

Inbegriff aller mitleidvollen Liebe“[56] symbolisiert. Dieser Jesus lebt eine religiöse, universelle Mitleids-Ethik, die nun zugleich das Fundament für eine durchgreifende und umfassende Regeneration der Menschheit ist.

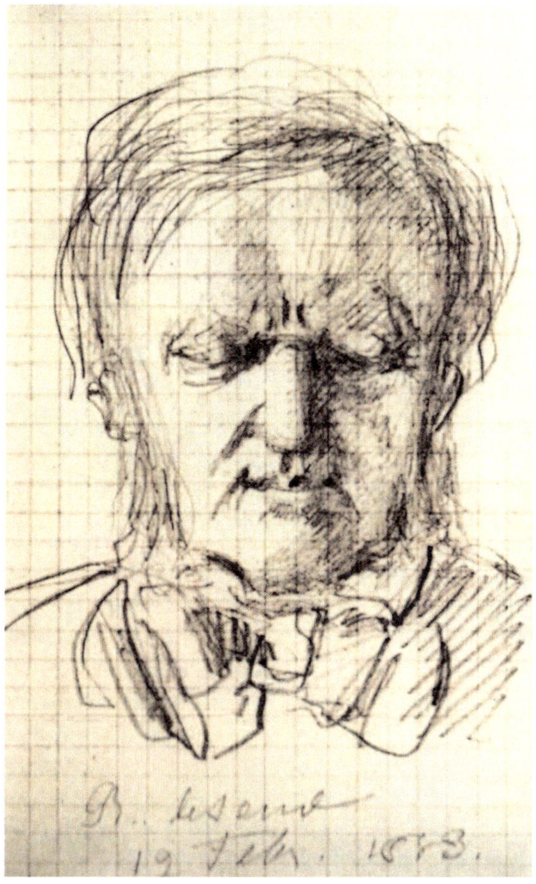

Richard Wagner am Vorabend seines Todes
Bleistiftzeichnung von Paul von Joukowsky
Venedig, 12. Februar 1883

In Jesus sieht Wagner zugleich das Symbol der „Einheit alles Lebenden“ und des „Reinmenschlichen.“ Beide Begriffe spielen in Wagners Denken und in seiner Vision einer zukünftigen, regenerierten Menschheit eine zentrale Rolle und meinen ein ‚Wesen des

---

[56] Richard Wagner, *Religion und Kunst*, S. 215.

Menschen', das von aller zivilisatorischen Überformung und Verbiegung befreit und gleichsam in den Zustand einer ungebrochenen Natürlichkeit zurückversetzt ist.[57] In *Eine Mittheilung an meine Freunde* wird das *Reinmenschliche* definiert als jenes Wesen des Menschen, das „von aller Konvention losgelöst" ist.[58] Jean-Jacques Rousseaus alter Gedanke, den zivilisationskranken und deformierten Menschen der eigenen Gegenwart wieder in den Zustand der ursprünglichen Unversehrtheit seiner Natur zurückzuversetzen, kehrt hier bei Wagner wieder, wie auch die Hoffnung, eine zivilisatorisch schiefgelaufene Geschichte noch einmal neu beginnen zu können, ohne jene Irrwege, die Europa seit der Antike eingeschlagen hat. In einer unbeschädigten Ursprünglichkeit allen Lebens, die Wagner – wie Rousseau – als gedanklicher Ausgangspunkt für eine bessere Zukunft dient, erscheint auch der Heiland dann „sündenlos" und „unfähig, zu sündigen"[59]. Und in diesen Zustand soll dann auch die Regeneration der Menschheit einmünden. In Jesu verkörpert sich deshalb „die Gestalt des Göttlichen in antromorphistischer Weise"[60] – heißt es in *Religion und Kunst* –, er ist in seiner spirituellen Qualität „eine mythische Erklärung der Welt"[61]. Dieser Mythos, dessen besondere Leistung nach einer vielzitierten Definition Wagners es ist, „daß er jederzeit wahr und sein Inhalt bei dichtester Gedrängtheit für alle Zeiten unerschöpflich ist"[62], gibt die Grundlage ab für einen Transfer des religiösen Gehalts des Christentums in die Kunst, also für das, was für gewöhnlich als „Kunstreligion" in der Literatur bezeichnet wird und was im ersten Absatz von *Religion und Kunst* deutlich formuliert wird. Um es noch einmal zu zitieren: „Man könnte sagen", beginnt dieser Absatz, „dass da, wo die Religion künstlich wird [d.h. von institutionalisierten Kirchen organisiert und verwaltet wird, U.B.], der Kunst es vorbehalten sei, den Kern der Religion zu retten, indem sie die mythi-

---

57 Vgl. dazu Richard Wagner, *Oper und Drama*, in: GSD, Bd. 3, S. 259; 262; 277; GSD, Bd. 4, S. 59, S. 72, S. 74, S. 102, S. 289; *Kunst und Klima*, in: GSD, BD. 3, S. 210.

58 Richard Wagner, *Eine Mittheilung an meine Freunde*, in: GSD, Bd. 4, S. 318.

59 Richard Wagner, *Religion und Kunst*, S. 216.

60 Ebenda, S. 215.

61 Ebenda, S. 212. Das ist an dieser Stelle zwar auf den Buddhismus bezogen, gilt aber auch für das Christentum.

62 Richard Wagner, *Oper und Drama*, in: GSD, Bd. 4, S. 64.

schen Symbole, welche die erstere im eigentlichen Sinne als wahr geglaubt wissen will, ihrem sinnbildlichen Werthe nach erfaßt, um durch ideale Darstellung derselben die in ihnen verborgene tiefe Wahrheit erkennen zu lassen. Während dem Priester alles daran liegt, die religiösen Allegorien für thatsächliche Wahrheiten angesehen zu wissen, kommt es dagegen dem Künstler hierauf ganz und gar nicht an, da er offen und frei sein Werk als Erfindung ausgibt."[63]

Den religiösen Kern des Christentums – das Leiden an der Welt aufgrund des Verlustes der „Einheit alles Lebenden" und des „Reinmenschlichen" – soll also die zukünftige Kunst aufnehmen und bewahren, womit sie zugleich zur „wahren Religion"[64] wird, d.h. durch kirchliche Organisation nicht verfälscht und damit zur Grundlage der Moral der Regeneration. Diese „wahre Religion" ist bei Wagner nicht identisch mit dem Christentum der großen Konfessionen, aber in ihr werden christliche Werte in spezifischer Weise aufgehoben. Wagner schrumpft die Vielfalt christlicher Religionsverständnisse auf einen einzigen, für ihn zentralen Aspekt: das leibliche Opfer Christi, das die Sündhaftigkeit der menschlichen Entwicklungen auszugleichen vermag: „Daß das menschliche Geschlecht an einer Krankheit leide, welche es nothwendig in stets zunehmender Degeneration erhalte", einen Zustand der „Entartung"[65], ist für ihn durch den „Heiland" ins Gegenteil verkehrt worden, weil dieser „nicht mehr nur durch Lehren, sondern durch das Beispiel ..., sein eigenes Fleisch und Blut"[66] zu geben, vorgelebt hat, wie „Erlösung" möglich wird. Dass Jesus ein Mitleidender ist, wird für Wagner zum „allgemein faßlichsten Kern des Christentums" [67], und dies wiederum, von der Kunst aufgenommen und weitergegeben, ermöglicht die Perspektive der Regeneration und wird innerhalb der regenerativen Bemühungen zur Grundlage einer neuen moralischen Ordnung, die sich „auf den Gewinn einer allgemeinen moralischen Übereinstimmung gründet, wie das wahrhaftige Christenthum sie auszubilden uns berufen dünkt."[68]

---

63 Richard Wagner, *Religion und Kunst*, S. 211.

64 Ebenda, S. 212.

65 Ebenda, S. 230.

66 Ebenda.

67 Ebenda.

68 Richard Wagner, *Heldenthum und Christenthum*, S. 284f.

Es ist eine Mitleidsethik, die Wagner aus dem Christentum destilliert, die sich – wie er meint – im Opfer Christi überwältigend gezeigt hat. Und zwar für die gesamte Menschheit, nicht nur für einen bevorzugten Teil von ihr. „Das Blut des Heilandes, von seinem Haupte, von seiner Wunde am Kreuze fließend, – wer wollte frevelnd fragen, ob es der weißen oder welcher Race sonst angehört?", und ergänzend heißt es dazu: „Das in jener wundervollen Geburt sich sublimierende Blut der ganzen leidenden Gattung konnte nicht für das Interesse einer noch so bevorzugten Race fließen; vielmehr spendet es sich dem ganzen menschlichen Geschlechte zur edelsten Reinigung von allen Flecken seines Blutes."[69] Von „göttlichem Sublimat", das „der Gattung selbst entflossen" [70] sei, ist da die Rede, und davon, dass das Opfer Christi für die „Einheit der menschlichen Gattung" und für deren „Fähigkeit zu bewußtem Leiden" liege: „Diese Fähigkeit müssen wir als die letzte Stufe betrachten, welche die Natur in der aufsteigenden Reihe ihrer Bildungen erreichte: von hier an bringen sie keine neuen, höheren Gattungen mehr hervor, denn in dieser, des bewußten Leidens fähigen Gattung erreicht sie selbst ihre einzige Freiheit durch Aufhebung des rastlos sich selbst widerstreitenden Willens."[71] Im Leiden Christi, das allen Menschen, gleich welcher Rasse, die Erlösung gebracht habe, liege daher der Kern einer empathischen Ethik, in der die Menschen einander als Gleiche begegnen sollen und alle Unterschiede, auch die der Rassen, potentiell verschwunden sind. „Eines ist sicher, die Racen haben ausgespielt", bemerkt Wagner in diesem Zusammenhang zu Cosima und fügt an: „Nun kann nur noch, wie ich es gewagt habe auszudrücken, das Blut Christi wirken."[72]

Diese von Wagner sehr spezifisch zugerichtete Form eines universellen Christentums gibt die sittlich-moralische Grundlage aller Regeneration ab. Die Kunst müsse, so Wagner, diesen religiösen Anspruch aufnehmen, um ihn den Menschen im Bühnenge-

---

69 Ebenda, S. 283.

70 Ebenda, S. 282.

71 Ebenda, S. 280ff.

72 TB, Bd. 2, S 850 (17. Dezember 1881). Vgl., dazu eingehender Udo Bermbach, *Wagner und Gobineau*, Zur Geschichte eines Missverständnisses, in: derselbe, *Kultur, Kunst und Politik, Aufsätze. Essays*, Würzburg 2016, S. 2181ff., bes. 289ff.

schehen sichtbar zu vermitteln. Diese Sakralisierung der Kunst kommt im *Parsifal* besonders deutlich zum Ausdruck, und es ist daher kein Wunder, dass sich viele der späteren Lebensreform-Propagandisten, die sich als Wagnerianer empfanden, gerade auch in ihren eigenen Weltanschauungen auf dieses „Bühnenweihfestspiel“ bezogen. Das hing auch damit zusammen, dass der *Parsifal*, wie an anderer Stelle ausführlich gezeigt[73], die christliche Liturgie und ihre Symbole nutzte, nicht um das Christentum per Bühne zu propagieren, sondern um die regenerative Botschaft der Kunst rezeptionsgängig zu machen, d.h. den überwiegend christlich geprägten Zuschauer und Zuhörern durch die vertrauten liturgischen Zeichen ihrer Religion die neue Botschaft der Erlösung durch Kunst eingängig zu vermitteln. Der „Liturgietransfer“[74], der hier von der Religion zur Kunst vollzogen wurde, führte zu deren Sakralisierung und erhob damit seitens der Kunst einen besonderen Anspruch. Die Möglichkeit des Transfers der religiösen Symbole und Riten auf die Ebene der Kunst lag für Wagner wesentlich darin begründet, dass das Christentum „in seiner reinen Form, Darstellung schöner Sittlichkeit oder der Menschwerdung des Heiligen“ ist und somit „die einzige ästhetische Religion.“[75] Dieser Begriff der „ästhetischen Religion“, der sich sonst nirgends findet außer bei Wagner, weist – ohne dass Wagner dies bewusst sein konnte – weit voraus in die Lebensreformbewegung, die ja zu nicht geringen Teilen eine ästhetische Bewegung war und der es ganz entscheidend um die Ästhetisierung des Lebens und aller Lebensbereiche ging.

Für Wagner ging es nicht, um das mit Nachdruck zu wiederholen, um die Religion des Christentums, nicht um die Vermittlung des christlichen Glaubens und die Erziehung der Zuhörer zu wahren Christen, sondern um das Kunstwerk, das mithilfe christlicher Glaubenstranszendenz zu einem sakralen Ereignis werden sollte. Diese religiös überhöhte Form der Kunst sollte dann, so Wagner, eine schief gelaufene Moderne durch Regeneration korrigieren. Denn das sakrale Kunstwerk war, dies die Unterstellung, der nor-

73 Vgl. Udo Bermbach, *Blühendes Leid*, S. 281ff.

74 Udo Bermbach, *Liturgietransfer. Über einen Aspekt des Zusammenhangs von Richard Wagner mit Hitler und dem Dritten Reich*, in: Saul Friedländer/Jörn Rüsen (Hrsg.), *Richard Wagner im Dritten Reich*, München 2000, S. 40ff.

75 Richard Wagner, *Was nützt diese Erkenntnis?*, S. 258.

malen Kritik enthoben, es konnte nicht ohne weiteres bezweifelt oder gar säkularisiert werden, und daher gewann die Kunst, hier: gewannen Wagners Musikdramen, eine durch weltanschauliche Überhöhung fast unangreifbare Position. Aus dieser Position heraus sollte die Kunst auch jene normativen Orientierungen leisten, die eine durch die Kirchen brutal geschändete christliche Botschaft nicht mehr leisten konnte. Die Kunst durfte sich allerdings jener Hilfsmittel der christlichen Kirchen bedienen, weil diese in der kulturellen Tradition des christlichen Abendlandes wurzelten, daher bekannt waren und deshalb verstanden werden konnten.

Regeneration als veränderte Lebenspraxis

Diese Kunstreligion war eine der Grundlegungen der Regenerationslehre, die bis in die Lebensreformbewegung weiterwirkte und dort bei einigen der führenden Protagonisten ebenfalls zur religiösen Aufwertung bestimmter künstlerischer Tätigkeiten führte, wie dies etwa in der Entwicklung des neuen Ausdruckstanzes ab 1900 der Fall war, der häufig als eine andere Form des Gebets praktiziert wurde und in den mehr und mehr esoterische Gehalte einflossen. Doch Wagners Kunstreligion gab, sieht man vom *Parsifal* und dessen indirekten Hinweisen – wie z.B. Tierliebe, Pazifismus – ab, keine unmittelbaren Handlungsanweisungen, wie ein Leben unter den Bedingungen der Regeneration zu verlaufen hatte. Solche Hinweise enthalten erst die *Spätschriften*, ohne dass auch hier ein umfassendes Verhaltenskonzept formuliert wäre. Doch Wagner benannte drei wichtige Themenkomplexe, die er als Bedingung für eine radikale Änderung der Menschen betrachtet: Tierschutz, Vegetarismus und Antialkoholismus.

Während in England bereits 1822 ein erstes Gesetz zum Schutze der Pferde, Schafe und Großvieh erlassen und 1824 eine weltweit erste Tierschutzvereinigung gegründet worden war,[76] die 1840 den ausdrücklichen Schutz der Königin Victoria erhielt und damit als *Royal Society for the Prevention of Cruelty to Animals* eine wichtige öffentliche Rolle spielte, wodurch das Britische Königreich in dieser Frage eine Vorreiterrolle einnahm, stand es um den Tier-

[76] Vgl. Ulrich Raulff, *Das letzte Jahrhundert der Pferde. Geschichte einer Trennung*, München 2015, S. 326ff.

schutz im deutschen Kaiserreich wesentlich schlechter. Das Tier galt, Erbe des römischen Rechts, juristisch als Sache und konnte auch entsprechend behandelt werden. Vor allem in der Medizin galten Tierversuche als unverzichtbar, weil man glaubte, die hier gewonnenen Erkenntnisse auf die Humanmedizin übertragen zu können. Solche Überzeugungen sorgten dafür, dass in allen Anatomien Deutschlands Vivisektion betrieben wurde, an Mäusen, Ratten, Kaninchen, Hamstern und Vögel ebenso wie – bevorzugt – an Katzen und Hunden. Abertausende von Tieren erlitten pro Jahre einen qualvollen Tod ‚für die Wissenschaft', und die in die Öffentlichkeit durchsickernden Kenntnisse der in den anatomischen Abteilungen von Kliniken vorherrschenden Grausamkeiten drang allmählich ins öffentliche Bewusstsein und führte zu Protestbewegungen, welche die Vivisektion ohne alle Ausnahmen strikt ablehnten.

Einer der entschiedensten Vivisektions-Gegner war Ernst von Weber, der 1879 die siebenundsiebzig Seiten umfassende Dokumentation *Die Folterkammern der Wissenschaft. Eine Sammlung von Thatsachen* publizierte.[77] Diese Schrift, die in zahlreiche Sprachen übersetzt wurde und in Deutschland eine weitreichende und tiefgehende Rezeption erfuhr, brachte eine Reihe von Beispielen, teils auch als illustrierte Bilder, in denen die praktizierte Vivisektion als eine blanke Barbarei charakterisiert wurde, die keinerlei Ertrag für die Humanmedizin erbringe. „Es sind", heißt es an einer Stelle dieser Abhandlung, „ganz unsägliche Greuel an's Licht der Öffentlichkeit gezogen worden, von europäischen Culturmenschen verübte Greuel, die Alles übertreffen, was wir von den wildesten Stämmen im Inneren von Afrika wissen." Und dieser These folgt sogleich ein Beispiel: „Der berühmte Pariser Professor Magendie erlaubte sich solche Scheußlichkeiten gegen unglückliche Opfertiere, daß ich

[77] Ernst von Weber, *Die Folterkammern der Wissenschaft. Eine Sammlung von Thatsachen für das Laien-Publikum*, Berlin/Leipzig 1879. Ernst von Weber (1830–1902) studierte in Freiberg und Berlin, wurde Landwirt und reiste ab 1851 nach Südeuropa, Vorderasien, Nordafrika und die USA, um seine landwirtschaftlichen Kenntnisse zu verbessern. Nach seiner Rückkehr ins Kaiserreich engagierte er sich gegen die Vivisektion und gründete 1879 in Dresden den *Internationalen Verein zur Bekämpfung der wissenschaftlichen Thierfolter*, dem prominente Mitglieder angehörten wie etwa Franz Liszt. Die Publikationen dieses Vereins erreichten hohe Auflagen und entfalteten beträchtliche Wirkung in der Gesellschaft.

ihn meinerseits allen Ernstes zu den ruchlosesten Verbrechern zählen muß, die je auf Erden gelebt haben. So nagelte er z.B. ein feines nervöses Wachtelhündchen, das er in der Auction erstanden hatte, mit seinen 4 Pfoten und seinen langen seidenweichen Ohren auf den Tisch, wohlbemerkt, ohne es zu narkotisieren, um so seinen Schülern in bequemerer und ungestörter Weise das Durschneiden der Augennerven, das Aufsägen des Hirnschädels, das Zerschneiden des Rückgrates und das Bloßlegen der verschiedenen Nervenbündel demonstrieren zu können. Und dann hob er das arme, immer noch lebende Thierchen für die Versuche des nächsten Tages auf!“[78]

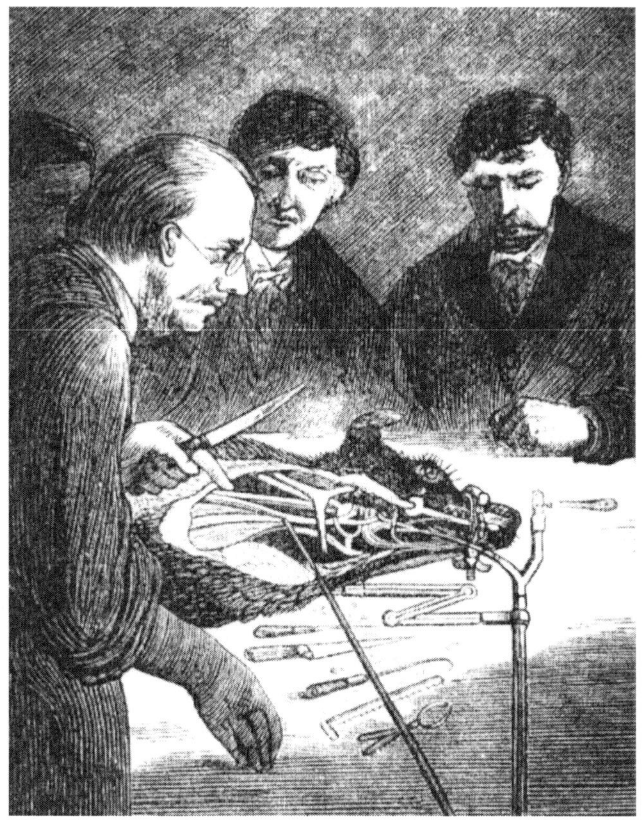

„Ein lebendiger Hund während der Vivisektion.“
Abbildung aus Ernst von Weber,
Die Folterkammern der Wissenschaft, S. 20.

[78] Ernst von Weber, *Die Folterkammern der Wissenschaft*¸ S. 15.

Solche Beispiele, Belege für grauenhaftes Verhalten von Medizinern, finden sich zu Dutzenden in dieser Schrift und runden sich am Ende zu einem Panoptikum des Schreckens, das auch weniger zartbesaitete Menschen emotional nicht unberührt läßt.

Ernst von Weber hatte offenbar auch Richard Wagner seine Schrift zugesandt und ihn um Unterstützung gebeten und Wagner antwortete mit einem ‚offenen Schreiben', das zunächst in den *Bayreuther Blättern*[79], ein Jahr später als eigenständige Broschüre veröffentlicht wurde und damit dem weiten Adressatenkreis der Wagnerianer als eine quasi offizielle Stellungnahme Bayreuths zu dieser Frage bekannt gemacht wurde. Wie wichtig diese Frage Wagner war, geht auch daraus hervor, dass er seine Antwort in die von ihm verantworteten *Gesammelte Schriften und Dichtungen* aufnahm.

Wagner erklärte eingangs seine volle Sympathie mit den Ausführungen der Schrift Webers und fand in ihr einen weiteren Beleg für die von ihm schon lange behauptete Degeneration der modernen Wissenschaft, einem „Gespenste der Wissenschaft ..., welches in unserer entgeisteten Zeit vom Sezirtische bis zur Schießgewehr-Fabrik sich zum Dämon des einzig für staatfreundlich geltenden Nützlichkeits-Kultus aufgeschwungen hat."[80] Aber eben diese Nützlichkeit werde, so sein Vorwurf auch gegen von Weber, nicht nur von den Befürwortern der Vivisektion ins Feld geführt, sondern auch von deren Gegnern, die mit der Nutzlosigkeit der durch Tierexperimente gewonnenen Einsichten für die Humanmedizin als Haupteinwand argumentierten. „Was mich bis jetzt", so schreibt er, „vom Beitritte zu einem der bestehenden Thierschutz-Vereine abhielt, war, daß ich alle Aufforderungen und Belehrungen, welche ich von denselben ausgehen sah, fast einzig auf das Nützlichkeits-Prinzip begründet erkannte."[81] Damit aber füge sich der Widerstand gegen die Vivisektion argumentativ in die vorherrschenden Muster der Rechtfertigung aller staatlichen und gesellschaftlichen Tätigkeiten ein, die alle nach diesem Prinzip beurteilt würden, was

---

79 Richard Wagner, *Offenes Schreiben an Herrn Ernst von Weber, Verfasser der Schrift: „Die Folterkammern der Wissenschaft."*, in: BBl 1879, S. 299ff.; ebenso in GSD, Bd. 10, S. 194ff. – hiernach wird zitiert. Vgl. auch Ulrich Tröhler/Joachim Thiery, *Richard Wagner als Gegner von Tierversuchen – ein visionärer Zivilisationskritiker*, in: wagnerspectrum 1/2015, S. 73ff.

80 Richard Wagner, *Offenes Schreiben*, S. 194f.

81 Ebenda, S. 195.

den Widerstand seitens der Vivisektionsgegner sofort erledige, „sobald die Nützlichkeit ... zur Geltung gebracht wird."[82] Ob ein Beweis für die Nutzlosigkeit der Vivisektion je erbracht werden könne, erscheint Wagner zweifelhaft. Aber selbst wenn dies der Fall wäre und die Tierfolter abgeschafft würde, wäre „nichts Dauerndes und Ächtes für die Menschheit gewonnen"[83], weil die Nützlichkeitskategorie ihre Geltung behielte. Das aber ist für Wagner das eigentliche Desaster, dass ausschließlich Nützlichkeit darüber entscheidet, was in einer Gesellschaft stattfindet oder auch nicht, und dieses Denken der Moderne ist zugleich einer der entscheidenden Gründe dafür, dass die „zunehmende Degeneration" zum Zustand der „Entartung" des Menschen von seiner „natürlichen Art"[84] geführt hat.

Der für Wagner entscheidende Einwand gegen den Missbrauch von Tieren in der Wissenschaft besteht also nicht darin, dass die Ergebnisse der Vivisektion ‚unnütz' sind, sondern in der Überlegung, „das in der tiefsten Natur des menschlichen Willens begründete *Mitleid* als die einzige wahre Grundlage aller Sittlichkeit nachzuweisen."[85] Wagner nutzt sein *Offenes Schreiben* an Weber, um in kurzen, aber kräftigen Strichen eine Theorie des Mitleidens zu skizzieren, welche die Kategorie des Nützlichen beiseite räumt, um an deren Stelle die so oft beschworene „Einheit alles Lebenden" zu setzen. Nur wer Tiere als Mitgeschöpfe betrachte und an ihrem Missbrauch mitleide, könne sich „wahrhaft berechtigt"[86] fühlen, der Tierquälerei generellen Einhalt zu bieten. Nur wer dieses Mitleiden fühle, könne sich zum Schutz der Tiere mit anderen Gegnern der Tierfolter verbinden. Das Mitleiden mit dem Mitgeschöpf Tier sei das einzig gerechtfertigte Motiv für den Protest, und dass dieses Mitleiden noch nicht „an die Spitze aller unserer Aufforderungen und Belehrungen für das Volk" gestellt worden sei, „darin liegt der Fluch unserer Zivilisation, die Dokumentierung der Entgöttlichung unserer staatskirchlichen Religionen."

Es ist die alte komplette Verwerfung der zeitgenössischen Zivilisation, die Wagner hier in einer neuen Wendung ethisch begrün-

---

[82] Ebenda.

[83] Ebenda, S. 196.

[84] Richard Wagner, *Religion und Kunst*, S. 230.

[85] Richard Wagner, *Offenes Schreiben*, S. 196.

[86] Ebenda. Hier auch die folgenden Zitate.

det. Resultierte seine Ablehnung von Staat, Gesellschaft und Religion in den *Zürcher Kunstschriften* zumeist aus deren konkreter Beobachtung und Negativ-Bewertung, so wird hier eine ethische Norm als Kriterium des Urteils eingeführt. Diese ethische Norm entstammt einerseits der Philosophie Schopenhauers, ergibt sich aber auch systematisch aus der fundamentalen weltanschaulichen Annahme Wagners, das Ziel allen Lebens sei „die Einheit alles Lebenden" und – bezogen auf die Menschen – die Realisierung des „Reinmenschlichen." Es ist kein Zufall, dass diese Argumentation zur Zeit der *Parsifal*-Komposition vorgetragen wird, denn sie deckt sich weitgehend mit dem Gehalt des *Bühnenweihfestspiels*. Mitleiden ist auch in diesem Werk eine zentrale Größe, das „ethische Zentrum"[87], beginnend mit dem nicht vorhandenen Mitleiden des noch ‚tumben Tors', der im heiligen Bezirk einen Schwan abschießt, bis hin zu dessen Unvermögen, das Leiden des Amfortas wie das der Gralsritter nachvollziehen zu können. Erlösung findet im *Parsifal* erst statt, als der Titelheld seine Fähigkeit zum Mitleiden entwickelt und dieses dann aktiv in ein Programm umsetzt.

Es ist an anderer Stelle[88] ausführlicher darauf hingewiesen worden, dass Wagners Begriff des Mitleidens – den er auch in seinem *Offenen Schreiben* verwendet – sich aus unterschiedlichen Quellen speist: zum einen aus der Philosophie Schopenhauers, in der das Mitleiden als die Verbundenheit des Ichs mit einer Welt voller Qualen konzipiert wird und in diesem Mitleiden für einen Augenblick „die Schranke zwischen Ich und Nicht-Ich aufgehoben"[89] erscheint; zum anderen aus Elementen des Christentums – der Heiland als der für die Menschheit Leidende – und des indisch-brahmanischen Kulturkreises.[90]

87 Dieter Borchmeyer, *Richard Wagner. Ahasvers Wandlungen*, Frankfurt/M. 2002, S. 582, Anm. 55.

88 Udo Bermbach, *Blühendes Leid*, Stuttgart/Weimar 2003, S. 298ff.

89 Arthur Schopenhauer, *Die beiden Grundprobleme der Ethik*¸ in: *Sämtliche Werke,* hrsg. von Arthur Hübscher, Wiesbaden 1950, Bd. 4, S. 229.

90 Vgl. dazu Ulrike Kienzle, *Das Weltüberwindungswerk. Wagners Parsifal*, Laaber 1992.

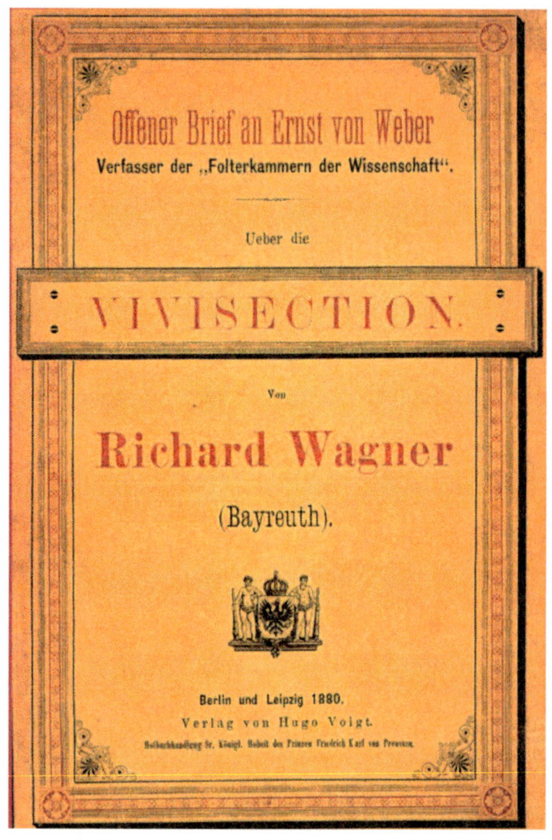

Offener Brief an Ernst von Weber
Verfasser der „Folterkammern der Wissenschaft“.

Ueber die

VIVISECTION.

Von

Richard Wagner

(Bayreuth).

Berlin und Leipzig 1880.
Verlag von Hugo Voigt.

Originaltitelblatt von Richard Wagners Broschüre mit seiner Entgegnung auf die Schrift Ernst von Webers, Berlin/Leipzig 1880

Für Wagner war das Konzept des Mitleidens aber nicht nur ein theoretisches Konstrukt, sondern hatte von Anfang an eine gesellschaftlich-politische Dimension. Was in den *Dresdner Schriften* immer wieder gefordert wird: die vollständige Aufgabe des Egoismus des Einzelnen zugunsten einer altruistischen Einstellung, wird in den *Spätschriften* transformiert in die Fähigkeit zum Mitleiden und macht Empathie zu einem Fundament einer zukünftigen Gesellschaft. Dass diese Empathie in einem auch die Tiere umfassenden Begriff schon früh in Wagners Denken eine bedeutende Rolle spielte, zeigt ein Brief an Mathilde Wesendonck aus den Züricher Jahren, in dem er, aufgeschreckt durch den „gräßlichen Schrei“ eines Huhns, dessen grausame Schlachtung er mit ansehen musste, ihr schreibt: „Es ist scheußlich, auf welchem bodenlosen Abgrund des grausamsten Elends unser, im ganzen genommen, doch immer genußsüchtiges Dasein sich stützt! Es ist dies meiner Anschauung von jeher so deutlich gewesen und ist ihr, bei zunehmender Sensibilität, immer gegenwärtiger geworden, dass ich den gerechten Grund aller meiner Leiden eigentlich darin erkenne, daß ich Leben und Streben immer noch nicht mit Bestimmtheit aufgeben kann."[91]

Wenn Wagner in seinem *Offenen Schreiben* also das Mitleiden – „die einzige wahre Grundlage aller Sittlichkeit"[92] – mit der Kreatur als einzige Rechtfertigung für den Kampf gegen die Vivisektion herausstellt, so greift er damit auf lang gehegte Überzeugungen zurück, die bis in seine Dresdner Jahre reichen, die er aber durch neu gewonnene Erkenntnisse seiner philosophischen wie religionshistorischen und religionssystematischen Studien ergänzt. Zugleich versucht er, mögliche Gegeneinwürfe zu entkräften, um seine Weltanschauung einwendungssicher zu machen. So etwa den Einwand, nicht das Mitleiden mit den Schmerzen der gequälten Kreatur sei das eigentliche Motiv einer Mitleidsethik, sondern der Schmerz, den wir selber beim Anblick eines leidenden Menschen oder Tieres empfinden und den „wir eben nur aus dem Grunde zu entfernen suchten, weil damit einzig die schmerzliche Wirkung auf uns selbst aufzuheben war."[93]. Unterstellt wird damit ein durchaus egoistisches Motiv, das sich mitleidsethisch nur altruistisch verkleidet. Das freilich ist kein Argument, das sich plausibel, d.h. empirisch widerlegen ließe, wohl aber, wie Wagner meint, eines aus dem Arsenal niedrigster Moral, „um uns im Schlamme der gemeinsten Selbstsucht gegen die Störung durch gemeinmenschliche Empfindungen zu behaupten." Und den weiteren Einwand, Mitleiden sei eigentlich Bedauern bei fortgesetztem Missgeschick, weist er mit der sozial-psychologischen Bemerkung zurück, wer so rede besitze „eine reich ausgebildete für den Wohlgeschmack hergerichtete Menschenverachtung." Das sind moralische, nicht unbedingt widerspruchsfeste philosophische Überlegungen, aber sie zeigen, dass es Wagner in diesem Zusammenhang auf praktische Zusammenhänge in einer, wie er glaubt, degenerierten Gesellschaft ankommt. Das christliche Gebot der Nächstenliebe, räumt er freilich

91 Wolfgang Golther (Hsg.), Richard Wagner an Mathilde Wesendonck, *Tagebuchblätter und Briefe 1853–1871*, Berlin 1904, S. 50 (Brief vom 1. Oktober 1858).

92 Richard Wagner, *Offenes Schreiben*, S. 196.

93 Ebenda, S. 197. Hier auch die folgenden Zitate.

ein, sei in der Tat schwer zu realisieren, da unsere Nächsten sehr häufig „nicht sehr liebenswerth“ seien und überdies „unser Staat und unsere Gesellschaft nach den Gesetzen der Mechanik so berechnet [sind], daß es darin ohne Mitleid und Nächstenliebe ganz erträglich abgehen sollte.“ Dass eine Mitleidsethik in der bestehenden Gesellschaft kaum Chancen hat, belegt er mit dem Hinweis auf jene Bereiche, die strukturell anderen Imperativen gehorchen: die Verwaltung, das Militär, die Börse. Sie steuern nach seiner Überzeugung den gesellschaftlich-politischen Ablauf, und zwar ausdrücklich nach Nützlichkeitserwägungen. Einem ähnlichen Verdikt verfällt auch der ideologische Überbau dieser Gesellschaft, vor allem die Theologie, die doch das Mitleiden zu ihrer Verkündigung machen sollte, es aber nicht tut, weil sie gesellschaftlich eingepasst ist, vergleichbar der medizinischen Wissenschaft, die den Arzt eigentlich als „bürgerlichen Lebensheiland“[94] ausbilden sollte, dies, wie die Schrift Webers zeigt, aber nicht oder nur unzulänglich tut.

Doch gibt es Hoffnung seitens praktischer Ärzte, die sich gegen die „Nützlichkeit“ der Vivisektion ausgesprochen haben und damit ermuntern, „der Religion des Mitleidens, den Bekennern des Nützlichkeits-Dogmas zum Trotz, einen kräftigen Boden zu neuer Pflege bei uns gewinnen zu lassen.“[95] Solche Pflege gründet nach Wagner in dem Bewusstsein, das Tier als Partner des Menschen zu verstehen und all das aufzugeben, was dieses Verhältnis stört: Tiere als Nutztiere zu sehen, sie zu schlachten und zu verspeisen. „Krankheit und Elend aller Art“ sei, so Wagner, durch das Aufgeben der vegetarischen Lebensweise in die Menschheit gekommen und nur die „vollständige Enthaltung von animalischer Nahrung“[96] könne das tief gestörte Verhältnis wieder korrigieren. Nach längeren Ausführungen über die geschichtliche Entwicklung des Verhältnisses von Mensch und Tier konstatiert er dann, dass wir zwar die Weisheiten aller „gebildeten Helden Völker“ verloren hätten, nun aber durch die Kenntnis des „Unwesens der wissenschaftlichen Thierfolter“, wie sie Weber als ein „redlich forschender, sorgfältig züchtender und wahrhaftig vergleichender wissenschaftlicher Thierfreund“ aufgedeckt habe, zugleich die „Urweisheit“ wieder klar werde, dass „in den Thieren das Gleiche athmet was uns das Leben

[94] Ebenda, S. 198.

[95] Ebenda, S. 200.

[96] Ebenda, S. 201. Hier und auf S. 203 die folgenden Zitate.

giebt, ja daß wir unzweifelhaft von ihnen selbst abstammen." Diese wiedergewonnene Erkenntnis werde, so Wagner, eine neue sittliche Grundlage schaffen: „Da wir die Thiere bereits dazu verwendeten, nicht nur uns zu ernähren und uns zu dienen, sondern an ihren künstlich herbeigeführten Leiden auch zu erkennen, was uns selbst etwa fehle, wenn unser, durch unnatürliches Leben, Ausschweifungen und Laster aller Art zerrütteter Leib mit Krankheiten behaftet wird, so dürften wir jetzt dagegen in förderlicher Weise zum Zwecke der Veredelung unserer Sittlichkeit, ja in vieler Beziehung als untrügliches Zeugniß für die Wahrhaftigkeit der Natur zu unserer Selbsterziehung benützen."[97]

Es ist die Hoffnung auf eine tiefgreifende Regeneration, die sich in solchen Worten ausspricht, auf eine vollkommen neue, mit der Vorstellung einer idealisierten, unbeschädigten Natur in Übereinstimmung stehenden Lebensauffassung und Lebensweise, wie sie später auch die Lebensreformbewegung angetrieben hat. Die von Wagner propagierte „Einheit alles Lebenden" erweist sich als das utopische Ziel seiner Weltanschauung, in der eine sakral überhöhte Kunstvorstellung, wie sie im Konzept des Gesamtkunstwerks zu Tage tritt, mit einer neuen Form genossenschaftlich organisierter Gesellschaft zusammengeführt werden. Entsprechend heißt es am Ende des *Offenen Schreibens*: „Denn unser Schluß am Betreff der Menschenwürde sei dahin gefaßt, dass diese genau erst auf dem Punkte sich dokumentire, wo der Mensch vom Thiere sich durch das Mitleid auch mit dem Thiere zu unterscheiden vermag, da wir vom Thiere andererseits selbst das Mitleiden mit dem Menschen erlernen können, sobald dieses vernünftig und menschenwürdig behandelt wird."[98]

Bereits im *Offenen Schreiben* war, wie oben zitiert, die Forderung nach einer vegetarischen Lebensweise angeklungen. Ausführlicher wird diese Forderung in *Religion und Kunst* zum Gegenstand der Erörterungen, verbunden mit brutalen Beschreibungen über den menschlichen Umgang mit Tieren. Auch hier wird das vegetarische Programm als Hoffnung in Stellung gebracht gegen Degeneration und Entartung, die beide Ergebnis sind des Verlassens der „natürlichen Art des Menschen", als Verzicht auf bloße „Pflanzen-

---

97 Ebenda, S. 204.
98 Ebenda, S. 209.

Nahrung".[99] Selbst den Kreuzestod Christi nimmt Wagner als Beleg dafür, dass auch das ursprüngliche, institutionell noch nicht pervertierte Christentum ein vegetarisches Leben eingefordert habe: „sein eigenes Fleisch und Blut gab [der Heiland, U.B.], als letztes höchstes Sühneopfer für alles sündhaft vergossene Blut und geschlachtete Fleisch dahin, und reichte damit seine Jüngern Wein und Brot zum täglichen Mahle: – ‚solches allein genießt zu meinem Angedenken'".[100] Da das symbolische Opfer aus Wein und Brot ihm gar der „allgemein faßlichste Kern des Christentum" ist, gewinnt die Forderung nach vegetarischer Ernährung eine quasireligiöse Legitimation. Denn wenn die zentrale Botschaft des Christentums – neben dem Sühneopfer Christi –, in der Anweisung liegt, sich als Christ auf nichttierische Ernährung zu begrenzen, dann wird der Vegetarismus sakral überhöht. In der Nichtbeachtung dieser göttlichen Anweisung sieht Wagner sogar einen Grund des Verfalls der Kirchen: „Vielleicht ist schon die eine Unmöglichkeit, die unausgesetzte Verfolgung dieser Verordnung des Erlösers durch vollständige Enthaltung von thierischer Nahrung bei allen Bekennern durchzuführen, als der wesentliche Grund des so frühen Verfalles der christlichen Religion als christliche Kirche anzusehen. Diese Unmöglichkeit anerkennen müssen, heißt aber so viel, als den unaufhaltsamen Verfall des menschlichen Geschlechtes selbst bekennen."[101]

Aus dieser These resultiert, dass die westliche Zivilisation den „voll erblühten Geist der christlichen Religion"[102] nie erlebt hat. Im Gegenteil: die Kirche habe, so Wagner, die „kräftigsten und edelsten Geister der Völker ausgerottet" und damit auch den „Flinten- und Kanonenkugeln" und „dem konkret Blutwunden schlagenden Schwerte und Spiele" vorgearbeitet. Diese Brutalisierung durch den Krieg nimmt Wagner als Vorspiel zu dem, was die moderne Zivilisation mit den Tieren macht: „War uns der Anblick des den Göttern geopferten Stiers ein Greuel geworden, so wird nun in sauberen, von Wasser durchspülten Schlachthäusern ein tägliches Blutbad der Beachtung aller derer entzogen, die beim Mittagsmahle sich die bis zur Unkenntlichkeit hergerichteten Leichentheile er-

---

[99] Richard Wagner, *Religion und Kunst*, S. 230.
[100] Ebenda.
[101] Ebenda, S. 231.
[102] Ebenda, S. 233. Hier und auf S. 234 auch die folgenden Zitate.

mordeter Hausthiere wohl schmecken lassen sollen." Solche Barbarei parallelisiert er mit der Illegitimität des Staates, der „auf Eroberung und Unterjochung vorgefundener Landes-Insassen" beruht und durch „Erschlaffung und Verfall der herrschenden Geschlechter" in einen Zustand gerät, in dem Politiker regieren, die im Falle „bedeutender Manifestationen sich im fürstlichen Schmuck" oder in „Militär-Uniformen" zeigen, was schon optisch den perversen Charakter des abzuschaffenden Staates illustriert.

Ergänzend setzt sich Wagner mit der These auseinander, in den nördlichen, kälteren Regionen seien die Menschen aus Überlebensgründen gezwungen worden, Fleisch zu essen. Die negative klimatische Entwicklung vor allem in Afrika habe Menschen in die unwirtlichen Gegenden des Nordens getrieben, und hier habe der Hunger sie dazu gezwungen, Tiere zu töten und zu essen. Gegen eine solche Argumentation wendet er ein, es gebe ein Reihe von Völkern auf der nördlichen Hemisphere der Erde, die, wenn reichliche Nahrung von Früchten zur Verfügung stand, „selbst in rauheren Klimaten durch fast ausschließlich vegetabilische Nahrung nichts von ihrer Kraft und Ausdauer"[103] eingebüßt hätten. Wer dagegen Tiernahrung genommen habe, sei infolge „naturwidriger Nahrung" dahingesiecht und habe nie mehr „weder sein natürliches Lebensalter noch einen sanften Tod [erreicht], sondern [sei] von, nur ihm bekannten Leiden und Nöthen, leiblicher wie seelischer Art, durch ein nichtiges Leben zu einem stets erschreckenden Abbruch desselben dahin gequält [worden]."[104]

Diese Szenario verdankte sich der Lektüre von A. Gleizès Buch *Thalysia, oder das Heil der Menschheit*, dessen deutsche Übersetzung 1873 erschien und das Wagner ab dem 8. Januar 1880 mit großer Zustimmung las.[105] Auch die Idee einer generellen Regeneration fand hier ihre Bestätigung. Wagner verstand sie als Rückkehr zu einer Kultur, „die aus dem Boden des Friedens" sprießt und in

---

[103] Ebenda, S. 237.

[104] Ebenda, S. 238.

[105] TB, Bd. II, S. 472ff.; vgl. auch Felix Belussi, *Cibus innoxius. Richard Wagner und die Naturphilosophie des Jean-Antoine Gleizès*, in: wagnerspectrum 1/2015, S. 49ff.; ebenso Wolf-Daniel Hartwich, *Religion und Kunst beim späten Wagner. Zum Verhältnis von Ästhetik, Theologie und Anthropologie in den ‚Regenerationsschriften'* in: Jahrbuch der deutschen Schillergesellschaft, 40/1996, S. 297ff.

die Einheit mit der Natur wächst. Das zu hoffen schien deshalb möglich, weil Degeneration und Verfall, nach Wagner, Ergebnisse externer und historisch einmaliger Gründe waren, keine dem Wesen des Menschen eingeschriebenen Eigenschaften. Wenn aber die „Entartung durch übermächtige äußere Einflüsse verursacht worden“[106] war, so musste logischerweise „die bisher bekannt gewordene Geschichte des menschlichen Geschlechtes als die leidvolle Periode der Ausbildung seines Bewußtseins für die Anwendung der auf diesem Wege erworbenen Kenntnisse zur Abwehr jener verderblichen Einflüsse gelten können.“ Eine Geschichte, deren Verlauf aber durch die Menschen selbst in eine völlig falsche Richtung gedreht wurde, berechtigte zur Hoffnung, die gemachten Fehler zukünftig vermeiden zu können und eine für Menschen wie Tiere friedliche Entwicklung einschlagen zu können. Diese Vorstellung, dass aus einer schiefgelaufenen Geschichte sich im Gegenentwurf die Positiva der zukünftigen, menschlich friedlichen Gesellschaft herauslesen ließen, stimmt frappierend überein mit der Intention des *Parsifal*, in dem ja auch die Geschichte eines aus seinen Fehlern lernenden Helden erzählt wird, die am Ende in der ‚Erlösung‘ von den Fehlern der Vergangenheit mündet.[107] Soweit die Philosophie Schopenhauers hier ins Spiel kommt, besteht Wagner auf einer Korrektur: Schopenhauers Pessimismus wird verkehrt in einen Lernprozess, aus dem sich die „einzig begründete Hoffnung“ für eine endgültige Besserung der Welt ergeben soll, die einzige Chance für eine „ästhetische Weltordnung.“

Die Forderung nach vegetarischer Ernährung, die er als den „Kernpunkt der Regenerationsfrage“[108] bezeichnet und die sich für ihn auch, wie gezeigt, aus dem wahren Christentum ergibt, bringt er in Gegensatz zur jüdischen Religion. Dass der Sündenfall durch den Genuss „einer Baumfrucht“[109] verursacht worden sei und der „Judengott das fette Lammopfer Abel's schmackhafter fand als das Feldfruchtopfer Kain's“, ist für Wagner ein Beleg dafür, dass diese jüdische Religion für die Regeneration der Menschheit nicht taugt und Vegetarier „bedeutende Einwendungen gegen sie“ vorbringen

---

106 Ebenda, S. 236. Hier auch das folgende Zitat.

107 Dazu ausführlich Udo Bermbach, *Parsifal*, in: derselbe, *Blühendes Leid*, S. 305ff.

108 Richard Wagner, *Religion und Kunst*, S. 239.

109 Ebenda, S. 241. Hier auch die folgenden Zitate.

müssten. Sollen die Juden also am Werk der Regeneration teilhaben und mitwirken, so ist zu schließen, müssten sie zuvor ihrer Religion abschwören und alles, was bisher ihre jüdische Identität ausmachte, ablegen – so wie die Deutschen ihre bisherige Lebensweise ebenfalls ablegen müssten.

Vom Vegetarismus fordert Wagner, dass er sich nicht auf der Kategorie der Nützlichkeit begründet, sondern „das Mitleid mit den Thieren bis zu einer verständnisvollen Durchdringung" des Problems zur Grundlage seiner Idee macht. In diesem Falle könne die Verbindung des Tierschutz-Gedankens mit dem Vegetarismus bereits zu einer nicht zu unterschätzenden Macht gegen die vorherrschende Politik werden, die zusätzliche Impulse erhalten würde, wenn sich die „Mäßigkeits-Vereine"[110] mit ihnen verbündeten. „Die Pest der Trunksucht, welche sich über alle Leibeigenen unserer modernen Kriegszivilisation als letzte Vertilgerin aufgeworfen hat, liefert dem Staate durch Steuerträge aller Art Zuflüsse, welcher dieser zu entsagen noch nirgends Neigung gezeigt hat." Deshalb kommt es für Wagner darauf an, die bisher zersplitterten Einzelbewegungen des Vegetarismus, des Tierschutzes und der Antialkoholbewegung zu bündeln und sie mit der sozialistischen Arbeiterbewegung zusammenzuführen. Käme es zu einem solchen Bündnis, dann würde – so die Überzeugung Wagners – der Sozialismus die „Berechtigung dieser Gesellschaft" sofort in Frage stellen. Man könnte, so schreibt er, „aus starken inneren Gründen, selbst den heutigen Sozialismus als sehr beachtenswerth von Seiten unserer staatlichen Gesellschaft ansehen, sobald er mit den drei zuvor in Betracht genommenen Verbindungen der Vegetarianer, der Thierschützer und der Mäßigkeitspfleger, in eine wahrhaftige und innige Vereinigung träte."[111] Ein solches Bündnis würde zugleich auch die Hoffnung „des Wiedergewinnes einer wahrhaftigen Religion"[112] bergen, die den leidenden Heiland wieder ins Zentrum stellen und den „allgemein faßlichsten Kern des Christentums" – Sühneopfer und Regeneration durch Lebensumstellung – verdeutlichen würde. Wenn die „Entartung des menschlichen Geschlechtes durch seinen Abfall von seiner natürlichen Nahrung bewirkt worden sei"[113], so

[110] Ebenda, S. 239. Hier auch die folgenden Zitate.
[111] Ebenda, S. 240.
[112] Ebenda, S. 241.
[113] Ebenda, S. 242.

ließe die Rückbesinnung auf die natürliche, nichttierische Nahrung auch eine durchgreifende Regeneration der Menschheit zu. Wagner ist besessen von dem Gedanken, die Rekonstruktion einer „wahren Religion“ in Verbindung mit den zitierten lebenspraktischen Änderungen und den organisatorischen Fähigkeiten der Arbeiterbewegung seien die Grundlage, um das „Phantasie-Bild“[114], d.h. die Utopie einer Menschheit sich vor Augen zu führen, der es gelingt, Degeneration und Entartung zu überwinden und eine friedliche Gesellschaft zu etablieren, die den kriegerisch-bürokratischen Charakter der gegebenen Gesellschaften überwinden und die Perspektive einer pazifistischen, die „Einheit alles Lebenden“ realisierenden Zukunftsgemeinschaft einnehmen zu können. Dass dies eine Utopie ist, „seine“ Utopie, die basiert auf einem kunstreligiösen Fundament, das zugleich die Hauptmomente einer neuen Moral implizierte, aus der die Elemente einer direkt-demokratischen Genossenschaftsorganisation erwuchsen, verbunden mit einer ziemlich radikalen Umstellung bisheriger Lebensgewohnheiten – das war ihm nicht wirklich klar. Er hätte einer solchen Einordnung seines politisch-ästhetischen Denkens als eines utopischen sicherlich scharf widersprochen, denn was er vorschlug, ergab sich logisch aus der Negation des Status quo und stand in seinen Einzelelementen in einem systematischen Zusammenhang. Die oft zu lesende eher abfällige Bemerkung, Wagners Spätschriften seien das Produkt eines skurrilen, nicht mehr ernstzunehmenden Geistes, verkennt aufs Ganze, dass sie der praktische Abschluss eines Menschheitsmodells sind, in dem Kunst, Gesellschaft und Politik auf eine neue Weise in Zusammenhang treten, mit dem Ziel, all diese Bereiche zu demokratisieren.

Ein neues Verhältnis der Geschlechter

In dieses neue Modell menschlichen Zusammenlebens fügt sich auch Wagners Auffassung von einem geänderten Verhältnis der Geschlechter zueinander. Wie sehr die Frage nach dem gegenseitigen Verhalten von Mann und Frau ihn beschäftigte – eine Frage, die auch für die Lebensreformbewegung von fundamentaler Bedeu-

[114] Ebenda, S. 242 und 243.

tung war –, belegt die Tatsache, dass er noch am Tage seines Todes sich mit dem „Weiblichen im Menschlichen" beschäftigte, einem unvollendet gebliebenen Traktat, der als Abschluss von *Religion und Kunst* gedacht war und daher als substantieller Beitrag zu den Spätschriften und zu seiner Regenerationsidee zu bewerten ist.[115]

Dieses umfangmäßig nur kurze Textfragment beginnt mit der Feststellung, der „sittliche Kern" des Problems vom „Verfall der menschlichen Geschlechter, des Charakters der Ehebündnisse und des ihnen entsprießenden Einflusses auf die Eigenschaften der Gattungen"[116] sei das Verhältnis von Mann und Frau. Ausdrücklich schließt er mit seinen Überlegungen an seine Schrift *Heldenthum und Christenthum* an, was darauf hinweist, dass er die Absicht hat, zu diesem Problem eine größere Abhandlung zu schreiben, die er als wichtigen Bestandteil seiner Regenerationsidee betrachtet. Es ist nicht zufällig, dass Wagner das Verhältnis der Geschlechter in seinen grundsätzlichen Aspekten thematisieren will, denn in dieser Beziehung geht es, wie er schreibt, um das ‚Reinmenschliche', das heißt um die Beziehung des Menschen zum „ewig Natürlichen".[117] Es geht um die fundamentale Frage, auf welcher Basis sich die Gesellschaft der Zukunft, besser: die Gemeinschaft der Zukunft aufbauen wird und wie ihr Fundament beschaffen sein sollte, um die Entwicklung einer regenerierten Menschheit in eine ‚glückliche' Zukunft zu garantieren.

Diese Fragestellung ist nicht neu, sie durchzieht vielmehr nahezu alle gesellschafts- und politikkritischen Schriften Wagners. Schon in seinen frühen Schriften hat er die Unterdrückung der Frau durch die gesellschaftlichen Verhältnisse und durch den Mann als zutiefst verwerflich bewertet und jene Ehe, die nicht auf Liebe, sondern auf Zweckmäßigkeits- und Nützlichkeitserwägungen gegründet ist, welche die Frau in wirtschaftliche Abhängigkeit vom Mann bringt, scharf und kompromisslos verworfen. „Auf Eigen-

---

[115] Richard Wagner, *Über das Weibliche im Menschlichen*, in: GSD, hrsg. von Richard Sternfeld, Bd. 12, S. 341ff. Vgl. dazu Dieter Borchmeyer, *Über das Weibliche im Menschlichen in Richard Wagners Musikdramen*, in: Susanne Vill (Hrsg.), *Das Weib der Zukunft. Frauengestalten und Frauenstimmen bei Richard Wagner*, Stuttgart/Weimar 2000, S. 34ff.

[116] Richard Wagner, *Über das Weibliche im Menschlichen*, S. 341.

[117] Ebenda.

thum und Besitz berechneten Konventionsheiraten"[118] werden noch in seiner letzten Schrift radikal verworfen und gelten ihm als widernatürlich. Immer wieder findet sich auch in seinen übrigen Schriften die These, dass nur ein gänzlich neues Verhältnis von Mann und Frau die Grundlage einer zukünftig regenerierten Gesellschaftsordnung sein könne, und diese These wiederholt er nun auch in seinem letzten Fragment: „Wenn ich kürzlich die Aufgabe stellte, dem Reinmenschlichen in seiner Übereinstimmung mit dem ewig Natürlichen nachzuforschen, so müssen wir bei vollster Besonnenheit erkennen, daß in dem Verhalten von Mann und Weib, oder dem Männlichen und Weiblichen, der *einzig vernünftige und deshalb zur lichtesten Erkenntnis leitende Ausgangspunkt hierfür zu finden ist.*[119] Es ist, wie gesagt, ein altes Thema, das Wagner am Ende seines Lebens noch einmal als für sein Denken zentral aufgreift, und das schon seine Gesellschaftskritik während der Dresdner Jahre beherrscht hat: die Ehe als eine durch gesellschaftlich Zwänge bestimmte Institution[120], welche die Freiheit der Frau – und indirekt die des Mannes – vernichtet, beide institutionell fesselt und die Frau unter die Verfügung des Mannes zwingt, gleichsam als Teil des Privateigentums.[121] Diesem Modell der bürgerlichen Ehe in ihrem primär fiskalisch bestimmten Charakter setzt er bereits in den *Zürcher Kunstschriften* ein Gegenmodell entgegen, in dem die Ehe auf Freiheit, Gleichheit und „wahre Liebe" gegründet wird. Gemeint ist die Freiheit der Entscheidung zweier Menschen, sich miteinander zu verbinden, die Gleichheit beider Geschlechter in gegenseitiger gleichwertigen Anerkennung und daraus schließlich resultierend eine Liebe, die unter diesen beiden Bedingungen als eine „wahre", das heißt: unerzwungene und freiwillige emotionale, sinnliche und sexuelle Hingabe das Geschlechterverhältnis bestimmt.[122]

Die Verurteilung der gegebenen Beziehungen zwischen Mann und Frau mit der Dominanz des Mannes über die Frau, wie es sich bei Wagner immer wieder findet, ist seit den *Zürcher Schriften* eingebettet in eine generelle Kritik der Entfremdung des Menschen

---

[118] Ebenda, S. 343.

[119] Ebenda, S. 341. Kursivierung von mir.

[120] Vgl. Udo Bermbach, *Der Wahn des Gesamtkunstwerks*, S. 6ff.

[121] Ebenda, S. 59ff.

[122] Ebenda, S. 227.

von seinen natürlichen Ursprüngen. Gleich zu Anfang des *Kunstwerks der Zukunft* kommt Wagner darauf zu sprechen. Die Natur wird als „absichtslos und unwillkürlich nach Bedürfniß, daher aus Nothwendigkeit“[123] zum Maßstab der Kritik für den Zustand einer Gesellschaft, die genau diesem Maßstab nicht genügt. Wagner unterstellt – ganz wie Marx in seinen *Frühschriften* – ein ‚natürliches‘, d.h. durch die Formation der Gesellschaft und das Handeln der Politik noch nicht verzerrtes und verfremdetes ursprüngliches ‚Wesen‘ des Menschen, das in der Moderne durch eine vielfach überformende Sozialisation verloren gegangen sei und das wiederhergestellt werden müsse, solle eine regenerierte Menschheit in Zukunft besser, und das heißt: in Einheit mit der Natur wieder leben können. Denn das ist das Ziel: „Der Mensch wird nicht eher Das sein, was er sein kann und sein soll“ – heißt es im *Kunstwerk der Zukunft* –, „als bis sein Leben der treue Spiegel der Natur, die bewußte Befolgung der einzig wirklichen Nothwendigkeit, der *inneren Naturnothwendigkeit* ist, nicht die Unterordnung unter eine *äußere*, eingebildete und der Einbildung nur nachgebildete, daher nicht nothwendige, sondern *willkürliche Macht*“.[124]

Das meint auch das Verhältnis von Mann und Frau, das als ein ‚entfremdetes‘ deshalb charakterisiert wird, weil es nicht auf jener oben zitierten Freiheit und Gleichheit der Partner beruht. Wobei diese Gleichheit durchaus unterschiedlich schattiert sein kann. So heißt es in *Oper und Drama*: „Die Natur des Weibes ist die Liebe: aber diese Liebe ist die *empfangende* und in der Empfängnis rückhaltlos sich *hingebende*“.[125] Erst durch die Hingabe erhalte, so fährt Wagner fort, das Weib seine „volle Individualität“, erst durch die „unbedingte“ Liebe entwickele sich sein Wille, der sich gegen Zwang auflehne und doch nicht anders als lieben könne. Unter der „Allgewalt dieses Zwanges“ werde „die Liebe und der geliebte Gegenstand Eins“ und das Weib selbst vernichtet. „Das offene Bekenntnis dieser Vernichtung ist dann das thätige Opfer der letzten Hingebung des Weibes: sein Stolz geht so mit Bewußtsein in das Einzige auf, was es zu empfinden vermag, was es fühlen und denken kann, ja, was es selbst ist, – in die Liebe zu diesem Mann.“

---

[123] Richard Wagner, *Kunstwerk der Zukunft*, S. 42.

[124] Ebenda, S. 44.

[125] Richard Wagner, *Oper und Drama*, in: GSD, Bd. 3, 316. Hier und auf der folgenden Seite auch die folgenden Zitate.

Das klingt, als bleibe – aller zitierten Kritik Wagners zum Trotz – der Mann am Ende doch dominant in der Beziehung der Geschlechter. Dem ist allerdings nicht so, denn auch der Mann gewinnt, wie Wagner ausführt, seine Individualität in der Liebe, um sie sogleich wieder abzugeben an das Weib. „Der Blick der Unschuld im Auge des Weibes ist der endlos klare Spiegel, in welchem der Mann so lange eben nur die allgemeine Fähigkeit zur Liebe erkennt, bis er sein eigenes Bild in ihm zu erblicken vermag; hat er sich darin erkannt, so ist auch die Allfähigkeit des Weibes zu der einen bedrängenden Nothwendigkeit verdichtet, ihn mit der Allgewalt vollsten Hingebungseifers zu lieben." Was so gelesen werden muss, dass der Mann, um zu wissen, wer er ist und sich selbst zu erkennen, des Weibes bedarf. Das Verhältnis von Mann und Frau ist bei Wagner das einer bedingenden Gegenseitigkeit, aus der erst die volle Selbsterkenntnis der Partner hervorgehen kann. Vereinzelung des Mannes wie der Frau bleibt für beide je fragmentarisch und kann niemals jenes „Reinmenschliche" erreichen, welches dem „Ewig Natürlichen" entspricht.

Diese bedingende Gegenseitigkeit von Mann und Frau hat zur Folge, dass beide, solange sie vereinzelt bleiben, menschlich defizitär sind. Dem Mann fehlt, um ganz Mensch zu sein, der weibliche Teil, wie umgekehrt dem Weib der männliche fehlt. Wenn Wagner meint: „Daher ist das Weib mit dem Manne eins und kann nur in seinem Aufgehen im Manne als sittlich bestehend gedacht werden",[126] so gilt das auch umgekehrt, denn „nur in der Vereinigung von Mann und Weib existiert erst der wirkliche Mensch, erst durch die Liebe wird daher der Mann wie das Weib – Mensch. Erst diese Vereinigung von Mann und Frau, erst die Liebe also erzeugt (sinnlich und metaphysisch) den Menschen."[127]

Es ist nicht ganz einfach, diese Formulierungen in biologischer wie sozialer Hinsicht eindeutig zu interpretieren. Doch so viel ergibt sich daraus: Wagner ist weit davon entfernt, einer patriarchalen Weltordnung das Wort zu reden. Seine Vorstellung vom Verhältnis der Geschlechter geht aber auch über die bloße Gleichstellung von Mann und Frau weit hinaus, weit auch über die Vorstellungen der heutigen feministischen Bewegungen – er zielt ins Androgyne, das in den Figuren seiner Musikdramen immer wieder

[126] Richard Wagner, *Jesus von Nazareth*, in: GSD, Bd. 11, S. 305.
[127] *SB* Bd. 6, S. 63 (Brief an August Röckel vom, 25./26. Januar 1854).

auftaucht[128], Vorstellungen, die weitreichende Konsequenzen haben. Denn wenn das Ziel der Regeneration der Menschheit eingelöst werden soll, muss sich – das ist Wagners feste Überzeugung – nicht nur das Geschlechterverhältnis ändern. Gefordert wird vielmehr die Änderung des Wesens der Menschen selbst, und zwar in einem fundamentalen Sinn. Da in jedem Menschen auch Anteile des je anderen Geschlechtes stecken, müssen diese sichtbar und wirkbar werden. Mit anderen Worten: Der Mann, so könnte man es auf eine kurze Formel bringen, hat die weiblichen Anteile seiner Existenz zum Vorschein zu bringen – und dabei hilft ihm das Weib. Das wiederum in seiner Aktivität – man denke nur an die Frauengestalten der Musikdramen, die als die eigentlich treibenden Figuren den Männern nahezu alle überlegen sind – den männlichen Teil seines „Wesens" zu aktivieren hat. Nur wenn die Eigenschaften der Geschlechter sich vereinen und ihre je eigene Wirkung entfalten, entsteht der ‚Mensch der Zukunft' als ein weder biologisch noch sozial eingeschränktes Wesen. Nur in dieser allseitigen Entfaltung haben diese neuen, ‚regenerierten' Menschen teil am „Reinmenschlichen" wie am „Ewig-Natürlichen."

Am Ende der 2. Szene des 2. Aufzugs von *Tristan und Isolde* hat Wagner seine Intention dieses *Reinmenschlichen* wohl am deutlichsten zum Ausdruck gebracht und dies ist zugleich das Beispiel, bei dem die Idee des neuen Menschen, in dem das Männliche und das Weibliche sich vereinigen und ineinander aufgehen, sich am unzweifelhaftesten dem Zuhörer und Zuschauer mitteilen, wenn es in der ersehnten Vereinigung der beiden Liebenden heißt: (Tristan) „Tristan du, ich Isolde, nicht mehr Tristan! – (Isolde) Du Isolde, Tristan ich, nicht mehr Isolde!" Mit diesen Worten, die Bekenntnis sind, vollzieht sich nicht nur ein oberflächlicher Identitätstausch, sondern im Versinken in einer grenzenlos gewordenen Liebe geschieht auch die Vereinigung zweier Menschen zu etwas völlig Neuem; es ist eine Vereinigung ums Ganze, die den neuen Menschen gebiert – eben den Menschen der Zukunft. Eine Vision wird hier komponiert, die auch in der Lebensreformbewegung in schattenhafter Ähnlichkeit wieder auftaucht – vom innigen Zusammenleben zweier Menschen bis hin zur freien Liebe.

[128] Vgl. allgemein Jean-Jacques Nattiez, *Wagner Androgyne*, Princeton 1993.

Dass Wagner auch über den Einfluss des Klimas auf die Lebensweise und Kulturentwicklung des Menschen nachgedacht hat, erschien aufgrund der Erfahrungen seiner Zeitgenossen eher abwegig, obgleich es in einer ehrwürdigen ideenpolitischen Tradition steht und heute im Zeitalter der Erderwärmung mit ihren noch nicht absehbaren Folgen mehr und mehr ins Zentrum des gesellschaftlich-politischen Diskurses gerückt ist. Mit seinen Reflexionen über das Klima als einem der bestimmenden Faktoren der menschlichen Entwicklung schließt Wagner an eine Debatte an, die bis in die griechische Antike zurückreicht. Bereits im 6. und 5. Jahrhundert v.Chr. wurde in der griechischen Philosophie darüber nachgedacht, welchen Einfluss die vier Elemente Luft, Erde, Feuer und Wasser als Grundlage allen Lebens auf die Existenzbedingungen der Menschen haben könnten. Thales von Milet (624–546 v.Chr.), Anaximenes (585–525 v.Chr.) oder auch Heraklit (540–475 v.Chr.) gehörten zu den ersten, die dazu Aussagen machten, und später hat Hippokrates, der berühmteste Arzt der Antike und Begründer der medizinischen Ethik, diesen Themenkreis in einer 430. V.Chr. entstandenen Schrift erstmals ausführlich unter dem Aspekt erörtert, wie Ärzte sich auf diesen Zusammenhang in ihrer Heilkunst einstellen könnten.[129]

Die Frage, welchen Einfluss das Klima auf die Ausbildung der Menschen, ihre Fähigkeiten zum Überleben, ihre Vorstellungen von Organisation der Gemeinschaft und vieles mehr ausüben könnte, verschwand, einmal in die Welt gesetzt, nicht mehr aus den philosophischen und staatstheoretischen Diskursen Europas. Nachdem die bedeutendsten antiken Philosophen wie Plato und Aristoteles sich zu diesem Themenbereich geäußert hatten, schlossen sich weitere Diskussionen daran an. Für Plato waren die vier Elemente Grundlage des Lebens und zugleich der Grund für die allgemeinen Umweltbedingungen. Aristoteles glaubte, verschiedene Klimazonen sowie Klimaschwankungen wirkten an der Ausbildung unterschiedlicher Menschentypen mit: das raue und in den Jahreszeiten sehr

[129] Für das folgende vgl. Reimar Müller, *Montesquieu über Umwelt und Gesellschaft – die Klimatheorie und ihre Folgen*, in: Sitzungsberichte der Leibniz-Sozietät, 80 (2005), S. 19ff. Ebenso F. Jürß, *Geschichte des wissenschaftlichen Denkens im Altertum*, Berlin 1982, S. 312ff.

unterschiedliche Klima Europas habe beispielsweise den nach Freiheit strebenden Menschen hervorgebracht, während die eher gleichförmigen Klimazonen in Asien einen trägen, zur Unterwerfung neigenden Menschentypus generiert hätten, der die asiatische Despotie ermöglicht habe. Die im Norden lebende Bevölkerung sei durch die klimatischen Herausforderungen von großem Mut, bleibe aber geistig und künstlerisch hinter den südlichen Völkern zurück. Kunst und Intelligenz zeichne auch asiatische Menschen aus, die aber zugleich in Angst und daher ständiger Unterordnungsbereitschaft lebten. Zwischen solchen Gegensätzen siedelte Aristoteles die Griechen an, die er als mutig und intelligent charakterisiert, ohne die Fehler bzw. Nachteile der nordischen bzw. asiatischen Bevölkerung zu haben.[130] Im Verlaufe der europäischen Philosophie wurden solche Thesen dann einerseits überliefert, zugleich aber auch modifiziert und wurden mal mehr oder weniger bedeutungsvoll für politisches Denken, blieben aber doch stets präsent und verloren sich keineswegs auf dem Weg in die Moderne.

Für die frühe europäische Moderne war – um ein prägnantes Beispiel zu nennen – der französische Staatsphilosoph Jean Bodin einer der ersten gewesen, der an diese antiken Reflexionen angeschlossen hat. Er war zugleich der erste, der die moderne staatliche Souveränität systematisch begründete und zeigte, dass nur ein politisch souveräner Staat, der ideologisch neutral blieb, den inneren Frieden einer Gesellschaft und Nation bewahren und garantieren konnte. In seinem wirkungsmächtigen Werk *Les six livres de la république* (1576)[131] behandelte er ausführlich den Zusammenhang von staatlicher Souveränität, politischer Organisationsform und Klima- und Umweltbedingungen. Schon seine Definition des Staates, die für die europäische Staatslehre ein Fundament abgab, verweist auf die natürlichen Bedingungen: ein Staat muss nämlich über ein ausreichend großes Territorium verfügen, um genügend Raum für seine Einwohner zu haben, muss, um fruchtbares Acker- und Weideland für die Viehwirtschaft bereithalten zu können, günstige

---

130 Aristoteles, *Politik* VII 7, 1327 b.

131 Deutsch: Jean Bodin, *Sechs Bücher über den Staat*, Buch I–III, hrsg. von P.C. Mayer-Tasch, München 1981; Buch IV–VI, hrsg. von P.C. Mayer-Tasch, München 1986. Vgl. zum Thema Udo Bermbach, *Widerstandsrecht, Souveränität, Kirche und Staat*, in: Iring Fetscher/Herfried Münkler (Hrsg.), *Pipers Handbuch der politischen Ideen*¸ Bd. 3, München 1985, S. 143.

Wetter- und Klimaverhältnisse haben, damit die Ernährung und Bekleidung der Menschen gesichert werden kann. Wasser und Rohstoffe sind existentielle Voraussetzungen für ein Gedeihen aller und damit auch für den inneren Frieden. Lebensfähigkeit und Stabilität eines Staates hängen also nach Bodin von natürlichen Gegebenheiten ab, die durch die politische Ordnung weder geschaffen noch garantiert werden können, ihrerseits aber die Bedingungen für die Existenz einer Gesellschaft, des Staates, einer Nation sind, und wesentlich die Entwicklungen und Wandlungen beeinflussen.

Indem Bodin dieses Thema aufnahm und damit an antikes und mittelalterliches Denken anschloss, wonach die menschliche Gemeinschaft stets im Zusammenhang mit ihren natürlichen Existenzbedingungen gesehen werden musste; indem er darauf hinwies, dass auch staatliche Veränderungen – wie etwa Revolutionen – an natürliche Faktoren gebunden waren und es die Aufgabe einer klugen Regierung war, in ihrem Handeln diese Faktoren stets mitzubedenken, wurde er zum Vorläufer einer in der Neuzeit sich immer stärker ausprägenden Debatte. Sein vielleicht bedeutendster Nachfolger auf diesem Themengebiet war Charles de Montesquieu, der in seinem bahnbrechenden Werk *Esprit des Lois* (1748)[132] im 8. Buch das Verhältnis von Regierungssystemen zur Größe des staatlichen Territoriums diskutiert und dann in seiner ideenhistorisch grundlegenden Darstellung des englischen Regierungssystems den Zusammenhang von Verfassung, Klima und Bodenbeschaffenheit für die die Herausbildung der Intelligenz einer Bevölkerung ausführlich thematisiert. „Die Herrschaft des Klimas ist die primäre Herrschaft“[133], heißt es zwar an einer Stelle, doch diese Apodiktik wird im Nachdenken über die komplexen Beziehungen des Funktionierens und des Bestandes einer Regierung und eines Staates dann doch stark relativiert. So heißt es am Ende bei ihm: „Mehrere Dinge bestimmen die Menschen: das Klima, die Religion, die Gesetze, die Regierungsmaximen, das Beispiel vergangener Dinge, die Sitten, die Umgangsformen, aus all dem bildet sich ein allgemeiner Geist. In dem Maße, wie in jeder Nation die eine oder die andere Ursache mit größerer Kraft wirkt, geben die anderen ihr nach. Natur und Klima bestimmen fast allein die Lebensweisen der Wilden; Um-

---

[132] Deutsch: Charles de Montesquieu, *Vom Geist der Gesetze*, hrsg. Von Ernst Forsthoff, 2 Bd., Tübingen 1950.

[133] Ebenda, XIX, 4.

gangsformen des Lebens die der Chinesen; Sitten gaben in Sparta, Regierungsmaximen und Sitten in Rom den Ton an".[134] Montesquieu spricht also dem Klima eine wichtige Rolle bei der Entwicklung, Ausprägung und den Veränderungen moderner Staaten und ihrer Bevölkerungen zu, aber sein Nachdenken über den Einfluss des Klimas auf die gesellschaftlich-politische Entwicklung der Menschen führt ihn schließlich zu der Überzeugung, dass eine klug regierte Nation durch institutionelle und moralische Vorkehrungen widrige natürliche Faktoren in ihren negativen Auswirkungen einschränken könne; einschränken und begrenzen, allerdings niemals eliminieren.

Dass auch im deutschen politischen Denken dem Klima oft eine wirkungsvolle Rolle bei der Ausbildung der Volks- wie Individualcharaktere zugesprochen worden ist, versteht sich deshalb von selbst, weil die deutschen Intellektuellen den internationalen Diskurs ständig mitverfolgten. So hat Winckelmann etwa den „Einfluß eines sanften und reinen Himmels"[135] für die Herausbildung des vollendeten Charakters der alten Griechen gerühmt und das milde Klima Griechenlands als Faktor der Erziehung in den Polais, der Freiheit und Kultur benannt. Und ebenso hat Kant diesen Zusammenhang thematisiert, in verschiedenen kleineren Abhandlungen, so in seiner *Physische Geographie*, in der er entgegen dem damals Üblichen Deutschland zu den gemäßigten Klimazonen rechnete, mit entsprechend positiven Auswirkungen auf Wissenschaft, Kunst und Politik.[136] Wohl am intensivsten von allen deutschen Denkern jener Zeit hat sich Herder – den Wagner gelesen hatte – zum Zusammenhang von Klima und politisch-gesellschaftlicher Kultur geäußert. In seinen *Ideen zur Philosophie der Geschichte der Menschheit* (1784) schließt er in gewisser Weise an Montesquieu an, räumt dem Klima eine bedeutende Rolle bei der Ausbildung der Kultur ein, aber zählt es doch – wie später Wagner – unter jene Lebensbedingungen, die Menschen mitgestalten können: „Nun ist keine Frage", heißt es in den *Ideen*, „daß wie das Klima ein Inbegriff von

[134] Ebenda, XIX, 4.

[135] Johann Jakob Winckelmann, Geschichte der Kunst des Altertums, Darmstadt 1972, S. 39ff.

[136] Immanuel Kant, *Physische Geographie*, 2. Bd., in: *Gesammelte Schriften*, hrsg. von der Königlich Preußischen Akademie der Wissenschaften, Bd. 19, Berlin/Leipzig 1923, S. 311f.

Kräften und Einflüssen ist, zu dem die Pflanze wie das Tier beiträgt und der allen Lebendigen in einem wechselseitigen Zusammenhange dienet, der Mensch auch darin zum Herrn der Erde gesetzt sei, daß er es durch Kunst (sc. techne) ändere. ... Europa war vormals ein feuchter Wald und andre jetzt kultivierte Gegenden waren es nicht minder, es ist gelichtet, und mit dem Klima haben sich die Einwohner selbst verändert."[137] In Ansätzen zeichnet Herder eine Klimatheorie – im Sinne der natürlichen Faktoren für die Herausbildung von Gesellschaft und Kultur – , wie sie in modifizierter Form auch heute vertreten wird, insoweit technischer Fortschritt, Gesellschaftspolitik und Kultur als voneinander abhängige und sich gegenseitig beeinflussende Faktoren gesehen werden.[138]

Diese hier nur illustrativ herausgegriffenen Beispiele mögen genügen um zu zeigen, dass Wagners Nachdenken über den Einfluss des Klimas auf die Menschen und ihre Kultur in einer großen ideenhistorischen Tradition steht. Schon in seinen *Zürcher Kunstschriften* taucht das Thema gelegentlich auf, etwa in *Die Kunst und die Revolution*, wo beklagt wird, dass „aus den gesündesten Völkern im gesündesten Klima Elende und Krüppel geworden seien"[139], weil die Politik die Sklaverei gewollt und die „absolute Menschenliebe" gefehlt habe. Und im selben Text heißt es, die Höhe der Entwicklung des Menschen „nach geschlechtlicher Abkunft, nach Sprachgemeinschaft, nach Gleichartigkeit des Klima's und der natürlichen Beschaffenheit einer gemeinschaftlichen Heimath" hänge von diesen Faktoren und ihrem „fast unmittelbar bildenden Einflusse" ab.[140]

Dass Wagner von diesen Bedingungen der Herausbildung der Leistungen eines Volkes auf die Bedingungen der Herausbildung der Kunst schließt, ist ein Schritt, der über die klassischen Referenzen von Klima und Bevölkerung bzw. Staat und Gesellschaft hinausführt. Man kann sogar sagen, dass seine Überlegungen zu die-

---

137 Johann Gottfried Herder, *Ideen zur Philosophie der Geschichte der Menschheit*, in: Sämtliche Werke, hrsg. von B. Suphan, München 2007, Bd. 13, S. 272.

138 Dazu genauer Reimar Müller, *Montesquieu über Umwelt und Gesellschaft*, S. 28ff.

139 Richard Wagner, *Die Kunst und die Revolution*, S. 27. Hier auch das folgende Zitat.

140 Ebenda, S. 61.

sem Themenkomplex vor allem dazu dienen, eine ihm wichtige Voraussetzung darzulegen, um anschließend erklären zu können, weshalb die Kunst seiner Zeit eine bloße „Treibhauspflanze" ist, die „unmöglich in dem natürlichen Boden und in dem natürlichen Klima der Gegenwart Wurzeln zu schlagen vermag".[141] Dass Wagner hier für seine Analyse die Begriffe „Boden" und „Klima" als Metaphern verwendet, zeigt, wie stark er von der auch kulturellen Formierungsfähigkeit natürlicher Faktoren überzeugt ist.

In der 1850 erschienenen Schrift *Kunst und Klima* geht er der Frage nach, welchen „Einfluss das Klima auf die Befähigung des Menschen zur Kunst"[142] hat und formuliert die – im klassischen politischen Denken durchaus verbreitete – These, dass nur in gemäßigten Klimazonen der Mensch sich voll entfalten könne. Erst dort, „wo bei verkühlender Wärme des unmittelbar fürsorgenden klimatischen Natureinflusses der Mensch für sich selbst zu sorgen hatte, sehen wir diesen der Entfaltung seiner Wesensfülle zureifen."[143] Erst ein gemäßigtes Klima erlaube es dem Menschen, – so die These –, sich allmählich von restriktiven Naturbedingungen zu befreien, unabhängig und selbstständig zu werden und dann auch zu künstlerischer Arbeit befähigt zu sein. Freilich heißt das nicht, Naturabhängigkeiten jemals vollständig überwinden zu können, wohl aber sich von ihnen so weit als möglich zu emanzipieren. Darin liegt dann der Gewinn einer relativen Freiheit, die stets auf ein begünstigendes Klima angewiesen bleibt: „Nicht in den üppigen Tropenländern, nicht in dem wohllüstigen Blumenlande Indien ward daher die wahre Kunst geboren, sondern an den nackten, meerumspülten Felsengestaden von Hellas, auf dem steinigen Boden und unter den dürftigen Schatten des Ölbaumes von Attika stand ihre Wiege."[144]

Wagner geht in diesem Essay, der den *Zürcher Kunstschriften* zugerechnet werden muss, aus unterschiedlichen Perspektiven der Frage nach, ob und welchen Einfluss das Klima auf das Leben der Menschen, vornehmlich auf deren Kunstproduktion hat. Am Beispiel der Griechen glaubt er nachweisen zu können, dass die Natur Griechenlands „durch ihren Einfluß den Hellenen nicht verwöhnte,

---

[141] Ebenda, S. 148.

[142] Richard Wagner, *Kunst und Klima*, S. 207.

[143] Ebenda, S. 208.

[144] Ebenda, S. 209.

sondern ihrer Fürsorge ihn entwöhnte, daß sie ihn erzog und nicht verzog", was zur Entwicklung der „individuellen Mannigfaltigkeit der zahlreichen, dicht nebeneinandergedrängten, verschiedenen Nationalstämme geführt habe, wobei die „Beschaffenheit ihrer Wohnorte wesentlich" einwirkte.[145] Es gibt also eine Dialektik zwischen der Entwicklung des Lebens der Menschen und den klimatischen Naturbedingungen, unter denen jene leben müssen. Aber zugleich betont Wagner immer wieder, dass der Mensch die Chance habe, sich aus der Abhängigkeit von der Natur zu lösen, und dass erst dieser Prozess des „freien, an sich selbst vollendeten Menschen"[146] jene Kunst hervorzubringen vermag, die es verdient, Kunst genannt zu werden – und die das Gegenteil der Kunst seiner Zeit ist. „Die schöpferische Fähigkeit lag somit immer in dem naturunabhängigen Wesen des Menschen, ja in der Überfülle dieses Wesens, nicht aber in einer unmittelbar produktiven Einwirkung der klimatischen Natur begründet."[147]

Klima – und im weitesten Sinne Natur – werden von Wagner einerseits als zu kalkulierende Momente für die künstlerische Betätigung des Menschen verstanden, andererseits aber auch als zu beeinflussende Faktoren durch Gesellschaft und Politik. „Unsere Bildung ist daher", so schreibt er, „eine ganz widerspruchsvolle und konfuse, nicht Ergebnis der Natur und des Klima's, oder einer Kulturgeschichte, die sich in nothwendiger Beziehung zu diesen gebildet hätte, sondern der Erfolg eines gewaltsamen Druckes gegen diese Natur, der Abstraktion von Natur und Klima, des wahnsinnigen Kampfes zwischen Geist und Körper, Wollen und Können."[148] Für die Gegenwart glaubt er feststellen zu können, dass dieses Verhältnis zu Lasten der Natur gestört ist, für die Zukunft besteht er darauf, sich mit „Bewußtsein wieder in die Arme der Natur zu werfen."[149] Es ist, so glaubt Wagner, diese „gegen alles Klima ganz gleichgültige Civilisation"[150], die den desaströsen Zustand der zeitgenössischen Kunst mit zu verantworten hat, weil diese sich von der Natur abwendet, ohne sie als Grundbedingung in die ästheti-

---

145 Ebenda, S. 210.
146 Ebenda, S. 211.
147 Ebenda.
148 Ebenda, S. 212f.
149 Ebenda, S. 214.
150 Ebenda, S. 215. Hier auch das folgende Zitat.

sche Arbeit einzubeziehen. Daher muß die „zukünftige Civilisation … unserer klimatischen Natur im richtigen Verhältnisse entsprechen“, denn „wirkliche und wahre Kultur“ wird demnach auch erst möglich, wenn die Menschen wieder im Einklang mit der Natur leben.

Als den schärfsten Kontrast dazu hat Wagner den Umgang der Menschen mit den Tieren zu seiner Zeit charakterisiert und das Argument, deren Verzehr sei Bedingung des Überlebens der Menschen in nördlichen Klimazonen, strikt verworfen. Nicht nur in seinen Stellungnahmen gegen die Vivisektion, sondern auch mit Blick auf den Fleischkonsum und dessen Voraussetzungen. In *Religion und Kunst* schreibt er in einer längeren Passage: „War uns der Anblick des den Göttern geopferten Stieres ein Greul geworden, so wird nun in sauberen, von Wasser durchspülten Schlachthäusern ein täglich Blutbad aller derer entzogen, die beim Mittagsmahle sich die bis zur Unkenntlichkeit hergerichteten Leichenteile ermordeter Hausthiere wohl schmecken lassen.“[151] Dem Argument, in nordischen Klimazonen sei Fleischverzehr zum Überleben der Menschen unerlässlich, setzt er die These entgegen, „eine vernunftgemäß angeleitete Völkerwanderung in solche Länder unseres Erdballes auszuführen, welche wie dieß von der einzig Südamerikanischen Halbinsel behauptet worden ist, vermöge ihrer überwuchernden Produktivität die heutige Bevölkerung aller Welttheile zu ernähren im Stande sind.“[152] Auch das südliche Afrika – aus dem heute aufgrund der Klimakatastrophe Millionen Afrikaner nach Europa zu fliehen versuchen – erscheint ihm damals als ein möglicher Lebensraum für die europäischen Völker und die Auswanderung dorthin erfordere ernsthafte Überlegungen, die dann die Grundlage zur „Ausmalung des uns vorschwebenden Phantasie-Bildes eines Regenerationsversuches des menschlichen Geschlechtes“[153] abgeben könne. Man darf fragen, wie ernst es Wagner mit solchen Überlegungen gewesen ist und ob er willens gewesen wäre, solche weitreichenden Konsequenzen, die ja im Zweifelsfalle enorme Kosten verursacht hätten, auch für sich selbst zu ziehen. Sofern er selbst an Auswanderung dachte, war es jedenfalls weder Südafri-

---

[151] Richard Wagner, *Religion und Kunst*, S. 235.

[152] Ebenda, S. 220.

[153] Ebenda, S. 243.

ka noch Südamerika, sondern die USA, die bekanntlich ebenfalls zu den nördlichen Klimazonen zählen.

Hinsichtlich der Bedeutung des Klimas für die Menschen und ihre Verwirklichungspotentiale betont Wagner immer wieder, dass der Mensch sich nicht der Natur unterwerfen müsse. Vor allem gemäßigte Klimazonen – und sie sind nach seiner Auffassung die einzigen, die Kunstproduktion und ein gelingendes Leben erlauben – befördern die künstlerische Betätigung des Menschen. In diesen Klimazonen gibt es „starke und freie Menschen"[154], und diese werden immer auch ein Bedürfnis nach Kunst entwickeln. Dies wiederum erlaubt auch eine stufenweise Ablösung von den Belastungen eines unfreundlichen Klimas. In dem Maße, wie der Mensch wieder in Übereinstimmung mit der Natur leben wird, wird umgekehrt die Natur auch zum Stimulus des gesellschaftlich-ästhetischen Fortschritts. Wagner deutet in dieser Schrift eine Fortschrittskonzeption an, die in der Verschmelzung von Natur und Mensch am Ende alles in einer Vision der gelingenden Harmonisierung alle Gegensätze auflöst: „Das Klima, von dem als grundbedingend für die Kunst hier in vernünftiger Weise nur die Rede sein kann", heißt es im Schlussabsatz, „ist daher: Das wirkliche – nicht eingebildete – Wesen der menschlichen Gattung."[155]

Das eben unterscheidet den Künstler von den genuin politischen Denkern: während jene die Wirkung der klimatischen Bedingungen einer Gesellschaft in Parametern, die auf die Realität bezogen sind, zu reflektieren suchen, löst Wagner das von ihm selbst zuvor – in Übereinstimmung mit jenen Theoretikern – festgestellte durchaus ambivalente Verhältnis von Klima, Gesellschaft und Kunst am Ende in der Utopie einer versöhnten Menschheit auf.

---

[154] Richard Wagner, *Kunst und Klima*, S. 217.
[155] Ebenda, S. 221.

Teil II

Chamberlains Interpretation der Spätschriften

Chamberlains Interpretation der Spätschriften

Unter den Wagner-Interpreten des ausgehenden 19. Jahrhunderts nimmt Houston Stewart Chamberlain mit seiner über Jahrzehnte maßgeblichen Werkbiographie eine herausragende Stellung ein.[1] Das erstmals 1896 erschienene Werk blieb bis in die Jahre nach dem Zweiten Weltkrieg die meistgelesene Wagner-Biographie und erlebte bis 1940 insgesamt zehn Auflagen und zahlreiche Übersetzungen. Das Werk bot seinen Lesern nicht nur eine Biographie des ‚Meisters', sondern es enthielt auch große Kapitel über Wagners Schriften und Lehren, Interpretationen seiner Musikdramen und schloss mit einer Darstellung der Bayreuther Festspiele sowie des von Chamberlain so genannten *Bayreuther Gedankens*, der systematischen Darstellung von Wagners Weltanschauung in der Lesart von Chamberlain. Für die Zeit seiner Entstehung und der darauf folgenden Jahre war diese Biographie ein Kompendium für alles, was an Wagner und Bayreuth interessierte, und diese Breite der Darstellung machte sicherlich einen Teil seines Erfolges aus.

Für die Nachwirkungen Wagners auch hinsichtlich der Lebensreform war bedeutsam, dass Chamberlain zum einen im national-völkischen Milieu breit und wirksam vernetzt war, er zum anderen die Schriften Wagners zu einer scheinbar in sich stimmigen Weltanschauung synthetisiert hatte. Dabei setzte er den Akzent auf die *Spätschriften*, deren Inhalt, wie gezeigt, den seit dem Ende des 19. Jahrhunderts einsetzenden praktischen Reformbemühungen vieler Zivilisationsgegner entgegenkam. Die *Zürcher Kunstschriften*, die für Wagners politisch-ästhetisches Denken das zentrale Theorie-Korpus seines schriftstellerischen Schaffens waren, wurden von Chamberlain zu einer Art Vorstufe für die *Spätschriften* herabgestuft und inhaltlich so zurechtgebogen, dass sie dem Leser gleichsam als vorbereitende Überlegungen zu jenen gelten konnten. Chamberlain gelang diese schiefe Interpretation deshalb, weil er den Begriff der Regeneration für die *Spätschriften* konstituierend setzte und damit den der Revolution, der die *Zürcher Schriften* beherrscht hatte, eliminierte bzw. überbot; meinte Revolution in

[1] Houston Stewart Chamberlain, *Richard Wagner*, München 1896; zitiert wird nach der 9. Auflage von 1936.

Chamberlains Verständnis lediglich die Veränderungen sozialer und politischer Institutionen, so bezeichnete Regeneration den tiefen Eingriff in die Lebensgewohnheiten der Menschen und damit jener existentiellen Grundlagen, auf denen Institutionen ihrerseits aufruhten. Regeneration war demzufolge, wie Chamberlain meinte, von sehr viel größerer Eingriffstiefe als Revolution. Kam hinzu, dass er die *Spätschriften* zu einem scheinbar kohärenten System ausbaute[2], das in seiner vermeintlichen Geschlossenheit und vor allem in der Verbindung von Religion und Kunst eine nachhaltige Wirkung in vielen Kreisen der Lebensreform entfalten konnte.

Chamberlain knüpfte an die Staats-, Gesellschafts- und Kulturkritik Wagners in den *Zürcher Schriften* an, verstand aber die zu jener Zeit von Wagner auf konkrete politische Revolutionsakte zielende Einstellung als eine Art Vorform der späteren Regenerationslehre. Seine interpretatorische Grundtendenz ging dahin, Wagners allgemeine Revolutionsbegeisterung auf die von diesem angeblich gemeinte Veränderung der Kunst- und Theaterzustände zu verengen, damit zugleich dem Revolutionsbegriff seine politischen Implikationen zu nehmen und Wagners kritisches Denken gegenüber der Religion, der Politik und des Staates auf eine vermeintliche Kirchenkritik, Kritik der Auswüchse staatlicher Politik und Verfall des kulturellen Niveaus zu verkürzen. Dahinter stand die Absicht, eine inhaltliche Kontinuität zwischen den revolutionären Schriften der Züricher Zeit und den *Spätschriften* herzustellen, allerdings auf der Linie des Regenerationsbegriffs, der den Revolutionsbegriff in sich aufnehmen und inhaltlich verwandeln soll. Denn nach Überzeugung von Chamberlain war die Forderung Wagners nach Regeneration sehr viel weitreichender und tiefgreifender als die nach einer Revolution. Während sich die letztere nur auf die politischen und sozialen Institutionen einer Gesellschaft beziehe, verlange die Regeneration einen tiefgreifenden, fundamentalen Wandel des Lebensstils jedes Einzelnen, in dem auch die gesellschaftlichen und politischen Organisationsprinzipien und -strukturen mit einbezogen seien. So bezeichnet der Regenerationsbegriff für Chamberlain in seiner umfassenden Inhaltsbestimmung die

---

2 Vgl. dazu ausführlicher meinen Text in: *Richard Wagner in Deutschland*, S. 186ff., an dem sich auch die folgenden Ausführungen orientieren; ebenso Houston Stewart Chamberlain, *Richard Wagner*, München 1936, S. 208ff.

entscheidende Kontinuitätslinie in Wagners Denken und Weltanschauung und er wird durch seine begriffliche und systematische Prägung auch zur Grundlage des sogenannten *Bayreuther Gedankens*.

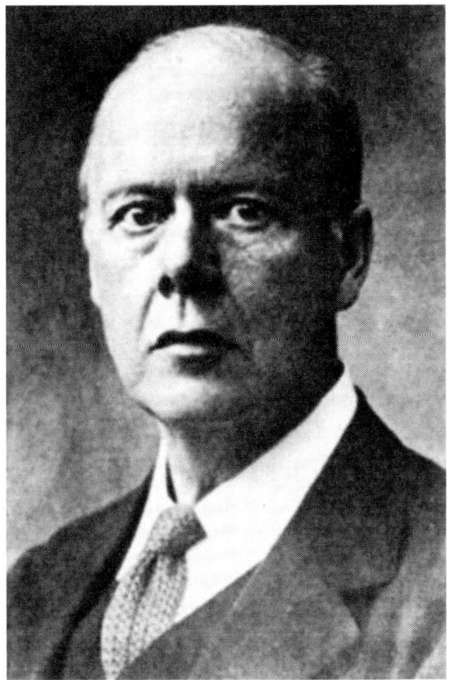

Houston Stewart Chamberlain

Nach Chamberlain gibt es bei Wagner drei Ebenen der Regeneration: „eine praktische, eine philosophische und eine religiöse“[3], von denen jede die beiden anderen jeweils voraussetzt, woraus sich dann eine „geniale, umfassende Weltanschauung ergebe.“ Oder auch, anders formuliert, drei Welten, eine materiell-empirische, eine transzendent-metaphysische und eine mystisch-religiöse; „die Kunst ist das Verbindungselement aller drei: ihre Form ist materiell, ihr Gehalt transzendent, ihre Deutung mystisch; darum spiegeln sich alle drei Welten im Bewusstsein gerade des künstlerischen Genies mit so ausnehmender Deutlichkeit wider.“[4]

---

3 Houston Stewart Chamberlain, *Richard Wagner*, S. 209ff.

4 Ebenda, S. 231.

Unter dem materiellen Aspekt handelt Chamberlain dann unter anderem Geld und Eigentum ab. Zum Einfluss der Nahrung stellt er alle Belegstellen bei Wagner zusammen, greift weit zurück in die fünfziger Jahre um zu beweisen, dass Wagner dieses Thema über Jahre beschäftigt habe.[5] Der Hintergrund für dieses ausführliche Eingehen auf diesen Aspekt der Wagnerschen Regenerationslehre ist allerdings die These, der „Verderb des Blutes" werde „in der Hauptsache durch die Nahrung bewirkt, ausserdem durch die Vermischung edlerer Rassen mit weniger edlen." Chamberlain bringt hier, ganz im Gegensatz zu Wagner, die Rassenfrage in seine Regenerationssystematik als fundamental ein und bezieht sich dabei nicht nur auf die Spätschriften, sondern auch auf das 1850 erschienene *Judenthum in der Musik*. Dass diese Auffassung in fundamentalem Gegensatz zu der von Wagner steht, wird ignoriert.

Auf der philosophischen Ebene geht Chamberlain davon aus, dass der Mensch von Natur aus einen Hang zur Einheit mit der Natur habe, dass er – wie Wagner gemeint habe – eine Sehnsucht nach einem ganzheitlich verbürgten, gelingenden Leben verspüre. Hinsichtlich der Schopenhauer-Rezeption Wagners bemerkt er, der ‚Meister' habe den Philosophen „weitergedacht", den verneinenden Willen lediglich als Negation einer schlechten Gegenwart verstanden, aus der dann die positive Wendung zu einem zukünftig aufs Reinmenschliche zielenden Leben hervorgehen solle.

Die religiöse Ebene stilisiert Chamberlain zur eigentlichen Grundlage der Regeneration. Diese sei bei Wagner, so seine These, „im tiefsten Grunde eine religiöse"[6] und die Regenerationslehre gehe „mit religiösen Vorstellungen parallel."[7] Wobei Chamberlain – und hier weicht er erneut von Wagner ab – das Christentum als bestimmende religiöse Grundlage der Regeneration macht, während es für Wagner doch nur den „Boden der moralischen Grundlage" zukünftiger Gemeinschaften abgeben sollte. Dass Chamberlain überdies mit Christentum die von ihm später ausführlich entwickelte Theologie eines „arischen Christus" meint, gibt seiner Regenerationslehre noch einmal eine weitere Drehung.[8] Insgesamt

---

[5] Ebenda, S. 220. Hier auch das folgende Zitat.

[6] Ebenda, S. 238.

[7] Ebenda, S. 171.

[8] Vgl. Udo Bermbach, *Houston Stewart Chamberlain. Wagners Schwiegersohn – Hitlers Vordenker*, Stuttgart/Weimar 2015, S. 453ff.

macht er die christliche Religion innerhalb seiner Rekonstruktion der Regenerationslehre zu deren eigentlichem Antrieb, zur eigentlichen Kraft und glaubt, dass die zukünftige Menschheit ohne die christliche Religion, die mystisch eingefärbt werden sollte, nicht auskommen werde.

Mit der oben zitierten These, wonach die Kunst das Verbindungselement aller drei Ebenen sei, ist deren zentrale Bedeutung und Funktion im Regenerationskonzept bereits eindeutig festgelegt. Es liegt nahe anzunehmen, dass die konzeptionelle Ausgestaltung der Regeneration bereits bei Wagner, zweifelsfrei aber bei Chamberlain in der Überzeugung mündet, nur eine durch Philosophie und Religion untermauerte Kunst habe die sittlich-moralische Kraft zur Umwälzung der praktischen Lebensverhältnisse und sei damit auch das Medium einer nicht nur ästhetischen, sondern auch strukturellen Veränderung von Gesellschaft und Politik.

Alle Bemühungen um die konzeptionelle Ausgestaltung des Regenerationsgedankens zielen auf dieses Verhältnis ab. Für Chamberlain kann nur eine von Philosophie und Religion untermauerte Kunst die moralische Kraft zur Umwälzung aller praktischen Lebensverhältnisse haben und nur eine solche Kunst kann dann auch das Medium einer nicht nur ästhetischen, sondern auch strukturellen Veränderung der Gesellschaft in Deutschland sein. Um dies zu belegen, gelten Chamberlains Anstrengungen immer erneut dem richtigen Verständnis von Wagners Kunst, deren inneres Erleben über das bloß ästhetische Vergnügen hinausweisen soll auf eine verbindlich moralisch-sittliche Dimension der menschlichen Existenz. Alle Elemente gehören hier zusammen, praktische Veränderungen, philosophische Reflektion und tiefe religiöse Überzeugung; aber sie alle finden ihr Ziel in der Kunst als dem stärksten Antriebsmoment der Regeneration. „Wie sich aus Wagner's Regenerationslehre von drei verschiedenen Gesichtspunkten aus in drei verschiedenen Gestalten zeigt – der empirisch-historischen, der abstrakt-philosophischen und der religiösen – das hoffe ich jetzt klar gelegt zu haben“, schreibt Chamberlain, und fährt fort: „Es bleibt noch ein Wort über jenes Element zu sagen, in welchem die drei Welten sich ihrer Einheit bewußt werden und welches darum in dieser Weltauffassung eine so hervorragende Rolle spielt – über die Kunst. Auf jedem dieser drei Gebiete ist die Wirksamkeit der Kunst eine entscheidende.“[9]

So weit, so richtig, insofern dies Wagners Überzeugungen entspricht. Doch die folgenden Ausführungen vor allem zum Verhältnis von Kunst und Religion verengen auch hier Wagners weiten Blick auf ein bipolares Verhältnis. Chamberlain spricht der Kunst vornehmlich die Leistung zu, „Wiedergewinn einer wahrhaften Religion“ (Wagner) zu sein und die Voraussetzungen für eine „wahre Religion“ zu schaffen – eine These, die in bestimmten Kreisen der Lebensreformbewegung auf Sympathie stieß.. In Wagners Werken, von den *Feen* bis zum *Parsifal*, sieht er die neue Religion angelegt bzw. verwirklicht. „Denn ist die Mitwirkung der Kunst für den Wiedergewinn einer wahrhaften Religion unentbehrlich, so ist andererseits wahrhafte Kunst nur als Emanation der Religion denkbar.“ Und verweist als Grundlage dieser Auffassung auf den Beginn von Wagners *Religion und Kunst*, in dem zum Ausdruck komme, dass „jede höchste Kunst mit Recht als ‚religiös‘ bezeichnet werden darf.“

Damit wird der Kunst eine religiöse Substanz zugesprochen, wird sie fast in den Rang einer Religion erhoben. Eine solche substantielle Verbindung ging über Wagners Denken hinaus, faszinierte aber manche, die der Lebensreformbewegung anhingen. Die bereits zitierten Eingangssätze von *Religion und Kunst* belegen, dass Wagner in seiner Kunst den Anspruch auf Wahrheit und den damit verbundenen moralischen Kern der Religion retten und dass er sich dazu, was im weiteren Verlauf des Textes deutlich wird, der Symbole der Religion bedienen will. Aber im Unterschied zur Religion nutzt die Kunst solche Symbole *für etwas* – für die sinnliche Darstellung des Wahrheitsanspruchs der Religion –, glaubt aber nicht, dass damit dieser Wahrheitsanspruch auch in seinen Inhalten selbst präsent gemacht wird. Wagner arbeitet in *Religion und Kunst* durchgängig mit zwei substantiell zu unterscheidenden Wahrheitsansprüchen: zum einen dem der christlichen Religion mit ihren Glaubensbekenntnissen und Dogmen, zum anderen dem der Kunst, der ein primär ästhetischer Anspruch ist und sich – worauf im konkreten Falle angespielt wird – der tradierten Symbole, liturgischen Formeln usw. bedient, um diesen Anspruch verständlich zu

---

9 Houston Stewart Chamberlain, *Richard Wagner*, S. 241f.; das folgende Zitat dort S. 246.

machen. Kunst und Religion sind also keinesfalls identisch, lassen sich auch nicht subsumieren und die Kunst, wo sie Wahrheitsansprüche erhebt, verbindet diese nicht mit den unbedingt christlichen Inhalten, sondern formuliert eigene.

Chamberlain ignoriert diese für das ‚Kunstwerk der Zukunft' zentrale Differenz und formuliert damit jene These der ‚Kunstreligion', die später für Bayreuth und die Bayreuther Ideologie ideenpolitisch und missionsstrategisch von fundamentaler Bedeutung werden sollte und in die völkische Lebensreformbewegung hineinwirken wird. „Das Verhältnis zwischen Kunst und Religion ist eben ein beiderseitig bedingendes und bedingtes, schreibt Chamberlain, und „wahre Kunst kann ohne Religion gar nicht entstehen, Religion kann sich ohne die Mithilfe der Kunst nicht offenbaren. Insofern bilden auch Religion und Kunst einen einzigen Organismus. Und dieses lebendige Gebilde einer tiefreligiösen Kunst, welche einer wahrhaften Religion zur Offenbarung dient, ist es, woraus allein der Antrieb und die ermöglichende Kraft zur Ausführung der grossen Regeneration erwachsen kann."[10] Und: „Die menschliche Gesellschaft muss gründlich umgestaltet werden, was aber nur mit Hilfe der Kunst (die, wie wir wissen, von Religion nicht getrennt zu denken ist) geschehen kann."

Hier wird ein symbiotisches Verhältnis von Kunst und Religion konstruiert, in dem die Kunst durch Aneignung der Symbole wie des Wahrheitsanspruchs der Religion diese in sich aufnimmt und dadurch selbst zur Religion wird. Für Chamberlain schießen in diesem Verschmelzungsprozess Kunst und Religion in ihren zukünftigen Inhalten wie in ihrer zukünftigen Form ineinander, d.h. im ‚Kunstwerk der Zukunft' geht die Religion der Zukunft auf, nachdem beides sich seiner zeitgenössischen Verfallsform entledigt hat und danach im gemeinsamen Wahrheitsanspruch zu einer neuen Qualität und neuen Einheit finden kann. Für seine Version des Kunstwerks der Zukunft greift Chamberlain auf einschlägige Formulierungen und Thesen aus Wagners frühen Revolutionsschriften zurück, wobei die bei Wagner stets mitreflektierten gesellschaftlichen und politischen Bedingungen unerwähnt bleiben. Hinsichtlich der ‚Religion der Zukunft' argumentiert Chamberlain mit seiner Vorstellung eines ‚verschlankten', auf seine Substanz reduzierten

---

[10] Houston Stewart Chamberlain, *Richard Wagner*, S. 246f. Das folgende Zitat S. 252.

Christentums, das er in den *Grundlagen*[11] bereits umrissen hatte, in *Mensch und Gott*[12] noch genauer ausarbeiten wird, dessen zentrale Inhalte ihm bei der Niederschrift der Wagner-Biographie indessen bereits deutlich vor Augen standen, die er daher auch in Wagners Werke hineindeuten kann und als Kern der von Wagner intendierten ästhetischen Erfahrungen glaubt ausmachen zu können.

Diese von Chamberlain massiv betriebene Verschmelzung von Kunst und Religion und die damit betriebene religiöse Überhöhung der Kunst bestimmten weithin die Wagner-Rezeption im Bayreuther Umfeld. So behauptete etwa auch Wolzogen, Wagner habe den „Abschluß" seines ganzen Künstlerlebens „in den Sphären einer zur Kunst gestalteten Religiosität, einer in den Dienst des Religiösen gestellten Kunst"[13] gefunden. Ähnliche Zitate, die diese Auffassung belegen, ließen sich auch von anderen Autoren der *Bayreuther Blätter* beibringen. Doch diese Position ist – worauf nachdrücklich immer wieder hingewiesen werden muss – nicht deckungsgleich mit den Auffassungen und Vorstellungen Wagners. Denn Wagner hat nicht nur in seinen Schriften der Revolutionsjahre, sondern auch in den späteren immer wieder betont, dass allein die Kunst die Fähigkeit habe, den erhofften, grundlegend veränderten Gesellschaftszustand zu antizipieren und folglich hat er – in immer neuen Formulierungen und Wendungen – allein der Kunst, naturgemäß seiner Kunst, die gesellschaftstheoretisch zentrale Funktion der Vergemeinschaftung zugewiesen, hat sie zu jenem Medium erhoben, das an die Stelle der Politik treten sollte. Das allerdings erst nach einer erfolgreichen Revolution in allen Lebensbereichen und damit einhergehend der Herstellung jener Bedingungen, die es einer postrevolutionären Kunst erlauben würde, ihre das Ästhetische weit überschreitende Aufgabe auch erfolgreich zu bewältigen. Auch dieser Funktionstausch von Politik und Kunst ist an anderer Stelle bereits ausführlich dargelegt worden und soll deshalb hier nicht noch einmal wiederholt werden.[14]

---

11 Vgl. dazu Udo Bermbach, *Houston Stewart Chamberlain*, S. 465ff.

12 Houston Stewart Chamberlain, *Mensch und Gott. Betrachtungen über Religion und Christentum*; München 1921.

13 Zitiert nach Adolf Wahrmund, *Das Reich der Zwecke*, in: *Bayreuther Blätter* 1895, S. 284.

14 Udo Bermbach, *Der Wahn des Gesamtkunstwerks*, S. 215ff., insbes. S. 220ff.

Teil III

Resonanz der Spätschriften und der Lebensreform in den Bayreuther Blättern

Resonanz der Spätschriften und der Lebensreform in den Bayreuther Blättern

Die *Bayreuther Blätter* waren eine von Richard Wagner initiierte Vierteljahresschrift, die einerseits gegenüber der realen Entwicklung im Kaiserreich auf allen Ebenen, der politischen, sozialen, wirtschaftlichen und kulturellen einen durchgehend pessimistischen Ton anschlugen und immer wieder die vermeintlich allgemeine *Degeneration* des deutschen Volkes durch innere wie äußere Einflüsse beklagten, andererseits das von Bayreuth vertretene Kulturideal als den einzigen Modus einer Regeneration des deutschen Volkes propagierten. Annette Hein hat 22 Beiträge aufgelistet, in denen ausschließlich über diese *Degeneration* gehandelt und die Frage gestellt wird, wie dieser Trend, der in letzter Konsequenz nach der Überzeugung der Bayreuther zum Verlöschen der deutschen Kultur führen musste, umgekehrt werden könne. Gleich im ersten Heft hat Hans von Wolzogen, von 1878 bis 1938 alleiniger, von Wagner eingesetzter Herausgeber der *Bayreuther Blätter*, festgestellt, die Verwahrlosung der Deutschen beruhe auf tief „im Wesen unserer ganzen Kultur liegenden Gründen, und jene kunstfeindlichen Mächte herrschen über unser gesammtes Volksleben überhaupt als die natürlichen Feinde des echten deutschen Geistes und seines eingeborenen, in seinen grössten Männern, seinen Künstlern und Denkern, immer wieder wunderbar an den Tag tretenden kräftigen Idealismus.“[1]

Dieser Satz – und ähnliche kulturpessimistische und kulturresignative Sätze, die in der Behauptung der „Verwahrlosung“ des „deutschen Volksgeistes“[2] einen negativen Zenit der Zeit glaubten festmachen zu können – findet sich in jenem programmatischen Artikel, den Wolzogen in der ersten Ausgabe der Zeitschrift allen übrigen Beiträgen vorangestellt hat. Er schlägt jenen kulturkritischen Ton an, der die Zeitschrift während ihrer sechzigjährigen Existenz beherrschen sollte und der sich in gewisser Weise jenen

---

[1] Hans von Wolzogen, *Unsere Lage*, in: BBl 1878, S. 19.

[2] J.H. Löffler, *Vom deutschen Volksgeist, seinen Freunden und seinen Feinden*, in: BBl 1891, S. 275ff., das Zitat S. 277.

Stimmen der Lebensreform beigesellt, die ebenfalls meinen, die Modernisierung und Technisierung der Lebenswelt führe zu einem Verfall des ‚gesammten Volkslebens.' Man könnte also vermuten, dass diese „Deutsche Zeitschrift im Geiste Richard Wagners" – so der Untertitel ab 1895 – sich im Gefolge der *Spätschriften* und der aufkommenden Lebensreformbewegung mit den damit sich entwickelnden Möglichkeiten einer ‚anderen Moderne' genauer auseinandergesetzt hätte, dass sie vor allem jene großen Reformsiedlungen, in denen Wagners Einfluss besonders deutlich wurde, sympathisierend begleitet und mit ausführlicheren Berichten gewürdigt hätte.

Die Durchsicht der Jahrgänge[3] ergibt ein etwas anderes Bild, zeigt aber doch zugleich auch, dass die Wagner –Vereine „ihre sozialen und politischen Ordnungsideen in einen kulturellen Grundkonsens „einbanden.[4]. In den *Blättern* werden nur sehr gelegentlich und zumeist indirekt Themen verhandelt, die sich direkt dem Umfeld der Lebensreform zuordnen lassen. Doch auch wenn sich die Autoren nicht unmittelbar auf die Reformbewegung bezogen sondern eher über den Anschluss an Wagners Leben, seinem Denken und Werk oder dem seiner autoritativen Interpreten wie Houston Stewart Chamberlain oder Hans von Wolzogen den Zugang zur Lebensreformbewegung suchten, gab es doch Parallelitäten zu intentional ähnlichen Bewegungen. Die gemeinsame Überzeugung, dass „nur eine auf Persönlichkeitsbildung abzielende Lebensführung die Voraussetzung dafür bilde, kulturelle Güter zu schaffen[5], stellte Nähe zwischen beiden Bewegungen her. Dieses indirekte Verhältnis zwischen Bayreuth und der Lebensreformbewegung im Bayreuther Selbstverständnis zeigt zweierlei: zum einen waren die *Bayreuther Blätter* eine auf den ‚Meister' zentrierte Publikation, die in immer wieder neu vorgetragenen, geradezu endlosen Ausdeutungsversuchen dessen Werk und Denken den zumeist bereits überzeugten Wagnerianern detailliert nahe zu bringen suchte; zum anderen gehörten die Leser und Abonnenten wohl dem engeren Kreis um Bayreuth an und wollten primär über Wagner informiert

---

[3] Durchgesehen wurden die Jahrgänge von 1878 bis 1914, also die Zeit, in der die Lebensreform ihre vitalste und wirksamste Ausprägung hatte.

[4] Eva Barlösius, *Naturgemäße Lebensführung. Zur Geschichte der Lebensreform um die Jahrhundertwende*, S. 246.

[5] Ebenda, S. 246.

werden. Themenkomplexe wie die der Lebensreformbewegung, auch wenn sie weltanschaulich und ideologisch nahe lagen, wurden dabei nicht direkt behandelt. Dass Bayreuth damit die Chance vergab, über den engeren Kreis seiner ‚Jünger' hinaus weitere Proselyten machen zu können, nahm man wohl bewusst in Kauf.

Und doch finden sich einige Beiträge, die im Kontext der Lebensreformbewegung gelesen werden können, die allerdings primär durch Wagners Publikationen stimuliert worden sind und keinen unverstellten Bezug zur Reformbewegung haben. So gibt es in den ersten Heften eine auffällige Häufung von Arbeiten zum Problem der Regeneration und Vivisektion. Das beginnt naturgemäß mit zwei Beiträgen von Houston Stewart Chamberlain, der die Regenerationsschriften ja erstmals zu einem eigenständigen Corpus der Wagner'schen Weltanschauung aufgewertet hatte. 1893 steht neben einer für die *Blätter* geschriebenen Darlegung von *Richard Wagner und die Politik*[6], in der die Vorstellungen einer Regeneration der Menschheit umrissen werden, der vor dem Neuen Wagner-Verein von Wien im Mai desselben Jahres gehaltene Vortrag zu diesem Thema, der als eine Vorstudie zu den späteren, in der Wagner-Biographie enthaltenen Ausführungen aufgefaßt werden kann. In *Richard Wagner's Regenerationslehre*, so der Titel des Wiener Vortrags,[7] formuliert Chamberlain seine späteren Thesen zu diesem Thema und rückt, in dem diese in den *Bayreuther Blättern* gedruckt werden, diese Schriften überhaupt erstmals zentral in das Bewusstsein der Wagnerianer. Auf beide Beiträge muss hier nicht eingegangen werden, weil das nur die Wiederholung der oben gemachten Darlegungen zu Chamberlains Ausführungen wäre.

Anders verhält es sich mit Robert Springer[8], einem äußerst produktiven Publizisten, der eine über mehrere Hefte verteilte

---

6 Houston Stewart Chamberlain, *Richard Wagner und die Politik*; in: BBl 1893, S. 137ff.

7 Houston Stewart Chamberlain, *Richard Wagner's Regenerationslehre*. Vortrag, zugleich Festrede zur Feier der achtzigsten Wiederkehr von Richard Wagner's Geburtstag, gehalten im Neuen Wagner-Verein zu Wien, am 17. Mai 1893, in: BBl 1893, S. 169ff.

8 Robert Springer (1816–1885) lebte, nach kurzer Tätigkeit als Lehrer als freier Schriftsteller in Paris, Rom, Wien und Leipzig und ließ sich 1853 in Berlin nieder. Er schrieb sowohl Aufsätze zur Kunst- und Literaturgeschichte, zur Ästhetik und Ethik, die in Zeitungen und Zeitschriften erschienen, als auch Romane und lokale literarische Studien. Er veröffent-

Serie zu Wagners Regenerationslehre verfasste, mit der er eine ideenhistorisch weitgezogene Interpretation unternahm. Er stellte zunächst Wagners Hauptideen vor, wies dann darauf hin, der habe seine Überlegungen einer auf Vegetarismus und Antialkoholismus basierenden Ernährungsumstellung gemäß den Anleitungen Johann Anton Gleizès' aus dessen Buch *Thalysia oder das Heil der Menschheit* (Berlin 1873) bezogen, sei daher kein origineller Kopf, sondern reihe sich vielmehr in eine lange Tradition ein und vertrete seine Ansichten „mit reinem Herzen und dem klaren Blick des Genies", „mit dem unerschrockenen Muthe und Bewusstsein eines Reformators."[9] In einer weitausholenden Darlegung sucht Springer die vermeintliche Fehlentwicklung des Menschen zum Fleischesser bereits in der Zeit vor die Antike zu lokalisieren, sieht deren Ursprünge im Opferkult von Priestern, die statt Pflanzen Tiere auf ihre Altäre gelegt hätten, um anschließend deren Fleisch zu essen. In den alten Mythen und Überlieferungen sucht er nach Beispielen solcher Völker, die Fleisch zu essen verabscheuten, zählt unter diese die alten Griechen, die Perser und Meder, auch die Bewohner des östlichen Afrikas. Autoren wie Homer, Platon oder auch Plutarch werden zitiert, um zu belegen, dass Fleisch zu essen schon damals als Aberration erkannt worden sei, doch hätten diese „Philosophen von der erhabensten Tugend [...] nichts ausrichten [können] gegen die Schlächter und Fresser."[10]

Unter all denen, die für eine vegetarische Ernährung plädiert haben und daher ein hohes Ethos vertraten, zählt Springer als herausragend Jesus und die Gruppe der Essener, der dieser zugehörte. „Sie bringen keine Opfer", schreibt er, „denn ihr reines Leben bedarf solcher Sühnung nicht; ihr Lebenswandel ist besser als der anderer Menschen, und sie widmen sich gänzlich dem Ackerbau. [...] Vermöge ihrer einfachen, regelmässigen Lebensweise überschreiten viele von ihnen ein Alter von hundert Jahren."[11] Was den Schluss suggeriert, das Christentum habe sich im Laufe seiner Entwicklung von einer seiner bedeutsamsten Gründungsideen ent-

lichte zahlreiche Bücher aus vielen Themengebieten, bis hin zur Soziologie und politischen Ideengeschichte. Nachweise Deutsche Biographie https://www.deutsche-biographie.de/sfz80856.

9 Robert Springer, *Richard Wagner's regeneratorische Idee*, in BBl 1881, S. 44.

10 Ebenda, S. 53.

11 Ebenda, S. 99.

fernt und sei zu den barbarischen Praktiken heidnischer Opferpriester zurückgekehrt. Autoren wie Plinius, Tertullian und Augustinus machen den Anfang einer herbei beschworenen Beweiskette, die bis in die Neuzeit reicht und bei Herder, Jean Paul, Goethe, Schiller und Wieland[12] noch nicht ihr Ende findet, im Herbeizitieren der Weimarer Klassiker als Zeugen des Vegetarismus allerdings für Bayreuthianer eine unwiderlegliche Beweiskraft hat. Was Springer darzulegen sucht, ist eine Ideengeschichte des Vegetarismus, die ganz offensichtlich den Zweck verfolgt, Wagners *Spätschriften* geistesgeschichtlich umfassend zu untermauern und zu stützen und zu zeigen, dass mit ihnen der Argumentationsgipfel dieser Entwicklung erreicht worden sei.

Der dritte Teil dieser Serie handelt dann vom „sittlichen Werth der Idee"[13] und nimmt Wagners These auf, wonach der Abfall der Menschen von der Pflanzennahrung zugleich mit deren sittlichem Verfall einhergeht. Springer verfährt hier wie zuvor: Autoren werden aufgeführt, die das Schlachten als ein blutiges Gemetzel ablehnen und einen Zusammenhang zwischen der Art der Nahrung und dem Charakter und Wesen der Menschen herstellen. Klangvolle Namen wie Diderot, Jean-Jacques Rousseau, Jean Paul oder auch Voltaire liefern Textstellen, in denen eben diese Verbindung behauptet wird und englische Autoren, die Berichte aus den Kolonien liefern, beschreiben, wie zum Beispiel die sanften, sich vegetarisch ernährenden Inder voller Abscheu auf die aggressiven, weil Fleisch essenden Engländer reagieren. Der europäische Bellizismus wird von Springer wesentlich auf die Ernährungsweise der Europäer zurückgeführt, und umgekehrt formt sich daraus die Behauptung, ein Leben, das auf den „Moder- und Blutgeruch, auf mörderisches Wüthen der Opferer, jammervolles Aechzen der Opfer, zuckende, röchelnde Körper, Blutströme"[14] verzichte, sei ein Leben in „reiner, sanften und sonniger Luft: [...] Kein Wehgeschrei, sondern Jubel der Wesen, die sich des Daseins freuen; kein Schmerz, sondern Lust." Es ist ein „Garten Eden" der Gesellschaft, den Springer ausmalt und den er enden lässt in der Feier von Wagners Regenera-

12 Ebenda, S. 104f.

13 Ebenda, S. 162ff.

14 Ebenda, S. 166. Hier alle Zitate.

tionslehre, die für ihn das „erhabendste Ziel“[15] bezeichnet, das die Menschheit anzusteuern habe.

1887/88 druckten die *Bayreuther Blätter* einen zweiteiligen Aufsatz von Eduard Schläger zum Gegensatz von Revolution und Regeneration ab.[16] Auch Schläger[17] wandelte inhaltlich auf den Spuren Chamberlains, setzte sich allerdings mit dem Beispiel der Französischen Revolution auseinander, die er mit all ihren Schrecken als eine konsequente Schlussentwicklung aus dem Fleischkonsum bewertete. Diesem Zusammenhang ist für ihn auch der Höhepunkt allen Schreckens, die Phase des *terreur* von 1791, geschuldet, auf den die revolutionäre Bewegung konsequenterweise zulaufen musste, die damit zum Ausdruck einer durch Tiermord bestialisierten Menschheit geworden sei. Den *Terreur* sieht er als die Vorform einer Diktatur der Minderheit. Seiner Überzeugung nach ist er eine Bewegung, in der die „trotz aller Sättigung nicht ausgerottete Bestie Mensch mit der elementaren Gewalt der Zerstörung auf die Staatsbühne tritt und in wenigen Jahren das Werk und die Schöpfungen von Jahrhunderten zertrümmert.“[18] Das französische Beispiel lehrt daher nach seiner Auffassung auch, dass Revolutionen stets Versuche sind, durch die Proklamierung der Gleichberechtigung Aller die Unterordnung Aller „unter eine schließlich absolutistisch sich gestaltende Staatsleitung zu begründen.“[19] Sie sind auf politischer, sozialer und kultureller Ebene der Untergang einer freien Nation und sie stehen von daher im Gegensatz zu Wagners Begriff der *Regeneration*, der „Offenbarung eines neuen ethischen Höhenzuges der Welt [...], einer Neubelebung (der Sittlichkeit des Staates, U.B.) aus deutscher Quelle“.[20] Schläger plädiert am Ende seines Beitrags für das „ewige Licht des Bayreuther Theaters“, dessen „sittliche Erneuerung“ als „wunderbare Kraft vom Hügel in Bayreuth“ in die Finsternis der Gegenwart strahlt.

---

[15] Ebenda, S. 168.

[16] Eduard Schläger, *Der weltgeschichtliche Gegensatz zwischen Revolution und Regeneration*, in: BBl 1887, S. 324ff.; BBl 1888, S. 337ff.

[17] Eduard Schläger war der Sohn eines Pastors, der sich 1848/49 auf der Seite der Demokraten für die Revolution engagierte und 1849 in die USA auswanderte. Er war als Schriftsteller und Publizist tätig.

[18] Ebenda, S. 37.

[19] Ebenda, S. 39.

[20] Ebenda, S. 44. Auch die folgenden Zitate hier.

Das Thema der Regeneration wurde in den *Bayreuther Blättern* immer wieder einmal angeschlagen oder beiläufig berührt, bis 1929 in etwa 32 Beiträgen, in denen allerdings hauptsächlich die Wagner-Thesen immer wieder ausgewälzt wurden.[21] Mindestens ebenso oft spielte die *Vivisektion* in der Themenpräsentation eine Rolle, nachdem Wagner sich damit ausführlich auseinandergesetzt hatte und seinen Essay in die *Gesammelten Schriften und Dichtungen* aufgenommen hatte. Sein *Offenes Schreiben* von 1879 löste sehr bald eine Verstärkerreaktion in den *Bayreuther Blättern* aus.[22] So erschien 1881 hier eine umfangeiche Serie über die Vivisektion. Sie begann mit einer Darstellung von *Richard Wagner's regeneratorischer Idee*[23], geschrieben von Robert Springer, der Wagners Essay ideenhistorisch breit zu untermauern suchte.

1882 berichtete Bernhard Förster,[24] der zum engsten inneren Zirkel des *Bayreuther Kreises* zählte, ausführlich in einem zweiteiligen Beitrag über die Behandlung der Vivisektion im Deutschen Reichstag[25], bei der es nicht um Abschaffung der Vivisektion gegangen war, sondern um Regelungen zur Vermeidung unnötiger Qualen bei den betroffenen Tieren. Förster greift die parlamentarische Behandlung des Themas und dessen materielle Einschränkung scharf an, bestreitet, dass die Visisektion für Menschen auch nur den geringsten Wert hat und fragt am Ende, ob die Deutschen, indem sie solche Praktiken zuließen, überhaupt eine Kulturnation seien.

Schon im folgenden Jahr findet sich ein sehr ausführlicher und eindringlicher Bericht über die Behandlung dieser Frage im preußischen Landtag.[26] Auch hier handelte es sich, wie in den Vorlagen zum Reichstag, um Eingaben eines privaten Tierschutzvereins, in denen alle Argumente, die von Weber und Wagner bereits vorgetragen worden waren, noch einmal auf den Tisch kamen und von

---

21 Die einzelnen Artikel sind aufgelistet bei Annette Hein, *„Es ist viel Hitler in Wagner“* S. 464f.

22 Annette Hein, *„Es ist viel Hitler in Wagner“* zählt vierunddreißig Artikel, vgl,. S. 434f.

23 BBl. 1881, S. 42ff.

24 Zur Person Bernhard Förster vgl. Udo Bermbach, *Richard Wagner in Deutschland*, S. 299ff.

25 BBl. 1882, S. 90ff.

26 Ernst Grysanowski, *Die Vivisektionsfrage vor dem preussischen Landtag*, in: BBl 1883, S. 228f.

den Abgeordneten kontrovers diskutiert wurden.. Der Autor blättert das ganze Tableau der Versuche in Frankreich, Österreich und Deutschland auf und bringt Beispiele besonderer Grausamkeiten, um daraus die Konsequenz einer vegetarischen Ernährung zu ziehen. Wir essen „ausser Stierfleisch und Bockfleisch auch Ochsen-, Kalb- und Hammelfleisch und alle anderen Delikatessen der Schlachtbank, ohne uns einer Entsagung bewußt zu werden", schreibt Grysanowski, „dass Gänsestopfer, Lerschenfresser und Taubenschiessen niemals Gnade vor uns gefunden haben und dass wir uns gern anheischig machen, auch den Thieren des Waldes nichts an Leiden zu thun.- Die Jagd ist roher als die Vivisektion in ihren Motiven (denn die Motive der Vivisektion sind eine Quintessenz von Hochkultur), aber sie ist edler in ihren Statuten und Sitten [...].[27] Und er schließt mit den Worten: „mit unseren Gegnern kann es für's Erste nicht leicht [zu einer Einigung] kommen, theils, wie wir gesehen habe, wegen des allgemeinen geistigen Schlendrians, teils aber auch wegen der Grösse der Gegensätze."[28]

1886 findet sich erneut ein Artikel über *Die Bewegung wider die Visisektion.*[29] Auch hier geht es zunächst um einen Überblick über die bisherige Debatte und die bisher erreichten Erfolge, aber zugleich formuliert der Autor mehrere Thesen, die sich wie folgt zusammenfassen lassen: 1. Der vermeintliche Gewinn dieser Methode erweist sich als nicht zutreffend und hat „zu schweren Verirrungen geführt."[30] 2. Es ist zu prüfen, welche anderen naturwissenschaftlichen Methoden zu Ergebnissen führen können, die angeblich nur die Vivisektion erbringen kann. „Eine Wissenschaft, welcher solche Mittel unentbehrlich sind, muss uns selbst als entbehrlich gelten." 3. Es ist falsch, die Vivisektion für die Heilkunst in Beschlag zu nehmen; sie wird auch unabhängig von praktischen Zwecken ausgeführt. 4. Was in den Laboratorien geschieht, „muss das unverdorbene Gefühl in die heisseste Entrüstung versetzen und zum Schutze der gemisshandelten, zu Tode gefolterten Tiere aufru-

27 Ebenda, S. 238.

28 Ebenda, S. 249.

29 Paul Förster, *Die Bewegung wider die Vivisektion*; in: BBl 1886, S. 125ff. Zur Person Paul Försters vgl. Udo Bermbach, *Richard Wagner in Deutschland* S. 119, Anm. 135.

30 Ebenda, S. 130. Hier und auf der folgenden Seite auch die nachfolgenden Zitate.

fen.“ 5. Über den Gesichtspunkt der Bedeutung der Vivisektion für die Naturwissenschaften geht „der Gesichtspunkt über die sittliche Zulässigkeit weit hinaus.“ Der Mensch hat kein Recht, „feinfühlende, hochentwickelte Mitwesen, seine nächsten Verwandten, [...] zu Tode zu foltern.“ Es bleibt die Hoffnung, dass die Menschen eines Tages die „Allheit der Natur“ begreifen, oder, wie Wagner es formulierte, die „Einheit alles Lebenden“ und sich dann solche Methoden der ‚Forschung‘ von selbst erledigen. So sehr sind die *Bayreuher Blätter* nach all diesen Stellungnahmen mit der Tierschutzbewegung verbunden, dass sie ihren Lesern regelmäßig Beilagen der Tierschuzvereine des Deutschen Reiches beilegen, in denen die Vereine ihre Positionen darlegen und zugleich auch die Temine ihrer Vereinstreffen mitteilen.

Von Themen aus dem Umfeld der Lebensreformbewegung werden in den *Bayreuther Blättern* unter anderem behandelt: der Zusammenhang von Zivilisation und Krankheit (1882), Fragen der Theaterreform[31], Fragen der Bodenreform und des Bauerntums.[32] Der auch in Bayreuth auf eine eigene Art vorhandene Antikapitalismus, wie ihn beispielsweise Hans von Wolzogen in einer mehrteiligen Artikelserie vertreten hatte[33], entsprach in seinen Tendenzen auch den Ansichten, wie sie bei den meisten der Protagonisten der Lebensreformbewegung zu finden waren, so etwa bei Oedenkoven und Ida Hofmann und natürlich bei den Reform-Popheten, aber selbst bei kapitalkräftigen Initiatoren wie dem Möbelfabrikanten Karl Schmitt, dem Hauptfinanzier von Hellerau.

Das heißt, auch ohne direkten Bezug der *Bayreuther Blätter* auf die *Lebensreformbewegung* gab es zwischen beiden eine in der Sache tiefgehende Übereinstimmung: Beide teilten die Aversion gegen den modernen Industrialismus mit seinen für die einzelnen Menschen und deren gemeinschaftlichen Zusammenhalt zum Teil desaströsen Folgen; beide empfanden die Bevölkerungskonzentrationen in immer größeren Städten als eine gravierende Entfremdung von der Natur und zugleich als Identitätsverlust; beide sahen mit größter Sorge das allmähliche Verblassen der Religion als ein wesentliches Mittel der täglichen Lebensgestaltung, die schwindende Bedeutung der Kunst für eine ästhetische Lebensführung. Und für

31 Nachweis bei Annette Hein, *Es ist viel Hitler in Wagner*, S. 299f.

32 Nachweis ebenda S. 417

33 Udo Bermbach, *Richard Wagner in Deutschland*, S. 115ff.

beide Bewegungen war das Postulat Wagners, die „Einheit alles Lebenden" als Grundlage der privaten wir öffentlichen Sittlichkeit Moral und Ethik zu respektieren, eine gemeinsame und unaufgebbare Überzeugung.

Dass die *Bayreuther Blätter* nicht öfter und detaillierter auf die Lebensreformbewegung eingingen, obwohl sie mit ihrer Kampagne gegen Vivisekion und für Vegetarismus, Antialkoholismus und Wagners Theorie einer zwingend nötigen Regeneration doch dicht an deren Hauptthemen waren, hängt möglicherweise damit zusammen, dass Bayreuth stets um sich selbst kreiste. Für Cosima Wagner, Hans von Wolzogen und Houston Stewart Chamberlain waren Bayreuth das Zentrum allen Weltgeschehens und aller Weltanschauung und es ist bezeichnend, dass die Zeitschrift über Jahrzehnte, seit 1894, eine Rubrik *Bayreuth und Draußen* führte, mit der die Welt und ihre Bürger eingeteilt wurden in solche, die Bayreuth eng verbunden waren, an dessen kunstmissionarischem Werk mitarbeiteten und zum engsten Sympathisantenumfeld zählten, abgesetzt gegenüber jenen, welche von Bayreuth aus „in die Welt zurückgegangen [waren], vor einem allzu leichten sich Verlieren an wandelbare und oberflächliche Tagesinteressen"[34] behütet werden mussten. Unter „Draußen" erschienen Berichte über Wagner-Vereine, sympathisierende Verbände wie die des Tierschutzes und der Anti-Vivisekion und alles, was die Lebensreformbewegung betraf, fand, sofern es registriert wurde, auch hier seinen Widerhall. In den zahlreichen Beiträgen zur Vivisektion und zu einer Regeneration der Menschheit zeigte sich immer wieder, dass Bayreuth im Umfeld der Lebensreformbewegung für die eigenen kulturmissionarischen Reformbestrebungen tatkräftige Unterstützer sah. Wie stark allerdings wichtige Protagonisten durch Wagners politisch-äthetisches Konzept des Gesamtkunstwerks in ihren Zielen geprägt worden waren, scheint dagegen Bayreuth weithin entgangen zu sein, denn von den ästhetischen Reformbemühungen, wie sie in Hellerau oder auf dem *Monte Verità* unternommen wurden, nahm man keine Kenntnis.

---

[34] Vgl. dazu Udo Bermbach, *Richard Wagner in Deutschland*, S. 206ff. Hier auch die Zitatnachweise .

Teil IV

Umrisse der Lebensreform

Die zweite Hälfte des 19. Jahrhunderts war eine Zeit des Umbruchs, sowohl in außenpolitischer wie in innenpolitischer Hinsicht. Nach dem deutsch-französischen Krieg von 1870/71 wurde die europäische Landkarte neu geordnet. Unter der Führung Preußens war nun in der Mitte des europäischen Kontinents mit dem Deutschen Reich ein neuer Staat entstanden, der an Bevölkerungszahl alle anderen Staaten in Europa übertraf und vom Willen geprägt war, auf allen Gebieten mit den europäischen Nachbarn gleichzuziehen, sie nach Möglichkeit zu übertreffen. In seinen Grundstrukturen näherte sich dieses Reich den westlichen Vorbildern an, blieb aber von eigener Charakteristik. Als Bundesstaat, der teilsouveräne Staaten zu einem Ganzen zusammenfasste, war seine Verfassung ein bloßes „Organisationsstatut“[1], das die gewachsenen Strukturen der einzelnen Bundesstaaten überwölbte, sie teils vereinheitlichte, aber auch in ihrem eigenen Charakter bestehen ließ. Ökonomisch holte das neue Reich sehr schnell auf, auch dank der französischen Reparationszahlungen, die Geld für Neuinvestitionen einbrachten. Auf allen Gebieten gab es beachtliche Fortschritte, die allerdings auch mit der teilweise drastischen Veränderung gewohnter Lebensstile verbunden waren. Um einige Zahlen zu notieren: Das Sozialprodukt verdreieinhalbfachte sich zwischen 1867 und 1913, was eine durchschnittliche Wachstumsrate von 1,6% jährlich bedeutete.[2] Die Zahl der Beschäftigten stieg im selben Zeitraum von 16,7 Millionen auf 30,9 Millionen, also um 90%. Während die Landwirtschaft nur um 28,4% zunahm, steigerten Industrie, Handwerk und Bergbau ihren Anteil um 167,6% und der tertiäre Sektor Verkehr, Handel, Versicherungen, Banken usw. legte um 147,2% zu. Die gesamte Volkwirtschaft erlebte einen Aufschwung in diesen Jahren um 91,5% – das höchste Wachstum eines europäischen Staates, womit das Deutsche Reich wirtschaftlich die Spitze Europas einnahm, was ihm nicht gerade Freunde in seiner unmittelbaren Nachbarschaft einbrachte. Deutschland, das 1870 industriell noch in jeder Hinsicht deutlich hinter England lag, fand in der Folgezeit

---

[1] Thomas Nipperdey, *Deutsche Geschichte 1866 – 1918*, Bd. II *Machtstaat vor Demokratie*, München 1992, S. 85ff.

[2] Die Zahlen aus Thomas Nipperdey, *Deutsche Geschichte 1866–1918*, Bd. I *Arbeitswelt und Bürgergeist*, München 1993, S. 268ff.

den Anschluss an die britische Industrie, überflügelte sie sogar, vor allem in den ‚neuen' technologischen Industrien der Chemie und Elektronik: während sich in England in den Jahren 1870 bis 1913 die industrielle Produktion etwa verdoppelte, konnte sie sich im Deutschen Reich versechsfachen.[3] Hinter solchen Zahlen verbergen sich soziale wie wirtschaftliche Veränderungen und Umbrüche, die große Teile der Bevölkerung betrafen und von den Intellektuellen kritisch beobachtet wurden. Die Modernisierungsschübe, die das Kaiserreich innerhalb weniger Jahre erlebte, waren nicht nur Verbesserungen der Lebenssituation der Menschen, sondern gingen einher mit Traditionsbrüchen und dem Verlust lange eingeübter Lebensverhältnisse. Das Ansteigen der Auswanderung ist nur ein Indikator dafür, dass die generelle Verbesserung des Arbeits- und Lebensniveaus nicht allen, die in Deutschland lebten, gleichermaßen zugutekam.

Es erstaunt daher wenig, dass Industrialisierung der Arbeitsverhältnisse und Modernisierung der Lebensverhältnisse nicht auf ungeteilten Zuspruch stießen, sondern Gegenbewegungen auslösten, die nach Alternativen zu den laufenden Entwicklungen suchten. Und zwar nicht nur im Gefolge bestehender Parteien wie etwa der SPD, aus deren Umfeld sich einzelne Freizeitaktivitäten bildeten wie etwa Gartenbewegung, Turn- und Sportvereine, Radfahr-, später Motorradfahrgruppen und ähnliches mehr, sondern als institutionsunabhängige, freie Bewegungen, die sich von gesellschaftlichen und politischen Institutionen so weit wie möglich lossagten. Unter diesen Modernitätsalternativen war die Lebensreformbewegung die wohl größte und wirkungsvollste, auch die nachhaltigste, freilich nicht im Sinne eines einfachen Zurück zu einem romantisch verklärten *Status quo ante*, sondern als eine politisch-soziale Bewegung, die zukunftsbejahend war, aber für diese Zukunft denkbare Verluste der erlebten industriellen Modernisierung mit ihren Folgen strikt vermeiden wollte. Sie strebte keine Revolution an, sondern setzte „auf eine selbständige bewusste Veränderung des Individuums, dessen ‚Selbstreform' die gesamte Gesellschaft renovieren sollte."[4] Solche anti-industriellen und anti-etatistischen Bewegungen entstanden zunächst in England, wo die Industrialisierung ih-

---

3 Ebenda, S. 278.

4 Bernd Wedemeyer-Kolwe, *Aufbruch. Die Lebensreform in Deutschland*, Darmstadt 2017, S. 11.

ren Ausgang nahm und ihre tiefgreifendsten Einschnitte ins Leben der Menschen hatte. Friedrich Engels, der lange in England gelebt und die dortigen Verhältnisse genau beobachtet hatte, beschrieb in seiner bahnbrechenden Schrift *Die Lage der arbeitenden Klassen in England* den verzweifelten Zustand der Mehrheitsbevölkerung am Beispiel ihrer erbärmlichen Wohnverhältnisse, ihrer mangelhaften Ernährung, ihrer schlechten und unzureichenden Kleidung, ihrer ruinierten Gesundheit und der kurzen Lebenserwartung – alles verursacht durch ausbeuterische Arbeitsverhältnisse eines mehr und mehr um sich greifenden Industriekapitalismus.[5] In dem Maße, wie auch Deutschland sich auf den Weg der Industrialisierung begab, hatte die deutsche Gesellschaft mit denselben Folgen zu kämpfen, und die von Bismarck ab 1883 eingeleitete Sozialpolitik war eine obrigkeitsstaatliche Antwort auf die sich abzeichnenden sozialen Fundamentalprobleme, durch die auch die deutsche Sozialdemokratie erstarkte.

Die Lebensreformbewegung war eine entschiedene Antwort auf diese Entwicklung, sie war allerdings weder einheitlich in ihrem sozialen Profil noch in ihren inhaltlichen Forderungen oder auch Zielen. Sie war vielmehr eine breit angelegte und in sich durchaus widersprüchliche Erneuerungsbewegung, die einzig in ihrer Absicht in all ihren Flügeln übereinstimmte, den desaströsen industriellen Entwicklungen mit ihrer negativen (und für den Staat teuren) Folgen etwas entgegenzusetzen und gegen die Tendenzen der Urbanisierung und der wachsenden Städte zu zeigen, dass der Zusammenhang des Menschen mit einer unbeschädigter Natur noch immer wiederhergestellt werden konnte. Eingebettet in eine allgemeine kulturpessimistische und ablehnende Haltungen gegenüber den zeitgenössischen Entwicklungen und dem daraus resultierenden Zeitgeist ergaben sich, bei allen Differenzen im Einzelnen, insgesamt doch gemeinsame Bestrebungen, eine neue Haltung zu entwickeln, die alle Lebensbereiche umfasste: von der Idee einer neuen Siedlungsbewegung hin zur Gartenstadt, von der Vorstellung eines heilenden Einflusses der Schrebergartenbewegung für die ‚kleinen' Leute hin zu Forderungen nach Bodenreform, von veränderter Eigentumsaufteilung, nach alternativer Lebensführung mit Alkoholverzicht, vegetarischer Ernährungsweise bis hin zu

5 Friedrich Engels, *Die Lage der arbeitenden Klassen in England*, Leipzig 1845, in: Marx-Engels-Werke (MEW), Berlin 1956, Bd. 1, S. 525ff.

alternativen medizinischen Heilverfahren[6], schließlich auch zu neuen ästhetischen Ausdrucksformen. Kein Bereich der modernen Gesellschaft wurde aus den zahlreichen Entwürfen zu einer alternativen Lebensführung ausgenommen, von der Religion über die Kultur bis hin zur Politik, die alle auf eine neue Basis gestellt werden sollten, ohne Parteien, Parlamente und die sonstigen Großinstitutionen wie Gewerkschaften, Interessenverbände, Militär usw. Das *Handbuch der deutschen Reformbewegungen* weist sieben große Lebensbereiche aus, in denen Reformen angemahnt und durchgesetzt werden sollten: *Umwelt und Heimat* (mit den Teilen Landschafts- und Naturschutz, Tierschutz und Anti-Vivisektion; Heimatschutz; Denkmalpflege und Heimatbaumuseum); *Lebensreform/ Selbstreform* (mit den Teilen Naturheilbewegung; Kleidungsreform; Freikörperkultur; Ernährungsreform; Vegetarismus und Antialkoholbewegung); *Gemeinschaft und Gesellschaft* (mit den Teilen Frauenbewegung; Jugendbewegung; Rassenhygiene, Sozialhygiene, Eugenik; Sexualreform und Sexualberatung; Siedlungs- und Landkommunenbewegung); *Leben und Arbeiten/Wirtschaften und Wohnen* (mit den Teilen Genossenschaften; Bodenreform; Freiland – Freigeld; Gartenstadtbewegung; Alternative Landwirtschaft/Biologischer Landbau); *Erziehung und Bildung* (mit den Teilen Reformpädagogik; Sozialpädagogische Bewegungen; Arbeitslagerbewegung; Volksbildungs- und Volkshochschulbewegung; Kunsterzieherbewegung; Jugendmusikbewegung; Landerziehungsheimbewegung; Freie Walddorfschulen); *Kunst und Kultur* (mit den Teilen Kunstwart und Dürerbund; Theaterreform und Laienspiel; Ausdruckstanz; Kunstgewerbebewegung; Heimatliteratur und Heimatkunstbewegung), *Religiosität und Spiritualität* (mit den Teilen Deutschchristliche und deutschgläubige Gruppierungen; ‚importierte' Religionen: Beispiel Buddhismus; Religiöse Sozialisten; Freireligiöse und Feuerbestatter; Jüdische Renaissance; Erneuerungsbewegungen im römischen Katholizismus; Erneuerungsbewegungen im Protestantismus; Anthroposophie). Die Reformbewegungen umfassten, wie diese Systematisierung zeigt, das ganze menschliche Leben, sie ließen nichts aus, und sicherlich lässt sich sagen, dass die Lebensre-

---

[6] Einführung Wolfgang R. Krabbe, *Die Lebensreformbewegung*, in: Kai Buchholz u.a., *Die Lebensreformbewegung*, Bd. I, S. 25ff.; ebenso Diethart Krebs/ Jürgen Reulecke (Hrsg.), *Handbuch der deutschen Lebensreformbewegungen 1880–1933* Wuppertal 1998, S. 10ff. mit Literaturangaben.

formbewegung wohl eine der letzten Bewegungen war, die auf eine komplette Erneuerung der menschlichen Lebensweise abzielte und darüber hinaus mit dem Jugendstil auch zugleich noch einmal den Versuch unternahm, diese Lebensbereiche in einer einheitlichen Ästhetik zu gestalten.[7]

Ebenso vielfältig und bunt, wie die Bewegung hinsichtlich ihrer Ziele und Absichten war, stellte sie sich auch politisch dar. Sie reichte von der radikal-anarchistischen Linken bis zu den völkisch-nationalistischen Verbänden, eine Zusammenstellung, die politisch auf den ersten Blick scheinbar wenig oder nichts miteinander verband, die sich aber über die politischen Grenzen hinweg einig waren im Willen, einer neuen Zeit ihren eigenen Stempel aufzudrücken. Das betraf etwa das ganzheitliche Naturverständnis, das – ganz im Sinne Wagners – die Aussöhnung von Mensch und Natur zum Ziel hatte, bis hin zu einer Lebensführung, die diesem Ziele vermeintlich dienen konnte. Die Neubestimmung von Körper, Geist und Seele, die Veränderungen der täglichen Essens- und Lebensgewohnheiten im Sinne vegetarischer bzw. veganer Ernährung, Verzicht auf Alkohol und tägliche körperliche Bewegung sowie die Naturheilkunde gehörten gleichsam zum „Kernprogramm“[8] der unterschiedlichsten Strömungen dieser Bewegung. Sie wurden von manchen Gruppierungen, vor allem von Künstlern, ergänzt durch die Forderung nach freier Liebe und Sexualität, nach Freiköperkultur, vom Lichtkult bis hin zu neuen Formen des Ausdruckstanzes und neuer Gymnastik (Eurythmie). Heimat-, Natur- und Tierschutz rückten in den Focus der Aufmerksamkeit, Siedlungs-und Landkommunen waren Indikatoren für eine Stadtflucht, die sich das Heil durch den Wegzug aus den dunklen, düsteren und ungesunden Städten versprach. Für viele sollte eine Naturheilkunde, die vom Körper als einem ganzheitlichen Zusammenhang ausging, die ‚akademische‘ Medizin ersetzen oder zumindest doch entscheidend ergänzen. Von leichteren, selbsthergestellten Kleidern versprach

---

7 Vgl. dazu die unter der Überschrift ‚Kunst und Kultur‘ zusammengefassten Beiträge in: Kai Buchholz/Rita Latocha/Hilke Peckmann/Klaus Wolbert (Hrsg.), *Die Lebensreform*, S. 211ff.

8 Klaus Wolbert, *Die Lebenssreform – Anträge zur Debatte*, in: Kai Buchholz u.a., a.a.O., S. 17. Bernd Wedemeyer-Kolwe zählt die Ernährung, die Naturheilkunde, die Körperkultur und Siedlung zu den Kernbereichen der Lebensreform. Bernd Wedemeyer-Kolwe, *Aufbruch*, passim.

man sich die Ablösung des Diktats der Mode und eine naturangemessene Bekleidung. Die Frage der Gleichberechtigung von Mann und Frau kam auf die Tagesordnung und für die Erziehung wurden reformpädagogische Konzepte entwickelt, die teilweise noch heute praktiziert werden, etwa in den Walddorf-Schulen oder in bestimmten Internaten. Ein wesentlicher Bereich weitgreifender Anstrengungen war die Neuorganisation des Gemeinschaftslebens, darunter besonders die Reform des Theaters, von der man sich einen starken erzieherischen Einfluss erhoffte. Dass die Kunst von all diesen Bestrebungen miterfasst wurde, kann nicht verwundern; in der Malerei wurde zwar kein einheitlicher Stil entwickelt, aber es gab doch viele Künstler, deren Werke sich stilistisch an den Impressionismus anlehnten, diesen zugleich aber auch weltanschaulich aufluden, um ihre Reformideen zu transportieren. Daneben spielte die Musik eine herausgehobene Rolle und hier wiederum die von Wagner und vor allem seinem *Parsifal*. Das hing unter anderem damit zusammen, dass viele der Reformer der Bewegung in diesem *Bühnenweihfestspiel* einen quasi-religiösen Heilsplan sahen, der die Säkularisierung der Gesellschaft und den stetig zunehmenden Materialismus ersetzen und an die Stelle der in den Hintergrund gedrängten Religion treten sollte. Insoweit strebten Teile der Lebensreformbewegung eine „reformerische Ersatzreligion“[9] an, deren Ziele von einzelnen Protagonisten mit einem ähnlichen Eifer verfolgt wurden, wie dies von religiösen Sekten her bekannt ist.

Eine Besonderheit innerhalb dieser breiten, insgesamt wenig übersichtlichen und kaum zu systematisierenden Reformbewegung war das Auftreten von ‚Propheten‘; das waren einzelne Personen, die aus der Radikalisierung mancher Forderungen für sich selbst die Konsequenz einer eremitenhaften Existenz zogen. Sie verzichteten häufig auf eine Wohnung, auf festen Wohnsitz, hausten nicht selten in Höhlen, Steinbrüchen und ähnlichen, durch die Natur bereitgestellten Unterkünften, zogen aber nach einer gewissen Zeit zumeist weiter, um sich in einer breiteren Öffentlichkeit der Propagierung eines Lebens zu widmen, das auf dem Armutsideal basierte. Manche dieser Propheten hatten als Künstler begonnen, vor allem als Maler und hier durchaus bedeutende Werke geschaffen, und setzten das Malen später auch deshalb fort, weil sie damit ihren

[9] Jonas Frecot u.a., *Fidus 1868–1948. Zur ästhetischen Praxis bürgerlicher Fluchtbewegungen*, München 1972, S. 18.

Lebensunterhalt zu verdienen suchten. Manche waren gute Pianisten bzw. Pianistinnen und hingen Wagner an, aus dessen Musikdramen sie häufig zu spielen pflegten.

Viele Strömungen der Lebensreformbewegung gewannen eine gewisse Breitenwirkung. Das gilt vor allem für den Vegetarismus, der über den engeren Kreis der Lebensreform-Anhänger hinaus bei weiten Bevölkerungskreisen Anklang fand. Ursprünglich entstand der Begriff des Vegetarianismus – den auch Wagner noch so verwandte – bereits um 1840 und meinte eine pflanzliche Kost, deren alleiniger Verzehr von einigen frühen Vertretern mit dem Hinweis begründet wurde, das menschliche Gebiss sowie das Verdauungssystem seien für Fleischnahrung nicht geeignet, sondern durch die Aufnahme von Pflanzen ausgebildet worden.[10] Hinzu kam das Argument, Darwins Evolutionstheorie habe bewiesen, dass der Mensch Nachfahre der Affen sei und diese wiederum seien Pflanzenfresser, so dass ausschließlich pflanzliche Nahrung auch für den Menschen die naheliegende Folge sei. Neben der Ablehnung fleischlicher Nahrung lehnte man auch ‚Gifte' ab wie Kaffee, Alkohol, Tee und Tabak, die zu verpönten Genussmitteln zählten, denen man negative Einflüsse auf die Gesundheit zuschrieb und in denen man den Grund für Krankheiten und vorzeitiges Altern sah. In der Öffentlichkeit gab es zwischen Schulmedizinern und den Vertretern des Vegetarismus heftige Debatten, ob eine rein pflanzliche Nahrung den menschlichen Eiweißbedarf decken könne – eine Diskussion, die zu keinem abschließenden Ende führte. Schließlich gab es, um einen letzten Gesichtspunkt zu nennen, auch die Begründung, Fleisch und Tierprodukte seien besonders teuer (gemessen an den Lebensmittelpreisen des 19. Jahrhunderts), so dass eine Umstellung der Ernährung sich auch aus ökonomischen Gründen dringend empfehle. Neben solchen auf die Praxis zielenden Argumenten kam häufig auch jene ethische Norm ins Spiel, die für Wagners Haltung ausschlaggebend war: die These, wonach Tiere Geschöpfe Gottes und Mitwesen des Menschen seien, die ebenso fühlen und leiden könnten wie der Mensch und denen daher alles Leid erspart werden sollte. Im Extremfall vertraten Lebensreformer die strikte Auffassung, Tiere zu töten, um etwa neben Nahrung auch deren Fell zum Zwecke der Kleiderverarbeitung zu gewinnen,

---

10 Für das Folgende greife ich auf Bernd Wedemeyer-Kolwe, *Aufbruch*, S. 53ff. zurück.

sei ethisch nicht zu rechtfertigen, weshalb dann eigene Kleider und Schuhe angefertigt wurden, die keinerlei tierische Anteile enthielten. Gelegentlich wurde der Tiermord auch als ursächlich für Menschenmord, für Kriege betrachtet und daraus die Schlussfolgerung gezogen, dass eine Menschheit, die das Töten, Essen und Verwerten von Tieren aufgebe, auch eher friedlich zusammenleben könne. Vegetarismus und Pazifismus gingen hier ineinander über.

Die vegetarische Bewegung organisierte sich sehr bald in Verbänden – so im *Deutschen Verein für naturgemäße Lebensweise* und im *Deutschen Vegetarier-Verein*, die 1892 zum *Deutschen Vegetarier-Bund* fusionierten,[11] auch in der *Naturheilbewegung*, die – ähnlich wie Wagner das in seinen *Spätschriften* beschrieben hatte – Krankheiten als Ergebnis schlechter Umwelt- und Lebensbedingungen verstanden. Ihre Vertreter setzten deshalb an der Behebung einer falschen Lebensführung an, versuchten mit naturgemäßer Lebensweise wie Bewegung, Licht- und Luftbädern, mit Wasserkuren und Wandern in frischer Luft, auch mit unterschiedlichen Formen von Diät den ganzen Organismus der Menschen in seiner Einheit zu beeinflussen. Da die Naturheilkunde stets – auch dies war Wagners Denken sehr nahe – den Menschen in seiner Gesamtheit betrachtete und den gesunden Körper als ein harmonisches Ganzes verstand, ging es ihr nie nur um selektive Heilung von einzelnen Krankheiten, sondern stets um den Gesamtzusammenhang des menschlichen Körpers, wobei Krankheit lediglich als Störung einer ursprünglichen Harmonie gesehen wurde. Fehlte solche Harmonie, lag es nahe, über den rein körperlichen ‚Störfall' hinaus stets auch psychische Faktoren in Betracht zu ziehen, also seelische Ursachen für Krankheiten auszumachen, die dann als Störquelle des natürlichen Vitalismus angesehen wurden. Schon vor der Jahrhundertwende gewann die Naturheilkunde, trotz aller Fortschritte der Medizin, eine wachsende Anhängerschar, und um 1913 zählte der *Deutsche Bund der Vereine für naturgemäße Lebens- und Heilweise* 885 lokale Vereine mit rund 148.000 Mitgliedern.[12] Dass die Wirkungen der Naturheilbewegung über diesen Mitgliederkreis weit hinausging, darf vermutet werden.

Ebenfalls eine breitere Wirkung entfaltete die aus der Lebensreformbewegung hervorgegangene *Körper- und Nacktkultur*, die in

---

[11] Das Folgende aus Wolfgang R. Krabbe, *Die Lebensreformbewegung*, S. 27ff.

[12] Ebenda, S. 28.

den 1890er Jahren entstanden war. Innerhalb der Reformer war es eine unumstrittene Überzeugung, dass die richtige Pflege des Körpers, die durch vegetarische Ernährung erreichte Gesundheit und die durch Bewegung und Aufenthalte in der Natur gewonnene Schönheit eine der Grundlagen des ‚neuen' Menschen' seien und zugleich ein Weg, die Degeneration der modernen urbanen und industriellen Gesellschaften aufzuhalten und zu reparieren. „Wir wollen dem körperlichen Verfall eines großen Teils unseres Volkes dadurch entgegenarbeiten", hieß es in einer Schrift, „daß wir lernen und zeigen, wie der menschliche Körper kräftig, schön und widerstandsfähig gemacht werden muß."[13] So traten die Befürworter für ein Leben in freier Natur und für sogenannte ‚Lichtbäder' ein, Aufenthalte in der Sonne, die als Stärkung der Gesundheit angesehen wurden. Die Pflege des Körpers als eines zentralen Anliegens der Lebensreform zielte auf die Befreiung von einengenden bürgerlichen Gepflogenheiten wie z.B. ‚ungesunder' Kleidung, sie zielte auf Natürlichkeit der Bewegung und Ausbildung der Muskulatur, auf die umfassende Herstellung der Individualität. Ein Zweck vor allem der Nacktkörperkultur war die Überwindung der bürgerlichen Prüderie durch das selbstverständliche Vorzeigen des unbekleideten Körpers, ein anderer, durch den selbstverständlichen Umgang mit dem nackten Körper eine neue Sexualmoral entstehen zu lassen. Darüber hinaus galt diese Nacktkörperkultur völkisch-nationalistischen Gruppen auch als Teil einer vormilitärischen Ertüchtigung sowie der rassischen Auswahl von Lebenspartnern. Die letztere Begründung wurde allerdings auch von linken, marxistischen Gruppen innerhalb der Reformbewegung häufig verwandt und mit dem Argument verbunden, die rassische Partnerwahl diene der allgemeinen gesundheitlichen Verbesserung der Menschen und damit der Hebung des gesundheitlichen Gesamtzustandes des Volkes.[14]

Dass all dies auch Künstler, die reichlich innerhalb der Lebensreformbewegung vertreten waren, beeinflusste, liegt auf der Hand. Viele von ihnen wanderten, sobald sie mit den Reformideen in Berührung kamen, aus den offiziellen Kunstakademien aus, suchten einsame Siedlungsmöglichkeiten und versuchten einen eigenen,

---

[13] Zitat nach Bernd Wedemeyer-Kolwe, *Aufbruch*, S. 93.

[14] Vgl. dazu allgemein Peter Weingart/Jürgen Kroll/Kurt Bayertz, *Rasse, Blut und Gene*, Frankfurt/M. 1992, bes. S. 16ff.

unabhängigen Stil zu entwickeln. Das betraf war vor allem Maler und Bildhauer – das Künstlerdorf Worpswede bei Bremen ist hier ein einschlägiges Beispiel. Aber auch Schauspieler und mit ihnen das Theater ganz allgemein fühlten sich angesprochen, ebenso Architekten und Musiker. Durch die Öffnung und Hinwendung der Künste zu Ideen der Lebensreform wurden neue Teilnehmer- und Rezipientenschichten erschlossen.[15] Orte wie die *Darmstädter Mathildenhöhe*, die Dresdner Gartenstadt *Hellerau* oder der *Monte Verità* bei Ascona zogen sehr bald Künstler aus unterschiedlichen Gebieten an, die ‚Kolonien' bildeten, in denen Gleichgesinnte neue Kunstformen und Inhalte auszuprobieren begannen. Zugleich öffneten sich solche Zentren einem neuen Publikum und suchten dieses in die eigenen Reformbestrebungen mit einzubeziehen. Für die moderne Architektur gab die sogenannte *Darmstädter Künstlerkolonie* weitreichende Anstöße, für die Reform des Theaterwesens war *Hellerau* ein wichtiger Ort und für den modernen Ausdruckstanz und ein neues Verständnis von künstlerischer Performanz stand der *Monte Verità*. Ein ‚Gesamtkunstwerk' ganz eigner Art entstand etwa dreißig Kilometer südlich von Hamburg, in der Lüneburger Heide bei Jesteburg: die *Kunststätte Bossard*. Diese Orte waren besondere Verdichtungen bestimmter Absichten der Lebensreformbewegung und sie können, vor allem mit Blick auf Wagners Fernwirkungen, als beispielhaft verstanden werden. Sie wurden deshalb auch als Beispiele für dieses Buch ausgewählt.

---

[15] Diethart Kerbs, *Handbuch der deutschen Reformbewegungen*, S. 426ff.

Teil V

Reformprojekte

Die Mathildenhöhe Darmstadt

Umrisse einer Neugründung

Ende des 19. Jahrhunderts befand sich östlich der Stadt Darmstadt, Residenz der Großherzöge von Hessen und bei Rhein und Verwaltungszentrum des Landes, ein ausgedehnter Landschaftspark im englischen Stil. In der Mitte des Jahrhunderts erhielt dieser Park, auf einer Anhöhe gelegen, nach der bayerischen Prinzessin und Gattin des Großherzogs Ludwig III. den Namen Mathildenhöhe. Der Regent ließ den Park damals neu gestalten und mit kleineren Häusern und Pavillons bebauen. Da die großherzogliche Familie mit der russischen Zarenfamilie der Romanows eng verwandt war – Zar Nikolaus II. von Russland hatte 1894 die hessische Prinzessin Alix, Schwester des Großherzogs Ernst-Ludwig, geheiratet –, baute der Zar 1897 eine prächtige russisch-orthodoxe Kapelle, die noch heute einer der markantesten Bauten der Mathildenhöhe ist. Weil die Stadt Darmstadt mit ihren Wohngebäuden immer näher an diese Parkanlage heranrückte, fasste der Großherzog den Plan, die gesamte Anhöhe einheitlich gestalten zu lassen. Als Enkel der englischen Königin Victoria hatte er sich in seiner Jugend über längere Zeiten in England aufgehalten und dort die von John Ruskin und William Morris maßgeblich beeinflusste neue Bewegung der *Arts and Crafts* kennengelernt, die in der Mitte des 19. Jahrhunderts mit der Absicht entstanden war, Kunst, Kunsthandwerk und Lebenspraxis miteinander zu verbinden. Diese Bewegung war eine modernitätskritische Reaktion auf die erstarrten victorianischen Verhältnisse vor allem in der Kunst, und sie trat mit dem Ziel an, gegen die zunehmende industrielle Massenproduktion von täglichen Gebrauchsgütern die Schönheit individueller kunsthandwerklicher Produkte zur Geltung zu bringen. *Arts and Crafts* stützte sich auf Architekten, Künstler und Kunsthandwerker und wollte einen eigenen, alle lebenspraktischen Produkte umfassenden Stil kreieren, dessen Ästhetik und Funktionalität sich aus dem genutzten Material ergeben sollte. In der Intention nahm diese in England einflussreiche Bewegung in gewisser Weise den *Jugendstil* vorweg, der die Darmstädter Mathildenhöhe dann prägen sollte. *Arts and Crafts* hatte überdies Auswirkungen auf die Wiener und Münchner Künstlerszene, wo sich in den 90er Jahren Künstler und Handwerker in Werkstätten zusammenschlossen, um Möbel, Teppiche, Gläser, Buchdekorationen, Beschläge und manches mehr nach einheitlichen ästhetischen Gesichtspunkten der Materialadäquanz herzustellen. Aus solchen Anregungen entwickelten sich später die Wiener und die Münchner Sezession und ihr nachfolgend gab es ähnliche Bestrebungen in vielen anderen Städten.[1]

Großherzog Ernst-Ludwig (1868–1937) war ein kunstsinniger Mensch, der sich vorgenommen hatte, sein Land Hessen zu einem hervorragenden Ort der Künste zu machen.[2] Angeregt durch die englische Bewegung der *Arts and Crafts* suchte er für sein Land eine ähnliche Bewegung zu initiieren und kam dabei auf den Gedanken, die Darmstädter Mathildenhöhe völlig neu und wenn möglich nach einheitlichen ästhetischen Gesichtspunkten gestalten zu lassen. Mitveranlaßt durch Intentionen der gerade entstehenden Lebensreformbewegung sollte dieser Teil der Stadt nach den Reformideen der Zeit neu angelegt werden. 1899 berief er deshalb sieben Künstler, denen er diese Aufgabe übertrug und denen er zugleich, bei vorbehaltener Oberaufsicht, freie Hand für die Gestaltung des Areals einräumte. Zu dieser ersten Gruppe gehörten Joseph Maria Olbrich[3] aus Wien, der sehr bald der bestimmende Kopf wurde;

---

1 Vgl. *Geschichte und Idee der Künstlerkolonie Mathildenhöhe*, in: Institut Mathildenhöhe Darmstadt (Hrsg.), *Künstlerkolonie Mathildenhöhe Darmstadt 1899–1914*, Darmstadt 1999, S. 60; die Entstehung der Künstlerkolonie wird auch ausführlich dargestellt im Katalog zur ersten großen Ausstellung 1901, Alexander Koch (Hrsg.), *Die Ausstellung der Darmstädter Künstlerkolonie*, Stuttgart 1989 (Faksimile-Nachdruck des Originals), S. 17ff.

2 Magistrat der Stadt Darmstadt (Hrsg.), *Die Darmstädter Mathildenhöhe*, Darmstadt 2003, S. 10.

3 Joseph Maria Olbrich (1867–1908) studierte, nachdem er das Maurerhandwerk und Bauzeichnen gelernt hatte, in Wien Architektur. Nachdem er mit einigen Entwürfen Preise gewonnen hatte, baute er für die Wiener Secession 1867 das Secessionsgebäude, danach Wohnhäuser und unter anderem eine Villa für den Literaten und Kritiker Hermann Bahr. Mit seiner Berufung nach Darmstadt wurde er hessischer Bürger und zugleich einer der führenden Architekten in Deutschland sowie Österreich. Olbrich entwarf auch Möbel und Geschirr, gestaltete einen Flügel und baute später das Warenhaus Tietz in Düsseldorf. Auf einer Ausstellung in St. Louis war er äußerst erfolgreich und wurde korrespondierendes Mitglied des Ameri-

Peter Behrens[4], ebenfalls aus Wien, und zugleich Mitbegründer der Münchner Sezession; Hans Christiansen aus Paris, Maler und Designer im Stil der französischen *Art nouveau*; Ludwig Habich, ein geschätzter Bildhauer, der als Einziger in Darmstadt lebte, wo er schon zuvor für den Großherzog gearbeitet hatte; Rudolf Bosselt aus Düsseldorf, Bildhauer und Medailleur; Patriz Huber aus München, Innenarchitekt, Möbel und Interieurs sowie Fensterverglasungen und Buchschmuck; Paul Bürck aus München, Maler, Grafiker und Textilgestalter, dekorative Wandmalereien. Bis 1914, als die Künstlerkolonie infolge des ausgebrochenen Weltkriegs ihre Aktivitäten einstellte, waren insgesamt 23 Künstler dort tätig.

Die Idee des Großherzogs, ein in sich abgeschlossenes Areal mit neuer Architektur zu bebauen, Künstlerateliers und große Ausstellungshallen zu schaffen, fügte sich nahtlos in den Aufbruch der Lebensreformbewegung ein. Auch der Plan für die Darmstädter Künstlerkolonie entstand aus der Ablehnung des Status quo, wollte einen neuen Aufbruch wagen und setzte gegen das Überkommene die Vision einer freien Entfaltung ästhetischer Kreativität. Zwar sollte die Kunst einerseits dem Leben dienen, sollte eben nicht nur freischwebende und selbstreferenzielle Kunst sein, sondern sich etwa mit dem Kunsthandwerk verbinden, aber zugleich sollte sie auch nicht in der alltäglichen Welt einfach als deren bloße Funktion untergehen, sondern ein visionäres Eigenleben bewahren.

---

can Institute of Architects. Mit nur 40 Jahren starb er an Leukämie und wurde in Darmstadt begraben.

4 Peter Behrens (1868–1940) war ursprünglich Maler, wurde dann Architekt. Er war Mitbegründer des Deutschen Werkbundes, gestaltete das AEG-Gebäude in Berlin vor dem ersten Weltkrieg mit und war zugleich Designer für unterschiedlichste Produkte. In Darmstadt entwarf er das Ernst-Ludwig-Haus, und vor allem seine eigene Villa erregte größtes Aufsehen. Ab 1903 war er Direktor der Kunstgewerbeschule in Düsseldorf, entwarf Schriften und schuf den Schriftzug >Dem deutschen Volke< am Reichstagsgebäude. 1907 ging er als selbständiger Architekt nach Berlin, arbeitete vor allem für die AEG und betätigte sich auf allen Gebieten der künstlerischen Gestaltung. 1911 baute er die Kaiserliche Deutsche Botschaft in St. Petersburg. Nach dem Krieg arbeitete er in Düsseldorf und Wien, übernahm aber auch in Berlin Aufgaben der Stadtentwicklung und leitete dort die Meisterklasse für Architektur an der Preußischen Akademie der Künste. Er war einer der produktivsten, vielseitigsten und einflussreichsten Künstler seiner Zeit.

Die Künstlerkolonie auf der Darmstädter Mathildenhöhe stellte mit ihrem eindrucksvollen Ensemble der verschiedenen Bauten eine überzeugende Einlösung dieses Programms dar. Die Gesamtanlage, überwiegend von Olbrich konzipiert, besteht unter anderem aus einem weithin sichtbaren Turm – im Volksmund als Hochzeitsturm bezeichnet –, dessen Spitze fünf Fingern nachgebildet ist – weshalb er gelegentlich auch den Namen Fünffingerturm führt; aus einer weitläufigen und hellen Ausstellungshalle, die direkt an den Turm anschließt und mit charakteristischen und breit ausgeführten Ecktürmen versehen ist. Vor dieser mächtigen Anlage liegt ein buntgefliestes, umbautes Wasserbecken und auf der Nordseite gibt es einen schattenspendenden Platanenhain, in dem verschiedene Skulpturen und große Reliefs auf gemauerten Backsteinsockeln stehen und zum Betrachten und Nachdenken einladen.

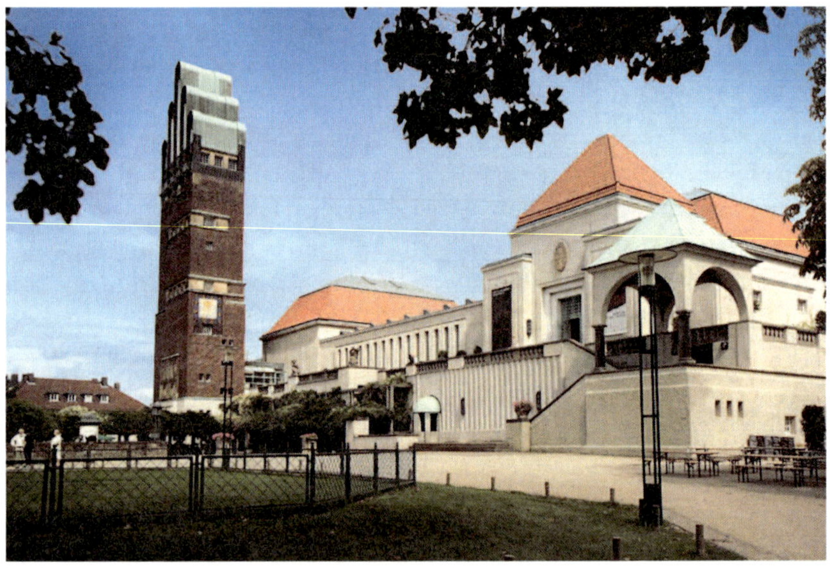

Mathildenhöhe Darmstadt:
Hochzeitsturm mit anschließendem Ausstellungsgebäude.
Nicht auf dem Bild: links vorgelagert die Russische Kapelle,
rechts unterhalb dieses Gebäudekomplexes das Ernst-Ludwig-Haus
sowie Künstlervillen

Südlich der Ausstellungshalle erhebt sich das langgestreckte, eindrucksvoll-mächtige Atelierhaus, genannt Ernst-Ludwig-Haus. Entworfen von Olbrich, sollte es ursprünglich Ateliers für die auf der

Künstlerkolonie tätigen Künstler bereitstellen – und wurde daher *Tempel der Arbeit* von seinem Erbauer genannt –, war aber auch für Theateraufführungen und Ausstellungen vorgesehen war. Den prächtigen Eingang flankierten zwei kolossale Statuen, „Mann" und „Weib" von Ludwig Habich, die die späteren riesigen NS-Skulpturen eines Josef Thorak vorwegzunehmen scheinen. Unterhalb des als Omega geformten Bogens der Eingangstür sind zwei Bronze-Genien von Rudolf Bosselt zu sehen, und auf dem Bogen liest man den von dem bekennenden Wagnerianer Hermann Bahr, der mit der damals berühmtesten hochdramatischen Wagnersängerin Anna Bahr-Mildenburg verheiratet war, stammenden Spruch: „Seine Welt zeige der Künstler, die niemals war noch jemals sein wird"[5] – Hinweis auf den mit dem Gesamtprojekt verbundenen utopischen Anspruch einer neuen, ganzheitlichen Kunst, die dem Leben normative Vorgaben machen sollte, allerdings in der Gewissheit, dass diese nie eingelöst werden können. Am Fuße des Hügels, auf dem die bisher erwähnten Bauten errichtet worden waren, standen aneinander gereiht zahlreiche Villen, zumeist von Olbrich entworfen, die den Künstlern als Wohn- und Arbeitshäuser dienen sollten, aus finanziellen Gründen aber – weil nicht jeder der beteiligten Künstler sich ein eigenes Haus leisten konnte – auch an wohlhabende Darmstädter verkauft wurden.

Das Ernst-Ludwig-Haus sollte der wichtigste Repräsentationsbau für die ästhetische Produktivität eines Zusammenwirkens unterschiedlicher Kunstsparten sein. Wie alle Bauten der Mathildenhöhe ist auch dieser im damals neuen und als revolutionär empfundenen *Jugendstil* entworfen und realisiert worden. Dieser *Jugendstil*, gelegentlich auch *Art nouveau* genannt, entwickelte sich um die Jahrhundertwende als eine Gegenbewegung zum vorherrschenden Historismus und strebte eine alle Lebensbereiche umfassende einheitliche Produktionsästhetik an, passte insofern auch zu den Zielen der Lebensreform, zu denen sich viele Jugendstilkünstler bekannten. Die Darmstädter Mathildenhöhe war einer der Geburtsorte dieser neuen künstlerischen Bewegung, vielleicht sogar ihr wichtigster, und die hier arbeitenden Künstler, allen voran Olbrich und Behrens, suchten denn auch, die stilistischen Prinzipien

---

[5] Klaus Wolbert, *Die Künstlerkolonie Mathildenhöhe und die Lebensreform um 1900*, in: Institut Mathildenhöhe (Hrsg.), *Künstlerkolonie Mathildenhöhe*, Darmstadt S. 19.

einer neuen Sezessions-Kunst von der Architektur bis zur Gestaltung täglicher Gebrauchsgegenstände in den errichteten Häusern einheitlich anzuwenden.

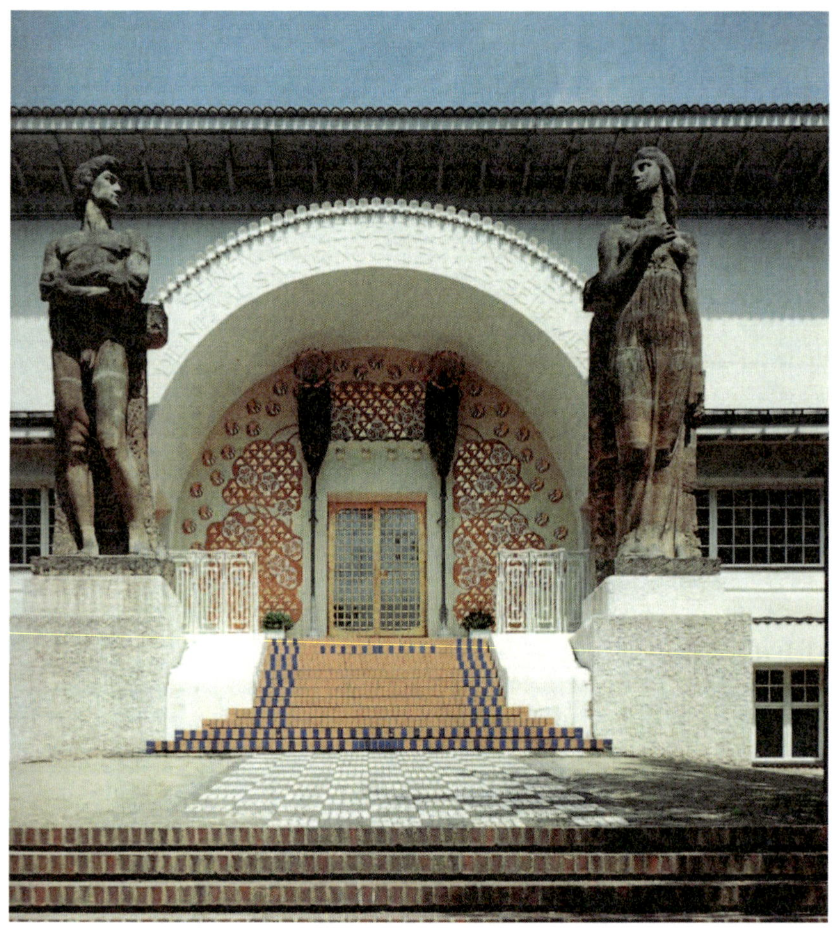

Eingang des Ernst-Ludwig-Hauses mit den beiden Figuren von Ludwig Habich.
Zu dem Haus führte ein längerer Aufgang den Hügel hinauf

Der *Jugendstil*, wie er sich von Darmstadt aus über Wien bis nach Ungarn und am Ende auch in zahleiche andere europäische Staaten ausbreitete, war eine ganz und gar originäre Entwicklung, die weitgehend dem Gedanken des Gesamtkunstwerks verpflichtet war und damit indirekt die Tradition von Wagners Ästhetik aufnahm. Er war ein „einzigartiger Stil", „gewollt, erstrebt, ja erfunden" und

– wie einer seiner Vertreter schrieb – „das Neue, das wir endlich, endlich dem erdrückenden Erbe entgegenstellen können!"[6] Dolf Sternberger, der den nach dem Krieg vergessenen Jugendstil wieder ins allgemeine Bewusstsein zurückholte, beschrieb diese neue Stilerfindung so: „Worin man auch immer das Hauptmerkmal des Jugendstils erblicken mag, soweit er sich in der bildenden Kunst einschließlich der Architektur und der verschiedenen handwerklichen Disziplinen zu erkennen gibt – in der Belebung der Fläche, in der Kultivierung der dynamischen Linie, in der Herrschaft des Ornaments oder in alldem zugleich: diese Füllungen und Aussparungen, diese Schwarz-Weiß-Vertauschungen, diese rahmenden Umschlingungen, diese Wellen, Locken und Wurzeln, diese Erweichung der Tektonik, diese Asymmetrien, diese Kurvaturen, diese fliehenden und sich vereinigenden Seelenleiber, diese plastisch-blasigen Räume, diese Leere und dieser sparsame Prunk, diese Verquickung des Organischen und des Funktionellen, diese Verdrängung der Horizonte und diese Fesselung der Gestalt in ihrem Kontur – das alles ist wie ein einziger Zauberbann, der um sich greift, dem nichts zu entgehen scheint, vom Buch bis Bild bis zum Haus und Garten, vom Pflaster bis zum Turm, von den Möbeln bis zum Geschirr und Besteck, zu den Gewändern und zur Buchstabenschrift."[7] Es ist dieser umfassende Anspruch des *Jugendstils*, der zeigt, dass es sich hier nicht um eine der üblichen Kunstrichtungen handelte, sondern um den Versuch einer „totalen Erneuerung"[8], und dies verband ihn mit den Intentionen der *Lebensreformbewegung*. Was im Auftrag des Großherzogs auf der Darmstädter Mathildenhöhe um die Jahrhundertwende entstand, folgte eben dieser Absicht einer völlig neuen Ausrichtung des Lebens, zunächst in der Architektur, die sich strikt absetzen sollte von bisherigen Traditionen, vor allem der des Historismus, aber dann auch der übrigen Lebensbereiche. „So

---

6 Zitiert nach Dolf Sternberger, *Panorama des Jugendstils*, in: derselbe, *Vexierbilder des Menschen*, Schriften Bd. VI, Frankfurt/M. 1981, S. 275. Aus der zahlreichen Literatur zum Jugendstil vgl. u.a. Frank Russel, *Architektur des Jugendstils. Die Überwindung des Historismus in Europa und Nordamerika*, Stuttgart 1982; Stefanie Lieb, *Was ist Jugendstil? Eine Analyse der Jugendstilarchitektur 1890–1910*, Darmstadt 2000; Claus Bernet, *Jugendstil, Secession, Art nouveau*, Norderstedt 2013.

7 Ebenda, S. 277.

8 Dolf Sternberger, *Über den Jugendstil und andere Essays*, Hamburg 1956, S. 20.

entstand als reifstes Werk des Jugendstils das *Heim*. Genauer: das Heim als total durchgestaltetes Reich des individuellen Lebens, worin die Synthese der Kunst im Zusammenstimmen von Innen und Außen, von Dekoration, Mobiliar, Beleuchtung und allen handwerklichen Einzelarbeiten sich zu bewähren hatte. Man kann die Idee dieser totalen Heimkunst [...] begreifen als eine universale Expansion des Ornaments [...].[9]

Pläne für ein neues Theater

Georg Fuchs[10], der Autor des für die erste große Ausstellung der Künstlerkolonie, faktisch für ihre Einweihungsfeier gedichteten Weihespiels *Das Zeichen*, hatte bereits in einigen Aufsätzen, die in Wien im Mai und September 1899 publiziert und durch spätere Schriften ergänzt worden waren[11], für eine neue festliche Schaubühne geworben. Ausgehend von dem Gedanken, die Kunst müsse im Leben eine dominante Stelle einnehmen, wollte er ein neues Theater, das die *Schönheit* den Menschen erneut vor Augen führen sollte. Die Kunst der Schaubühne sollten ein „Fest", Theater und Konzert nicht länger nur Bildungsmittel und Sehenswürdigkeiten sein, sondern Medien der Sinnstiftung, der Erfahrung der Schönheit und der Erbauung. „Ohne Umschweife gesprochen: Was wollen die Menschen, wenn sie vor die Schaubühne kommen? – Sie wollen nichts, als sich erheben und sich erbauen; sie wollen ein *Fest*. Diesen Anspruch *muss* die Kunst erfüllen, wenn anders sie eine Stätte und Wirksamkeit im Leben behaupten will. Goethe sagt vom Theater: ‚Da ist Poesie, da ist Malerei, da ist Gesang und Musik, da ist Schauspielkunst und was nicht noch alles! Wenn alle diese Künste und Reize von Jugend und Schönheit an einem einzigen Abend, und zwar auf bedeutender Stufe, zusammenwirken, so gibt es ein Fest, das mit keinem anderen zu vergleichen." Für Fuchs ist diese Vorstellung, bei der nur die Musik und Gesang als Komponenten des späteren Gesamtkunstwerks Richard Wagners noch fehlen, die Vorgabe für die eigene Darmstädter Produktion. Das

---

[9] Ebenda.

[10] Vgl. Anmerkung 42.

[11] Ausführlich Alexander Koch (Hrsg.), *Die Ausstellung der Darmstädter Künstlerkolonie*, S. 300ff.

neue Darmstädter Theater, das auf der Künstlerkolonie begründet werden sollte, beruhte auf diesem Gedanken der Einheit aller Künste und der festlichen Erbauung, auch Moralisierung und Versittlichung des teilnehmenden Publikums. Zu schaffen sei deshalb, so schrieb Fuchs, eine „neue Einrichtung: *das Fest-Spielhaus.* Der Gedanke *Goethe's und Richard Wagner's, alle Künste* zusammenwirken zu lassen zur Krönung des Festes, das eine Gemeinde in dem Hause begeht, ist festzuhalten. Schon die Ankündigung soll eine gewisse Würde wahren. Wir laden die Menschen zu einem Feste. Sie kommen zusammen, einem Rufe folgend, der ihnen die *Erfüllung einer grossen Sehnsucht* feierlich verheißt. Sie sehen sich in *seltsamer Spannung* und erregter *Erwartung* und erkennen sich plötzlich als *Gemeinschaft*; den *Sinn des Lebens* wollen sie wissen, sie wollen fühlen, dass es ein Trost sei, zu leben, und wollen dem erschauten Sinne des Lebens zujauchzen."

Fuchs glaubte, diese *Aufgabe* der Stiftung eines neuen Darmstädter Theaters sei eine langfristige und er verwies ausdrücklich auf die Schrift Peter Behrens *Feste des Lebens und der Kunst.* Diese schmale Schrift, die als programmatische Wegweisung für die Künstlerkolonie in Darmstadt geschrieben und ihr auch gewidmet worden war, setzte schon mit ihrem Titel das Programm: die Feier des Lebens und der Kunst wurden ineinsgesetzt und das Theater als „höchstes Kultursymbol" gefeiert. Dass Behrens, der Maler und vor allem Architekt war, ausgerechnet das Theater an die Spitze der Künste stellt, ist erstaunlich und mag damit zusammenhängen, dass der schon erwähnte Hermann Bahr, ein bedingungsloser Bayreuther, während der Anfänge der Künstlerkolonie in Darmstadt war und auf die Berücksichtigung des Theaters drängte.

Doch zunächst zur Schrift von Behrens. Der Autor beginnt damit, den neuen ‚Stil' von der bisherigen Kunst dadurch abzugrenzen, dass er Kunst und Arbeit bzw. Leben in einen strikten Zusammenhang setzt: „Wir haben durch die Arbeit gelernt, unsre Zeit, unser eigenes Leben zu verstehen; was soll uns da die Maskerade mit längst verflossenem, uns unverständlichem Leben! Wir erkennen den Nutzen unserer Arbeit und schaffen uns nützliche Werte. Wir fühlen, dass wir für das praktische Leben etwas erreicht haben, was nie da war und was nicht verlierbar ist, und dieses Gefühl stimmt uns froh. [...] Wir gehen einer – *Unserer* Kultur entgegen."[12] Es ist derselbe Geist eines neuen Verhältnisses von Kunst und Leben, der sowohl die *Zürcher Kunstschriften* als auch noch die *Spätschriften* Wagners beflügelt und den Komponisten davon träumen lässt, die Kunst werde dafür sorgen, dass das *Reinmenschliche* wieder zum Vorschein komme. Durchaus in diesem Sinne fährt Behrens fort: „Darum werden wir einen neuen Stil haben, einen eigenen Stil in allem, was wir schaffen. [...] Der Stil aber ist das Symbol des Gesamtempfindens, der ganzen Lebensauffassung einer Zeit und zeigt sich nur im Universum der Künste. Die Harmonie der ganzen Kunst ist das schöne Sinnbild eines starken Volkes."[13]

Man wird kaum einen direkten Einfluss Wagners auf solches Denken behaupten können, aber dass das Verhältnis von Kunst und Leben hier ähnlich, nahezu identisch gedacht ist wie bei Wagner, ist offensichtlich. Es sind Parallelen, die sich aus dem avancierten Denken der Zeit ergeben, aus dem Gefühl, es müsse ein Umbruch in der Beziehung von Kunst und Leben organisiert werden. Und erstaunlicherweise feiert Behrens das von ihm erst noch zu bauende Haus für die Kunst, das Ernst-Ludwig-Haus, in einem ähnlich hymnischen Ton, wie er aus Bayreuth und von den *Bayreuthianern*[14] hinsichtlich des Festspielhauses bekannt ist. Behrens Formulierungen, mit denen er sein Haus und dessen zukünftige Bestimmung bedenkt, erinnern an manche hochgestimmte Beschreibung des Festspielhauses auf dem grünen Hügel durch Mitglieder des *Bayreuther Kreises*: „Am Saum eines Haines, auf dem Rücken eines Berges soll sich dies festliche Haus erheben. So farbenleuchtend, als wolle es sagen: Meine Mauern bedürfen des Sonnenscheines nicht! – Seine Säulen sind umkränzt, und von sieben Masten wehen lange weiße Fahnen. Auf hohen Emporen stehen Tubenbläser in glühenden Gewändern und lassen ihre langgezogenen Rufe weit über das Land und die Wälder ertönen.

---

[12] Peter Behrens, *Feste des Lebens und der Kunst. Eine Betrachtung des Theaters als höchstes Kultursymbol*, Darmstadt 1900, S. 8.

[13] Ebenda, S. 10.

[14] Der Begriff des *Bayreuthianers*, der den des *Wagnerianers* ersetzen sollte, weil er auf eine über Wagner hinausgehende Bayreuther Weltanschauung verwies, stammte von Cosima, wurde aber erst durch Houston Stewart Chamberlain popularisiert.

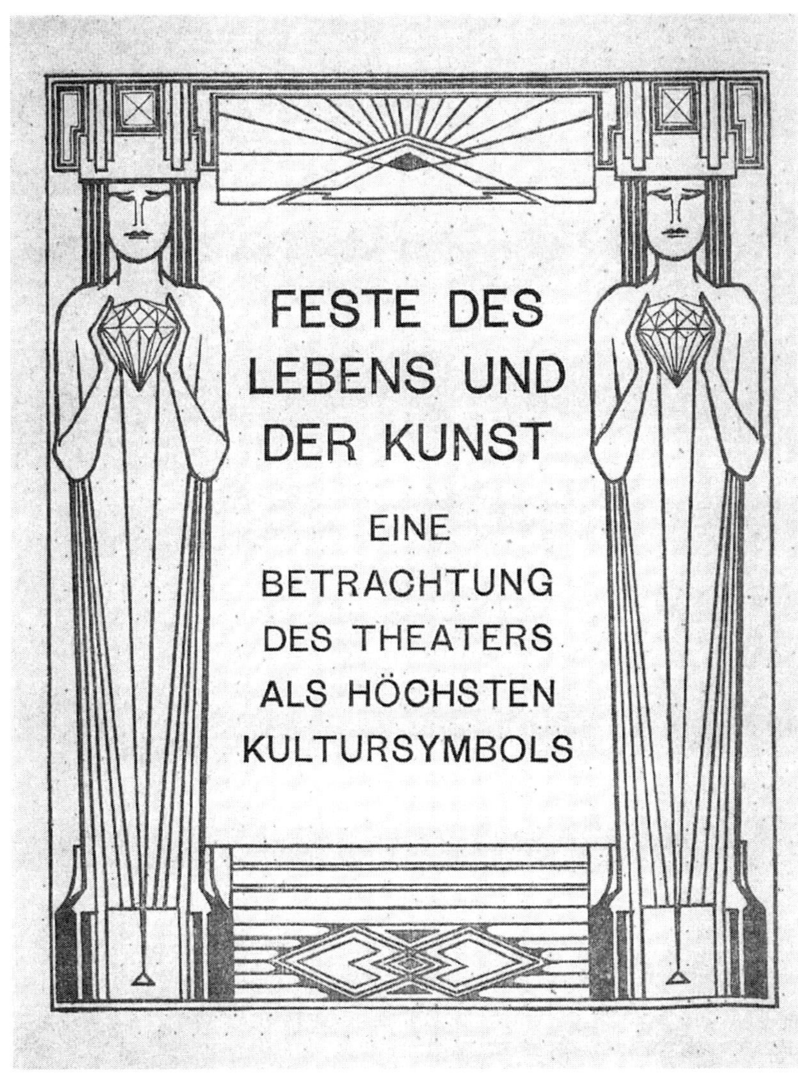

Peter Behrens, Feste des Lebens und der Kunst.
Eine Betrachtung des Theaters als höchsten Kultursymbols
Leipzig 1900

Es öffnen sich langsam die grossen Thorflügel und man tritt hinein in den hohen Raum. Hier sind alle Farben tiefer gestimmt wie zur Sammlung. [...] Die Formen überwältigender Kühnheit, der Einklang der Farben, das Brausen der Orgel, jubelnde Geigen, das Siegesbewußtsein der Trompeten: Alles eröffnet unsere Seelen einem zweiten, ihrem ewigen Leben. [...] Wir sind geweiht und vorbereitet für die große Kunst der Weltanschauung.“[15]

In ähnlichem Ton hatte auch Hermann Bahr, der an der Darmstädter Künstlerkolonie indirekt mitwirkte, wenige Jahre später in seinen Erinnerungen an Bayreuth das Festspielhaus dort gefeiert: „Und bin ich so den tönenden Hügel hinauf, langsam an den Wald gelangt, [...] und wende ich mich nun, so steht das Festspielhaus dann mit solchem stillen Ernst vor mir, daß michs jeden Tag doch wieder neu mit frommer Bangigkeit ergreift. Ganz einfach steht es da, ganz ungeschmückt in seiner ruhigen sachlichen Strenge. Ein blasses, angedunkeltes Rot mit mattweißen Streifen. Es will nichts, als einen Raum einschließen und abschließen. Es steht. Und dieses gelassene feste Stehen in seiner Notwendigkeit ist so stark, daß es dadurch alles rings beherrscht. Es steht. Es ragt. Es herrscht. Und wenn man es so stehen und ragen und herrschen sieht, fühlt man, daß ihm das ganze Land rings gehört; und alles rings, was im Kreise dieser sanften waldigen Hügel ist, alle Menschen und alle Dinge hier scheinen nur diesem Haus zu dienen. Ein Wille steht auf dem Berg hier, über das deutsche Land aufgerichtet. Und wer es auch sei, der hierher mit noch so verwaschener Seele kommt, und sei es auch aus alberner Neugier bloß, oder um der Mode nur, um einer Laune zu frönen, dies muß er fühlen, es hilft ihm nichts, er muß diesen Willen erleiden. Der Wille zwingt ihn, der Wille leert ihn aus und füllt ihn an, der Wille hat ihn bald verwandelt. Keiner kann sich wehren.“[16]

Wenn Behrens meint, beim zukünftigen Anblick des breit hingestreckten Hauses für die Kunst öffneten sich die „Seelen ihrem zweiten, ewigen Leben“, wenn er glaubt, die Betrachtenden – und Eintretenden, muss man hinzufügen – seien „geweiht und vorbereitet für die große Kunst der Weltanschauung“, so entspricht diese Beschreibung jener Bayreuther Weltsicht, wonach die Kunst durch ihre Kraft und ihren ästhetischen Zwang die Menschen überwältigen soll. Behrens und Bahr denken in gleichen Bahnen, sie sind überzeugt, die Kunst entfalte eine eigene und zwingende Kraft für das Leben. Dabei macht es keinen Unterschied, ob im einen Fall das Haus in leuchtenden Farben dasteht, sich im anderen Fall ungeschmückt und in sachlicher Strenge präsentiert, weil dies nur

---

15 Peter Behrens, *Feste des Lebens und der Kunst*, S. 11ff.

16 Anna Bahr-Mildenburg/Hermann Bahr, *Bayreuth*, Leipzig 1912, S. 54f.

äußerliche Unterschiede sind, die substantiell nichts besagen. Von Bedeutung ist einzig, dass die Ausstrahlung beider Häuser in ihrer Wirkung ähnlich gesehen wird und dass hier wie dort, in Bayreuth wie in Darmstadt, von „Weltanschauung" im Sinne einer die Realität strukturierenden Kunst die Rede ist. Denn als Weltanschauung wird die Kunst, so Behrens und Bahr, zu einer Kraft, welche die Menschen grundlegend verändern kann.

Wie Wagner und seine Anhänger propagiert auch Behrens in seiner Programmschrift das Theater als die höchste Form, in der Kunst sich darstellt und vermittelt. Das ist insofern überraschend, als er ja in erster Linie – wie auch die übrigen vom Großherzog berufenen Künstler – zur architektonischen Gestaltung der Mathildenhöhe berufen worden war, zum Bau einer Künstlerkolonie, bei deren Planung vom Theater nicht die Rede war. Dass bereits ein Jahr nach seiner Berufung nach Darmstadt das Theater in neuer Form als „höchstes Kultursymbol" in einer eigenen kleinen Schrift vorgestellt wurde, dass es zum Ziel der Künstlerkolonie erklärt wurde, war nicht nur überraschend sondern zugleich auch ein Votum gegen das bestehende großherzogliche Theater am Herrengarten. Dieses stand, errichtet im klassizistischen Stil von Georg Moller[17] im Jahre 1819, als Hoftheater nahe dem Schloss. 1871 brannte es weitgehend aus und wurde 1879 nach den alten Plänen wiederaufgebaut wurde. Gegen die Tradition dieses konventionellen und typischen Hoftheaters richtete sich Behrens' Schrift mit einem Votum für ein völlig neues Theater, dessen Inhalte erstaunliche Parallelen zur Idee des Bayreuther Festspielhaus aufwies.

So kritisierte Behrens die bestehenden Theater in ihrer inneren Aufgliederung, durch welche den Zuschauern durch die „guckkastenartige, perspektivische Bühne [...] die Illusion der Natur, der

[17] Georg Moller 1784–1852, studierte in Hannover und Karlsruhe Architektur, verbrachte von 1807–1809 Studienjahre in Rom und wurde 1810 im Großherzogtum Hessen-Darmstadt Oberbaurat und Hofbaudirektor. Er baute in Darmstadt verschiedene markante Gebäude, wirkte aber auch als Architekt in Wiesbaden (Stadtschloss), Mainz (Staatstheater) und in umliegenden Orten in der Nähe von Darmstadt. Neben Karl Friedrich Schinkel und Leo von Klenze gilt er als einer der wichtigsten Architekten des deutschen Klassizismus und der Romantik. Überdies bewog er den Großherzog, eine Denkmalschutzverordnung zu erlassen, die erste in Deutschland. Zu seinem Darmstädter Theater vgl. Eckhart G. Franz (Hrsg.), *Vom Hoftheater zum Haus der Geschichte: 1819–1994*, Darmstadt 1994.

Natürlichkeit der Handlung und Umgebung“[18] vorgegaukelt werde, eine, wie er meinte, „kunstwidrige Panoptikums-Idee“.[19]

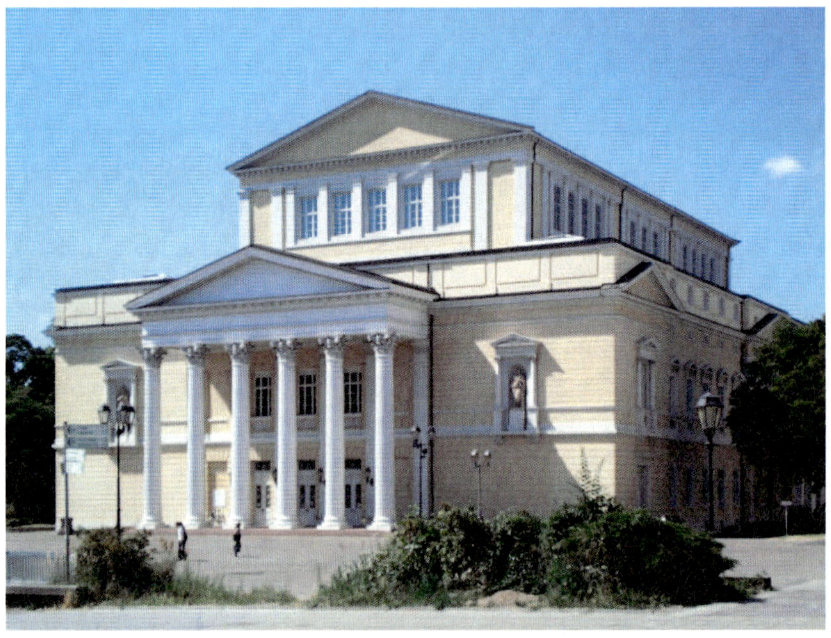

Das von Georg Moller gebaute alte Darmstädter Hoftheater.
Im Krieg zerstört, 1992 wieder aufgebaut, dient es heute
als Haus der Geschichte

Dagegen gab er dem neu zu errichtenden Theater die Aufgabe, den Zuschauer „ins Reich der Kunst, durch Sinnbilder unserer Geisteskultur“[1] zu versetzen, ihn nicht durch sentimentale Aufführungen zum „mitweinen, mitlachen, zum fürchten oder gerührt werden“ zu verleiten, sondern forderte: „Wir wollen erhoben werden durch die Kunst, durch die Dichtung wie der Darstellung, über die rohe Natur hinaus!“[20] Erst durch das Zeigen des Erhabenen „werden uns Thränen kommen vor Begeisterung, wir werden erschüttert sein durch die Gewalt der Phantasie und des Rhythmus, uns wird vielleicht grauen vor unserer eigenen Entrücktheit, aber mit den Motiven sind wir versöhnt.“[21] „Mitkünstler“[22] fordert Behrens,

---

18 Peter Behrens, *Feste des Lebens und der Kunst*, S. 14.
19 Ebenda.
20 Ebenda, S. 16.
21 Ebenda.

die Aufhebung der Trennung zwischen Bühne und Zuschauerraum – ganz wie das Wagner auch in seinen *Zürcher Schriften* schon gefordert hatte und im Festspielhaus auch architektonisch, durch den überdeckten Graben, anzudeuten suchte.

Ähnlich wie Wagner geht Behrens auf die Neugestaltung des Zuschauerraumes ein. Die Teilnehmer sollen in „amphitheatralischer Anordnung" dem Bühnengeschehen folgen, die Sitze so angeordnet werden, dass „der Verkehr zwischen allen Plätzen möglich bleibt."[23] „Wir wollen gesellige Menschen bleiben, und froh sein unseres schönen Lebens"[24] – was heißt, dass die Pausenräume hell und die Aufführungen an keine Tageszeiten gebunden werden sollen. Der Übergang vom Zuschauerraum zur Bühne soll durch eine „ansteigende Terrasse" vermittelt werden, damit die Kunst sich nicht von den Zuschauern trenne. „Das Proscenium, der wichtigste Teil unserer Bühne, ist im baulichen Gedanken vollkommen vereinigt mit dem Saal", [...] es sind an den Seiten keine Coulissen, die dem Stück eine scheinbar natürliche Umgebung verschaffen, [...] keine Soffiten, die den Schall verschlucken"[25] – Bühnenüberlegungen, wie sie sich auch bei der Errichtung des Bayreuther Festspielhauses finden.[26] Und dazu fordert Behrens auch einen neuen Schauspielertypus, der „Kulturschöpfer auf der Bühne werden [soll], ein Künstler, der selbst sein Material ist, aus sich heraus und durch sich Edleres schafft."[27] Das Theater, das Behrens vorschwebt und skizziert, ist ein neues Theater, von dem er selbst schreibt, um es zu realisieren sei man gezwungen, von vorn zu beginnen, um das neue Ziel, eine „Kunst der Geisteskultur"[28] zu erreichen.

Die Thesen von Peter Behrens berühren sich in einigen, wichtigen Punkten mit den Überlegungen, die Wagner für sein eigenes

---

[22] Ebenda, S. 17.

[23] Ebenda, S. 18.

[24] Ebenda.

[25] Ebenda, S. 20.

[26] Vgl. dazu Lore Lucas, *Die Festspielidee Richard Wagners*, Regensburg 1973; Heinrich Habel, *Festspielhaus und Wahnfried. Geplante und ausgeführte Bauten Richard Wagners*, München 1985; Markus Kiesel (Hrsg.), *Das Richard Wagner Festspielhaus Bayreuth*, Köln 2001; Udo Bermbach, *Bayreuther Festspiele – Idee und Realisierungsaspekte*, in: derselbe, *Opernsplitter. Aufsätze. Essays*, Würzburg 2005, S. 307ff.

[27] Peter Behrens, *Feste des Lebens und der Kunst*, S. 22.

[28] Ebenda, S. 25.

Theater angestellt hatte. Wie in Bayreuth geht es auch in Darmstadt um eine dem antiken Theater nachgebildete, „amphitheatralisch“ aufsteigende Sitzordnung, um ein Theater ohne Logen und Foyers, wie dort soll auch hier der Übergang von der Bühne zum Zuschauerraum überbrückt werden und soll der Schauspieler ein eigenschöpferischer Künstler werden, der die Zuschauer ins dramatische Geschehen mit einbezieht. Nicht Naturalismus soll den Zuschauern geboten werden, sondern Aufführungen, die moralisch erschüttern und geeignet sind, den eigenen Lebensentwurf zu überdenken und zu korrigieren. Es ist die alte Idee Schillers vom Theater als einer moralischen Anstalt, die hier aufgegriffen und aktualisiert werden soll und die auch in modifizierter Form Wagners Theateridee und die damit verbundene Vorstellung vom *Gesamtkunstwerk* mitgeprägt hat.[29]

Dass der Bayreuthianer Hermann Bahr[30] an dieser Schrift von Behrens indirekt über Olbrich mitgewirkt hat, ist sicher. Obwohl in seiner Weltanschauung deutschnational und völkisch geprägt, trat er als „Prophet der Moderne“[31] leidenschaftlich für die neuere Literatur ein und unterstützte, als einer der einflussreichsten Publizisten Österreichs und Deutschlands, in seinen Feuilletonbeiträgen für verschiedene Zeitschriften die jungen Autoren unterschiedli-

---

29 Dazu Udo Bermbach, *Der Wahn des Gesamtkunstwerks*, bes. S. 210ff.

30 Hermann Bahr (1863–1934) geboren in Linz, absolvierte in Salzburg das Benediktiner Gymnasium, studierte in Wien klassische Philologie und schloss sich schon früh der deutsch-nationalen und alldeutschen Bewegung an.Wegen einer national-völkischen Rede zum Tod Richard Wagners im März 1883 wurde er von der Universität Wien relegiert, ging nach Berlin, verließ die Universität ohne Abschluß und machte Reisen nach Paris, Südfrankreich, Spanien und Marokko. Ab 1882 wechselte er zum Journalismus und wandte sich der modernen Literatur zu. Seine Lustspiele und Theaterstücke, die er schrieb, hatten Erfolg, zeitweise arbeitete er auch als Dramaturg und leitete in Berlin das Deutsche Theater. 1909 heiratete er die berühmte hochdramatische Wagner-Sopranistin Anna Mildenburg und beide übersiedelten 1922 nach Salzburg. 1927 wurde er in die Sektion Dichtkunst der Preußischen Akademie der Künste berufen. Krankheiten und eine beginnende Demenz zwangen ihn, sich aus der Öffentlichkeit zurückzuziehen.

31 Reinhard Farks (Hrsg.), Hermann Bahr. Prophet der Moderne. Tagebücher 1888–1904), Wien 1987; zu Hermann Bahr auch Donald G. Daviau, *Der Mann von Übermorgen. Hermann Bahr 1863–1934*, Wien 1984.

cher Strömungen nachdrücklich.[32] In zahllosen Kritiken, die in verschiedenen Zeitungen und Zeitschriften erschienen, trat er für die Arbeiten von Henrik Ibsen, Gerhart Hauptmann, Arthur Schnitzler – um nur einige zu nennen – nachdrücklich ein[33] und schrieb überdies über die Reform des Theaters als einer Volksbildungsanstalt[34] im Sinne einer moralischen Erneuerung. Hinsichtlich seiner Auffassung, was das Theater zu leisten habe, war er ganz offensichtlich von den Schriften Wagners und seinen Bayreuth-Besuchen beeinflusst.

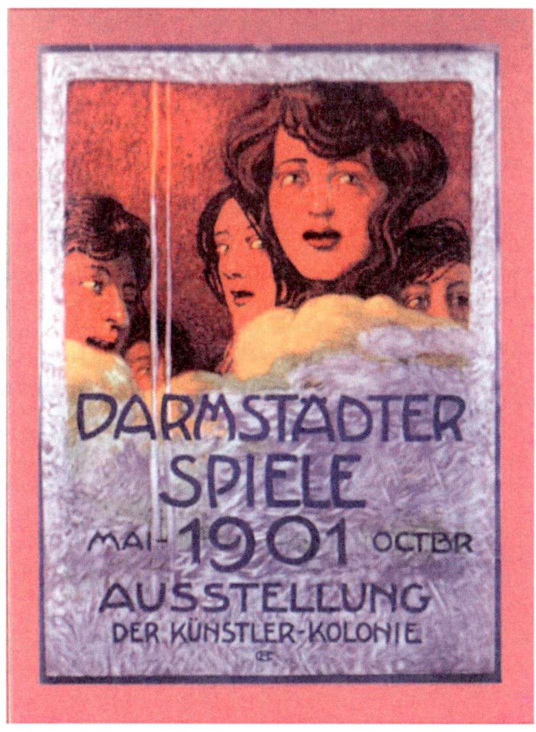

Plakat für die ersten Darmstädter Spiele 1901,
Entwurf Hans Christiansen

---

[32] Zur herausragenden Bedeutung Bahrs für die Entwicklung der Moderne vgl. Helmuth Kiesel, *Geschichte der literarischen Moderne. Sprache, Ästhetik, Dichtung im zwanzigsten Jahrhundert* München 2004, S. 20ff.

[33] Vgl. Heinz Kindermann (Hrsg.), *Theater der Jahrhundertwende. Kritiken von Hermann Bahr*, Wien 1963.

[34] Hermann Bahr, *Essays*, Leipzig 1921, S. 181ff.

Bereits um die Jahrhundertwende hatte Bahr Joseph Maria Olbrich in Wien kennengelernt und sich von ihm eine Villa bauen lassen, die unter anderem von Klimt ausgemalt worden war. Für Klimt und dessen höchst umstrittene Kunst setzte er sich 1901[35] in einer Rede ein, die zugleich ein Plädoyer für den neuen Jugendstil war, und provozierte damit einen Skandal. Seine Verbindung zu Olbrich, den er als Architekt seines Wiener Hauses mehrfach in öffentlichen Feuilletons aufs Höchste pries, sowie sein Eintreten für die Vertreter des Jugendstils, die in der Wiener Sezession organisiert waren, brachten ihm auch die Bitte ein, an der ersten große Ausstellung der Darmstädter Künstlerkolonie 1901 als Berater mitzuwirken.

Bahr selbst hat berichtet, dass er aus diesem Anlass für seinen „geliebten" Olbrich[36] und die durch den Großherzog geförderte Theaterpläne ein „Programm" geschrieben habe; doch Olbrich hat dieses Programm nicht als Anregung oder Vorlage zu einem eigenen Manifest genutzt, so dass die Überlegungen Bahrs dann in die Schrift von Behrens eingegangen sind. In seinem Entwurf schilderte Bahr zunächst den Zustand des deutschen Theaters um 1900 „und das Bedürfnis, über den Berliner Naturalismus hinauszukommen." Und dann, „wie die Malerei, die hundert Jahre lang alles mögliche, Zeichnung, Dichtung, Philosophie, ja Moral, nur niemals Malerei gewesen, sich in unserer Zeit entschlossen, nicht mehr zu reden, nichts mehr zu erzählen, sondern zu malen und nichts als nur Malerei zu sein."[37] Der nächste Punkt ist die Forderung nach einer Änderung der Schauspielkunst, die „endlich einmal nichts als Schauspielkunst" zu sein habe, um eine „Renaissance der Künste" zu bewirken. Diese neue Schauspielkunst solle „keine Grenzen kennen" und sich „ins Ganze aller Künste einordnen." In einer eigenen kleinen Schrift über die Schauspielkunst fordert er, dass das Publikum in die Aufführungen mit einbezogen werden solle: „Der Schauspieler reicht allein mit der eigenen Kraft nicht aus zu seiner Kunst, er braucht dazu noch erst den Zuschauer auch, der nun nicht etwa nur notwendig ist, um aus dem Schauspieler die

---

35 Hermann Bahr, Rede über Klimt/Gegen Klimt (von 1901/1902), hrsg. von Claus Pias, Wien 2009.

36 Hermann Bahr, *Essays*, S. 44.

37 Ebenda, S. 94. Die folgenden Zitate ebenfalls hier und auf der folgenden Seite.

ganze Kraft, deren er fähig ist, herauszuholen, und nicht etwa bloß, um sie noch zu steigern, sondern um sich, den Zuschauer, an ihr und zugleich aber wieder sie durch ihn zu verwandeln; erst aus dieser Verwandlung beider durch beide, erst in dieser völligen Verwachsung beider ineinander vollendet sich das Schauspiel."[38] Was Bahr damit fordert, ist ein neues Theater, das – um Wagner zu zitieren – nicht „der Unterhaltung der Gelangweilten"[39] dienen soll, sondern der emotionalen und zugleich rationalen Aufklärung der Zuschauer, die in den Prozess der Entfaltung dessen, was sich auf der Bühne tut, selbst einbezogen werden sollen. Dies ist ein Gedanke, den auch Wagner in seinen *Zürcher Schriften* mehrfach als zentral formuliert hat. Nicht zufällig heißt es am Ende der eben zitierten kleinen Schrift, in einem neuen Theater höre der Abonnent auf, „ein von zuverlässigen Gewohnheiten gelenktes, durch einen festen Geschmack" bestimmter Zuschauer zu sein, denn dieses neue Theater sei nur zu denken „als Festspiel der Nation, nach dem Beispiele Bayreuths."[40]

Die erste Ausstellung 1901

Am 15. Mai 1901 wurde die erste große Ausstellung auf der Künstlerkolonie „Ein Dokument Deutscher Kunst 1901" mit einem „Weihespiel" feierlich eröffnet.[41] Die Idee zu diesem Theaterstück hatte Peter Behrens, der auch die Inszenierung übernommen hatte, den Text schrieb der Schriftseller und Theaterreformer Georg Fuchs eigens für diesen Anlass[42]. Die Musik komponierte der Darmstäd-

---

38 Hermann Bahr, *Schauspielkunst*, Leipzig 1923, S. 23.

39 Richard Wagner, *Die Kunst und die Revolution*; in: GSD, Bd. 3, S. 19.

40 Hermann Bahr, *Schauspielkunst*, S. 79.

41 Vgl. Alexander Koch (Hrsg.) *Die Ausstellung der Darmstädter Künstler-Kolonie* (Nachdruck des Originals von 1901), Stuttgart 1989. Dieser prachtvoll ausgestattete Katalog bringt in Essays und zahlreichen Bildern eine Gesamtschau des bis dahin in Darmstadt geleisteten Aufbaus.

42 Georg Fuchs (1868–1949) war der Sohn eines protestantischen Pfarrers. Er studierte Germanistik und Kunstgeschichte in Gießen und Leipzig, lebte seit 1890 in München und arbeitete als Journalist. 1908 gründete er das Münchner Künstler-.Theater, 1910 in München die Volksfestspiele. Politisch stand er in den zwanziger Jahren auf der Seite der völkischen Rechten, betrieb mit anderen zusammen eine Verschwörung gegen die bayeri-

ter Hofkapellmeister Willem de Haan.[43] Dass *Das Zeichen* als Weihespiel bezeichnet wurde, was ja unweigerlich Assoziationen zum „Bühnenweihfestspiel" des *Parsifal* hervorrufen musste, war durchaus gewollt.

Das Zeichen – Festliche Dichtung ist ein Gedicht, dessen Strophen auf einen Mann, eine Frau, einen Chor und einen Verkünder verteilt sind. Es ist ein verrätseltes, ins Mythische schweifende Poem, das in Sprache und Duktus an Dichtungen von Stefan George erinnert. Das Gedicht setzt ein mit „Es ist ein fremder Ruf erklungen/ Verhieße uns der erzne Ton/ des bittren Harrens Troll und Lohn/ um den wir heißen Blicks gerungen", also mit dem Hinweis auf eine Verheißung, auf die alle gehofft haben. Danach fragen sich abwechselnd „Mann" und „Frau", von welcher Art die angekündigte Verheißung wohl sein könne, um dann gemeinsam mit dem Chor die Frage zu stellen: „Wohin drängst du, junges Blut?" Zweifel tauchen beim Chor auf, was auf alle zukommen mag, verbunden mit der Hoffnung, an „goldenen Tischen" zu sitzen und zu genießen, „was wir uns riefen/ Matt von den Frohnden in keuchender Halt." Und während der Chor noch zwischen Hoffnung und Zweifel schwankt, erscheint plötzlich der priesterliche „Verkünder" mit der eigentlichen Botschaft des Stückes, zeigt einen Diamanten vor,

---

sche Regierung mit dem Ziel, Bayern vom Reich zu lösen. Fuchs arbeitete mit Personen zusammen, die auch später im Umfeld Hitlers auftauchten, wie von Kahr, von Epp, Röhm und Journalisten des *Völkischen Beobachters*. 1923 wurde er zu 12 Jahren Zuchthaus verurteilt, aber bereits nach vier Jahren wieder entlassen. Er war Herausgeber literarischer Werke wie des Darmstädter Dichters Ernst Elias Niebergall, schrieb Theaterstücke und literarische Kommentare und einen autobiographischen Bericht über seinen Zuchthausaufenthalt.

[43] Willem de Haan (1849–1930) war 1901 bereits über 20 Jahre im Dienst des Hessischen Großherzogs, nachdem er u.a. in Rotterdam, Leipzig, Wien und München ausgebildet worden war. Ab 1878 war er zweiter Kapellmeister in Darmstadt, leitete den örtlichen Musikverein und unterrichtete die Kinder des Großherzogs in Klavier. Er war den Entwicklungen der neuen Musik gegenüber aufgeschlossen und brachte Richard Strauss auf die Darmstädter Bühne. Er komponierte zwei Opern (*Die Kaisertochter* 1885 und *Die Inkasöhne* 1895), richtete in Darmstadt Kammermusikfeste ein und war ein Anhänger Wagners. Vgl. Johannes Hoyer, *Das Zeichen* – ein Weihespiel zur Eröffnung der Darmstädter Künstlerkolonie im Jahr 1901 und die Frage nach einer ‚Jugendstil-Musik', in: Neues Musikwissenschaftliches Jahrbuch, 2005, S. 55ff. Über de Haan S. 68.

der „als edles Kleinod von besonderer Klarheit und besonderem Glanz, das durch eine lange Werdezeit aus Staub entstanden ist."

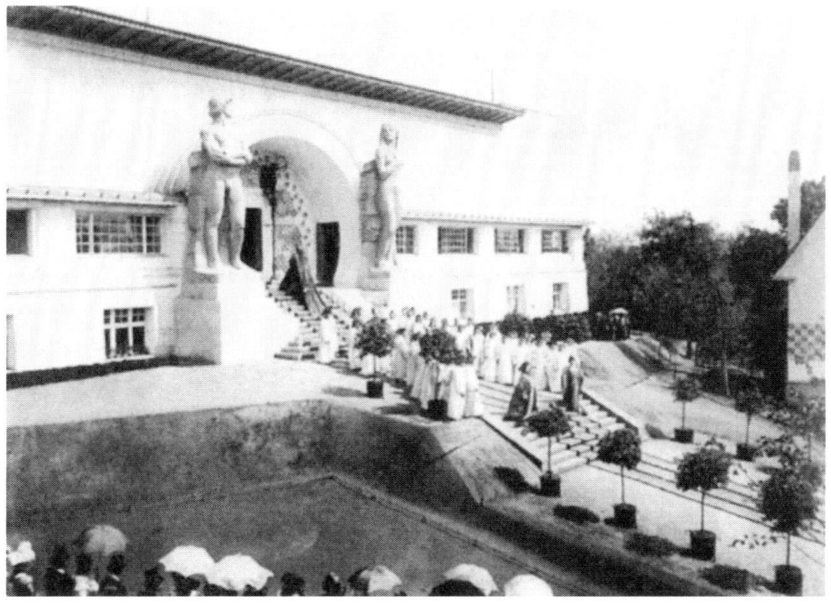

Die erste Ausstellung der Künstlerkolonie auf der Mathildenhöhe im Jahre 1901 wurde mit aufwendigen Festspielen auf der Treppe des Ernst-Ludwig-Hauses eröffnet.

Der „Verkünder" schließt daraus: „Euch beginnt ein neues Leben/ Faßt es stark und seid beglückt,/ Bitten ward es nicht gegeben: / Bannt den Blitz, der euch umzückt." In vier weiteren Strophen wird einer zweifelnden Menschheit der Anbruch einer neuen Zeit verkündet: „Junger Seelen junges Jahr,/ Die Zeit ist da, ihr harrtet nicht vergebens" – und: „Ihr sollt ergreifen, ihr sollt geben/ Der Regung Regel und Gestalt." Daraufhin singen alle die abschließenden Zeilen: „Dies ist das Sinnbild neuen Lebens./ In diesem Zeichen wird uns offenbar/ Junger Seelen junges Jahr./ Die Zeit ist da!/ Wir harrten nicht vergebens,/ Das Zeichen strahlt, die Zeit ist da!"

Die Vertonung dieses Textes durch Willem de Haan unterstreicht dessen quasi-hymnischen Charakter: von C-Dur ausgehend, wechselt die Musik nach a-Moll und geht über E-Dur zurück nach C-Dur. Es ist sind einfache Melodien mit ebenso einfachen Akkordfortschreitungen, die dem Ganzen einen sakralen Ausdruck verleihen, der offenbar den Anbruch einer neuen Zeit und damit eines neuen Lebens nachdrücklich unterstreichen soll. Der Komponist hat sich auf Blech- und Holzbläser beschränkt[44], hat das Orchester in drei Teile aufgeteilt, von denen zwei von den umliegenden Villen erklangen, der dritte Hauptanteil indessen aus dem Künstlerhaus zu hören war. Die im Freien postierten Bläser ertönten immer dann, wenn der „Verkünder" über das neue Leben sang und „den Diamant, als Sinnbild neuen Lebens enthüllte."[45] Die Musik nutzte Leitmotive, und die Chöre erinnerten in ihrem sakralen Charakter und stimmungsmäßig an die Chöre der Abendmahlszenen im *Parsifal* am Ende des ersten und dritten Aufzugs. Wagners Vorbild schimmert hier durch, und dieser Bezug war durchaus gewollt. Man hat sogar die Beziehungen zum *Parsifal* auch inhaltlich gezogen: „Wie im Parsifal der reine Tor zum Erkennenden und Wissenden wird und Amfortas und die Gralsgemeinde erlöst, so erlöst der „Wissende" [gemeint ist der „Verkünder", U.B.] im Weihespiel die sehnende Menschheit von einem unwürdigen Leben und zeigt ihr den – wenn auch nicht näher bezeichneten Weg – zu einem neuen Leben auf. Was im *Parsifal* der Gral, ist im Darmstädter Weihespiel der Diamant. Was im *Parsifal* das Glockenmotiv für die Sphäre der Gralsburg, das ist im *Zeichen* das Fanfarenmotiv für die Sphäre des Atelierhauses /Tempels beziehungsweise neuen Lebens – eine gewisse Anlehnung an Wagners Gralsburg-Motivik dürfte nicht nur zufällig sein. Allerdings kommt ein entscheidender Unterschied im Erlösungsgedanken zum Tragen: Im *Parsifal* wird Erlösung durch Mitleiden und durch Weltüberwindung mittels der Willensverneinung erreicht [...]. Im *Zeichen* dagegen geht es um bewusste Lebens- bzw. Willensbejahung."[46]

Es war ein festlicher und wohl auch eindrucksvoller Beginn der ersten Ausstellung von 1901 mit diesen *Darmstädter Theaterfestspielen*, aber wie so oft in der Geschichte der Lebensreformbewegung blieben solche hochgesteckten Projekte nach ersten Ansätzen stecken und versandeten. So auch dieses Darmstädter Vorhaben. Es gab zwar noch drei weitere Ausstellungen der Künstlerkolonie, die aber weit weniger ambitioniert waren als diese erste. Die zweite fand 1904 statt, nachdem einige Künstler, unter ihnen Behrens,

---

[44] Dazu eingehend Johannes Hoyer, *Das Zeichen* S. 70f.

[45] Ebenda, S. 70.

[46] Ebenda, S. 78.

Bosselt, Bürck, Christiansen und Huber Darmstadt verlassen hatten und die neu Hinzugekommenen sich vorstellen wollten, und zwar mit weniger visionären als aufs Praktische abzielenden Arbeiten.[47] Die dritte Ausstellung 1908 beschränkte sich nicht mehr auf die Künstler der Mathildenhöhe und Darmstadt, sondern bezog Hessen insgesamt ein und firmierte als *Hessische Landesausstellung*.[48] Damit war, zumal auch Olbrich 1907 Darmstadt verließ und nach Düsseldorf ging, um dort das Warenhaus Tietz (heute: Kaufhof) zu bauen, die ästhetisch-gesellschaftliche Ursprungsidee der alten Künstlerkolonie endgültig tot. Die vierte und letzte Ausstellung, die vom Mai 1914 bis zum Kriegsausbruch Anfang August dauerte, hatte mit dem, was in Darmstadt ursprünglich geplant worden war, nichts mehr zu tun. Sie konzentrierte sich zum einen auf die Gestaltung des Platanenhains, zum anderen auf die Randbebauung mit mehrstöckigen Wohnhäusern. Die Kraft, die im Anfang des Projektes gesteckt hatte, der Enthusiasmus des hessischen Großherzogs wie der von ihm berufenen Künstler war verbraucht und verblasst.

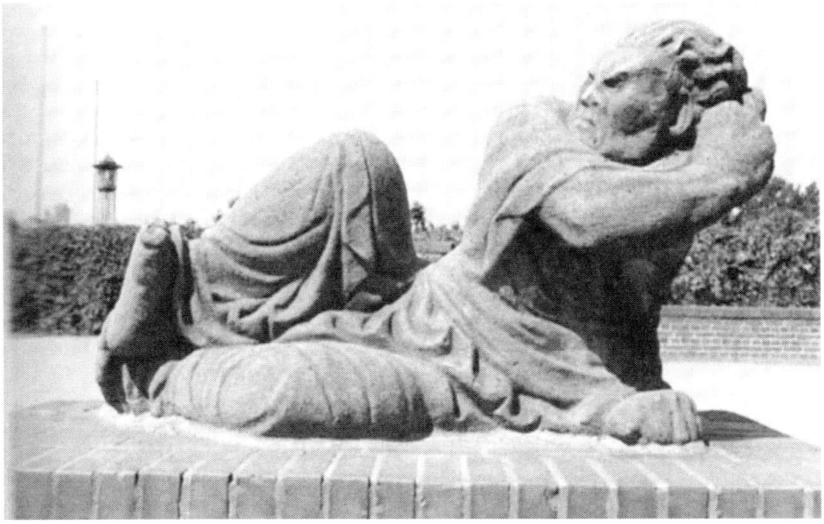

Bernhard Hoetger, *Hass*
Steinguss, Serie *Schattenseiten*, aufgestellt im Platanenhain

---

47 *Die Darmstädter Mathildenhöhe*, S. 14ff.

48 Ebenda, S. 16ff.

Wer heute in Darmstadt auf die Mathildenhöhe wandert und das Areal der ursprünglichen Künstlerkolonie in Augenschein nimmt, erhält einen Eindruck von der Größe und Bedeutung des damals angegangenen Projektes. Noch immer stellt die Künstlerkolonie die größte zusammenhängende Bebauung mit großen Gebäuden und Villen im Jugendstil nicht nur in Deutschland, sondern in Europa dar, als Beispiel einzigartig für den Stilwillen der Künstler, die an diesem Projekt mitgewirkt haben, und genauso einzigartig für die Förderung durch den hessischen Hof, ohne die alles nicht möglich gewesen wäre.

Die Gartenstadt und Künstlerkolonie Hellerau

Die Gründungsidee

Als in Darmstadt der erste Schwung für die Entwicklung der Künstlerkolonie auf der Mathildenhöhe bereits wieder abzuflachen begann, wurde nahe Dresden eine kleine Siedlung gegründet, mit einem weitreichenden Reformanspruch. Es war, wie es in einer Darstellung heißt, „eine folgerichtige Reaktion auf die unkontrolliert wuchernden, schmutzigen Mietskasernenstädte mit ihren desolaten Lebensverhältnissen in der gründerzeitlichen Industrierevolution“[1], es war die Vision einer Gartenstadt, in der Arbeit, Leben und Freizeit harmonisch miteinander vereinbart werden sollten und damit eine Alternative zu den wachsenden Großstädten mit ihrem verarmendem Proletariat darstellen sollte.

Die Gründung der Siedlung wurde von einem Möbelfabrikanten betrieben und ins Werk gesetzt. Karl Schmitt[2], ein Tischler aus dem Erzgebirge, hatte erfolgreich die „Deutschen Werkstätten für Handwerkskunst GmbH Dresden und München“ gegründet und beschäftigte im Jahre 1908 rund 500 Arbeiter. Er verfolgte in seinem Betrieb eine ähnliche Idee wie die Künstler der Darmstädter Mathildenhöhe: er wollte Möbel produzieren, die einheitlichen ästhetischen Prinzipien verpflichtet waren, durch handwerkliche Qualität von minderwertiger Industrieproduktion abstachen und dem Anspruch eines gehobenen Kunsthandwerks entsprachen,

---

1 Hans-Jürgen Safert, *Hellerau. Die Gartenstadt und Künstlerkolonie*, Dresden 1993, S. 12.

2 Karl Schmitt (1873–1948) wurde in Zschopau geboren, erlernte das Tischlerhandwerk, wanderte durch die skandinavischen Länder und England, um sich Anregungen für seine geplante Möbelproduktion zu holen. 1899 entschloss er sich zur Selbständigkeit und gründete die „Dresdner Werkstätten für Handwerkskunst.“ Hier baute er Möbel, die eine eigene ästhetische Qualität hatten, keine vergangenen Stile kopierten, sondern als zeitgenössische Gebrauchsgegenstände aufgrund ihrer Materialqualität wie Verarbeitung überzeugen wollten. Schmitt hatte sich unter anderem von den englischen *Arts and Crafts* inspirieren lassen und lag mit seinem Konzept ganz auf der Linie des künstlerischen Aufbruchs um die Jahrhundertwende.

zugleich aber auch für weniger Betuchte bezahlbar blieben. Der Erfolg seiner Idee und seiner Möbel war so groß, dass das in Dresden genutzte Fabrikationsareal bald zu klein wurde. So sah er sich nach einem größeren Gelände um, auf dem zum einen die Expansion seiner Fabrik über absehbare Zeiten möglich schien, zugleich aber auch die verschiedenen Produktionszweige zusammengefasst werden konnten. Doch von Anfang an war dieses Vorhaben mit dem weitergehenden Anspruch verbunden, den in den Werkstätten Arbeitenden auf diesem Gelände einen Lebensmittelpunkt zu schaffen, was hieß, auch ein kulturelles Umfeld herzustellen, das in der Variabilität seines Angebots den Vergleich mit den Großstädten einigermaßen bestehen konnte. Arbeit und Kultur sollten zusammenfließen, das war die Grundidee, und die Kultur sollte das tägliche Leben wie die Arbeit entscheidend bestimmen. Schmitt besaß, wie es ein ihm nahestehender Beobachter formulierte, die Begabung, „neuen Kulturideen nachzuspüren, die anfangs [...] unklar in ihm wogten, dann aber durch den Verkehr mit Künstlern immer deutlicher [...] wurden, [...] und er sah ein dankbares Ziel [...] darin, seinen Handwerksbetrieb in den Dienst der werdenden Bestrebungen zu stellen.“[3]

Entsprechend diesen Vorstellungen sahen bereits die ersten Planungen von Hellerau vor, eine Siedlung zu schaffen, in der sich eine Synthese der unterschiedlichen spezialisierten Arbeiten vollziehen sollte und die daran beteiligten Menschen sich als eine ‚Ganzheit‘, als eine zusammenwirkende und lebende Einheit erfahren sollten. Die Idee, dass der Mensch ein ‚Ganzes‘ sei und sich auch als ‚Ganzes‘ erfahren müsse, war um die Jahrhundertwende – und auch schon davor – weitverbreitet und wesentlich durch die Opposition zu jener Individualisierung und Vereinzelung verursacht, welche die Modernisierungsprozesse der Zeit mit sich brachten. Wer diesen Prozess der Individualisierung aufhalten und verändern wollte, suchte ihm qualitativ etwa anderes, Gegenläufiges entgegenzusetzen. Das hatte bereits Wagner mit seiner Idee des ‚Gesamtkunstwerks‘ getan und seiner Spur folgten viele. In Hellerau plante man, den in den Werkstätten Beschäftigten auf dem Produktionsgelände Kleinwohnungen und Landhäuser zur Verfügung zu stellen, Schulen und Bildungsstätten zu bauen und zu be-

---

[3] Zitiert nach Hans-Jürgen Safert, *Hellerau*, S. 15.

treiben sowie alle Geschäfte für Waren des täglichen Gebrauchs einzurichten. Tägliche Arbeit, der Erwerb zusätzlichen Wissens und höhere Bildung sollten zusammengehen, finanziell abgestützt durch eine hochentwickelte und gut verkäufliche Handwerkskunst.

Die Nachwirkungen der Spätschriften Wagners waren hier ebenso spürbar wie seine Idee des Bayreuther Festspielhauses, die sich in der Entscheidung konkretisierte, ein großes Theater zu bauen und ins Zentrum der Siedlung zu stellen. In Hellerau sollten, das war eine der Grundintentionen, die dramatischen Künste integraler Bestandteil der dem Ganzen zugrundeliegenden Bildungsidee sein, gemäß den der Lebensreformbewegung inhärenten Absichten, die durchschnittliche Bildung zu heben und dabei das Theater als ein Zentrum bildungspädagogischer Bemühungen zu etablieren. Das hatte Peter Behrens in Darmstadt so gesehen, und das wiederholte sich hier in Hellerau. Durch die finanzielle und ideelle Förderung des Fabrikanten Schmitt und mit Zustimmung aller sonstigen Beteiligten wurde gleich anfangs beschlossen, ein Festspielhaus zu errichten, das der bekannte Reformarchitekt Heinrich von Tessenow[4] entwarf und bauen ließ. Entstehen sollte eine „Bildungsanstalt"[5], deren Zentrum der „große Saal" für Theateraufführungen und andere Großveranstaltungen war, um den herum sich Übungssäle, Schulzimmer, eine Bibliothek mit Lesesaal, Lehrerzimmer, Verwaltungsräume sowie Bäder und Garderoben gruppierten.

Tessenow, der bisher eher kleinere Siedlungshäuser entworfen hatte, bekam hier seinen ersten Großauftrag. Er war ein Architekt, der seinen Bauten – gegen die Praxis der wilhelminischen Imponier-

---

4 Heinrich von Tessenow (1876–1950) war nach Abschluss einer Lehre und eines Studiums in München zunächst als Lehrer an Bauschulen tätig. Nach Veröffentlichungen über Runddörfer im Wendland arbeitete er von 1909 bis 1911 als Assistent des Architekturprofessors Martin Dülfers an der Technischen Hochschule in Dresden, von wo er nach Hellerau zur Mitarbeit geholt wurde. Von 1920 bis 1926 lehrte er als Professor an der Akademie der Künste in Dresden, danach bis 1941 an der TH Berlin, wo Albert Speer, Hitlers Baumeister und späterer Rüstungsminister, sein Assistent war. Nach einer Zwischentätigkeit in den USA kam er erneut an die TH Berlin zurück. Er starb 1950 und wurde auf dem Waldfriedhof in Dahlem beerdigt, in einem Ehrengrab der Stadt Berlin.

5 Nina Sonntag, *Raumtheater. Adolphe Appias theaterästhetische Konzeption in Hellerau*, Essen, 2011, S. 43. Dieser Schrift ist die hier gegebene Darstellung der Arbeit Appias in Hellerau auch im folgenden verpflichtet.

bauten – einfache Grundformen zugrundlegte, mit glatten Flächen und ohne alle Schnörkel, stark auf deren Funktion ausgerichtet. Als Inspirator des nach der Jahrhundertwende sich herausbildenden neuen Bauens war er den Prinzipien der neuen Sachlichkeit verpflichtet, wie sie auch in dem 1919 gegründeten Dessauer Bauhaus gepflegt wurden. Sein Einfluss auf jüngere Architekten war beträchtlich; beispielsweise orientierte sich Le Corbusier an ihm, und Bruno Taut, ein junger, sehr bald maßgeblicher Architekt, entwarf Großsiedlungen mit schlichten und zweckmäßigen Wohnhäusern, etwa in Berlin-Zehlendorf, die Tessenows Architekturstil zum Vorbild hatten. Für Tessenow war das Angebot, in Hellerau ein Festspielhaus für die dort entstandene und noch entstehende Gartenstadt zu errichten, höchst willkommen, weil er hier seine eigenen Vorstellungen ohne alle Einschränkungen verwirklichen konnte. Am 22. April 1911 wurde der Grundstein gelegt für ein von sachlicher Architektur geprägtes Theatergebäude: ein Komplex, dem eine Pfeilerhalle vorgelagert und dessen Hauptteil – der große Saal – von zwei niedrigeren Gebäudeteilen umgeben war. Der Eintritt durch die vier Pfeiler führte zu einem lichtdurchfluteten Vestibül, zu dessen beiden Seiten Treppen ins Obergeschoss gingen. Der große Saal, das Zentrum des Komplexes, erstreckte sich über den gesamten Mittelbau und war 49 Meter lang, 16 Meter breit und 12 Meter hoch. [6] Er endete in einer Bühne von 16 mal 16 Meter, die durch einen vom Publikum aus unsichtbaren Orchestergraben vom Parkett abgegrenzt war. Die Sitzreihen stiegen nach hinten an, konnten ausgebaut werden und boten Platz für etwa 560 Personen. Am spektakulärsten aber war die Lichtkonzeption, die Nina Sonntag so beschreibt: „Den Wänden und der Decke waren variable, textile Bahnen vorgespannt. Diese weißen, in zwei Lagen geschichteten Leinentücher von etwa einem Meter Breite waren in Wachs getränkt worden. Hinter diesen Stoffbahnen befand sich eine speziell für diesen Raum konzipierte Lichtanlage, die von dem russischen Maler und Bühnengestalter Alexander von Salzmann unter Mithilfe von Adolphe Appia entwickelt wurde. In den Nischen zwischen den Pfeilern waren mehrere tausend Glühlampen aufgreiht. Diese saßen auf einer Unterkonstruktion und wurden stufenlos über einen auf dem Dachstuhl installierten Regulator gesteuert.

---

[6] Die folgenden Angaben ebenda, S. 46ff.

Die Glühlampen konnten nicht nur die Bühne, sondern den gesamten Saal beleuchten. Darüber hinaus gab es einen Dimmer, mit dem die Helligkeit der etwa 3000 Lampen gleichzeitig oder in Segmenten verändert werden konnte. Zu der Entstehungszeit stellte dies eine der modernsten lichttechnischen Anlagen dar."[7]

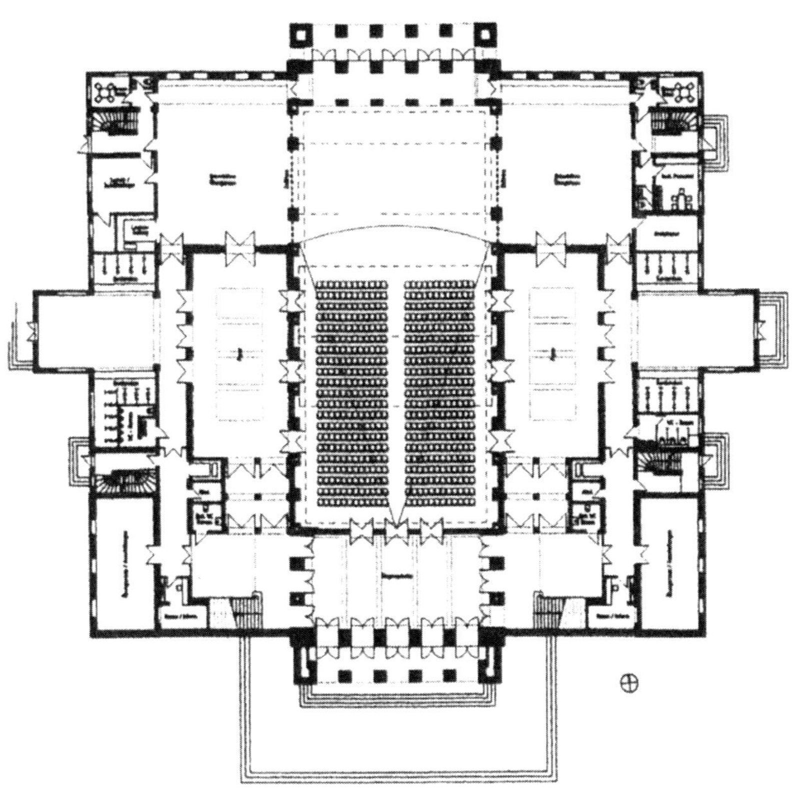

Heinrich Tessenow, Festspielhaus Hellerau, Grundriss des Erdgeschosses mit dem Großen Saal, Bestuhlung und Orchestergraben sowie Bühne; hinter dem Haus lag ein großer freier, mit Bäumen bepflanzter Platz.
Abbildung bei Nina Sonntag, *Raumtheater*, S. 81.

Die sachliche Architektur des Entwurfs ließ nicht nur Tessenows Reformvorstellungen sofort deutlich werden, sondern erlaubte auch Rückschlüsse auf jene Aufführungen, die in diesem Haus stattfinden sollten. Architektur und Theaterpraxis sollten hier Hand in

---

[7] Ebenda, S. 51f.

Hand gehen, der Reform des Äußeren sollte die Reform des Inneren entsprechen. Man wollte, wie andere Protagonisten der Lebensreformbewegung, Neues, dies aber ohne allen Pomp. Karl Scheffler, Kunstschriftsteller und Sympathisant des Deutschen Werkbundes, schrieb rückblickend in seiner *Autobiographie* über Tessenow: dieser „wollte entschieden das Stille und Leise ... Sein menschliches Wesen sprach mich gleich bei der ersten persönlichen Begegnung in Hellerau lebendig an. Eine Mischung war darin, die selten angetroffen wird: eine durch nichts zu verwirrende sachliche Vernünftigkeit und eine patriarchalische Romantik. Kraft und Zartheit, Sinn für ein Ganzes und Liebe zum Kleinen waren innig gemischt. Sein Stil war eine ungezwungene Verbindung von Purismus, Tradition und Werkgerechtigkeit. Die Überlieferung hatte Tessenow im Gefühl, im Blut, nicht im Gedächtnis. Manchem erschienen seine Bauformen karg und nüchtern, doch waren sie weder dieses noch jenes, weil das Architektonische in einer gesunden Weise auf Grundelemente zurückgeführt wurde und weil in allen Formen etwas Klingendes und Melodiöses war. Dies unterschied ihn schlechterdings von allen seinen Genossen: In seiner Art war weder Unternehmerhaftes noch Gelehrtenhaftes, alles ruhte auf Handwerk und Talent. Allem, was er baute, zeichnete, schrieb oder im Gespräch und in Vorträgen sagte, war eine kultivierte Naivität eigen; er war künstlerischer Einfalt fähig. Dabei verstand er seine Entwürfe zeichnerisch darzustellen wie kein anderer; im Sachlichen anmutig. In allem, was er tat, war der ganze Mensch.“[8]

Man muss hinzufügen, dass Tessenows Entwurf des Theaters, das er für Hellerau bauen sollte, von Beginn an begleitet wurde durch die aktive, d.h. beratende Teilnahme sowohl von Karl Schmitt als auch der späteren eigentlichen Inspiratoren des Projektes, Émile Jacques-Dalcroze sowie Adolphe Appia. Architekt und spätere Nutzer planten Hand in Hand, so dass das entstehende Theater auf die zu erwartenden Bedürfnisse seiner Nutzer ausgerichtet wurde. Es war ein Projekt, das den Geist einer neuen Zeit atmete, in der unterschiedliche Perspektiven zusammengefasst und synthetisiert werden sollten, erfüllt von der Überzeugung der Notwendigkeit

---

[8] Karl Scheffler, *Norm gegen Form – der neue Stil*; in: Erhardt Heinold und Günther Großer (Hrsg.), *Hellerau leuchtet. Zeitzeugenberichte und Erinnerungen. Ein Lesebuch*, Dresden 2007, S. 44f.

einer grundlegenden Reform des Lebens und seiner kulturellen Bedingungen.

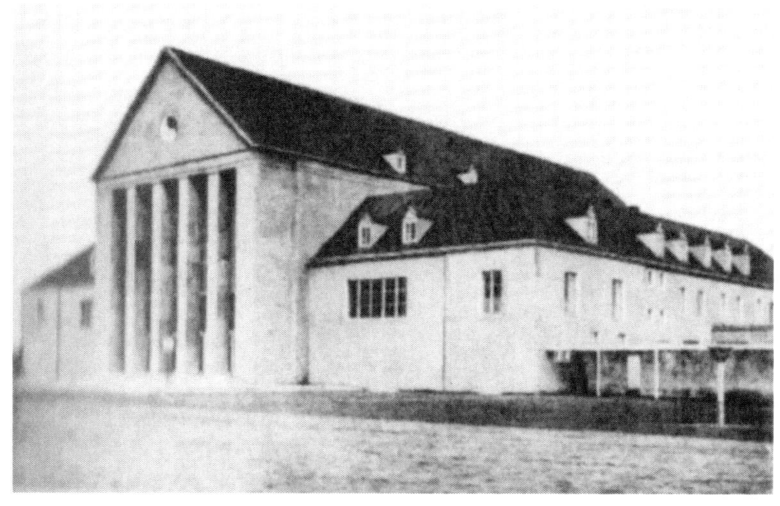

Das Festspielhaus zur Zeit seiner Erbauung

Grundzüge der Theaterreform

An dem Hellerauer Theaterprojekt war von Anfang an ein genuiner „Wagnerianer" beteiligt: Adolphe Appia, Verfasser der theaterrevolutionären Schrift *La mise en scène du drame wagnèrien*, 1895[9] (deutsch: *Die Musik und die Inszenierung*, 1899), die dem Schwiegersohn Wagners, Houston Stewart Chamberlain, gewidmet war.[10] Beide hatten sich in der Schweiz um 1884 kennengelernt und Freundschaft geschlossen, die Chamberlains Schweizer Jahre lange überdauerte. Appia war, als Chamberlain mit seiner ersten Frau Anna im September 1885 nach Dresden umzog, dorthin mitgegangen, um seinem Freund nahe zu sein, wohnte im Haus der Chamberlains und hielt zu beiden engen Kontakt. So verbrachte er die Abende häufig mit beiden, teilte ihre gemeinsamen Opernbesuche,

---

9 Deutsch: *Die Musik und die Inszenierung*, 1899; inzwischen ist ein Nachdruck verfügbar: Adolphe Appia/Elsa Cantacuzène, *Die Musik und die Inszenierung*, o.O. und o.J. (2017), über Amazon zu bestellen.

10 Die Widmung lautet: *À Houston Stewart Chamberlain, qui seul connait la vie que j'enferme en ces pages.*

auch die des Theaters oder der Konzerte, war dabei, wenn tagelange Wanderungen in die sächsische Schweiz anstanden oder begleitete das Ehepaar auf eine größere Reise nach Norwegen.[11] Es war eine geradezu symbiotische Freundschaft, die in gegenseitiger Harmonie geübt wurde und die erst zerbrach, als die Chamberlains nach Wien übergesiedelt waren und dort die Ehe auseinanderging. Appia nahm seinem Freund übel, dass er seine Frau, mit der er sich schon länger auseinandergelebt hatte, mit einer Prostituierten betrog.[12] Doch in Dresden waren die Beziehungen noch ungetrübt; die Begegnung und die Kontakte zu alten Freunden Richard Wagners stifteten zusätzlichen Zusammenhalt. Mit Chamberlain diskutierte Appia seine Vorstellungen von einer Reform des Theaters, entwickelte er das, was er später in seiner Schrift publizierte, für deren Publikation Chamberlain den Verleger besorgte, und dieser seinerseits war von Appias Ideen so angetan und überzeugt, dass er sie in Bayreuth vortrug und Appia die Gelegenheit zu einem Treffen mit Cosima verschaffte. Doch die Hoffnung beider, Cosima werde auf Appias Reformideen eingehen und die Festspiele ästhetisch modernisieren, erwies sich als falsch; Cosima war der Meinung, der Meister selbst habe bereits alles erfunden, was für die Festspielaufführungen von Bedeutung sei, und so sei es überflüssig, sich Neues auszudenken. Appia stieß auf strikte Ablehnung.

Appia war schon früh vom Theater fasziniert, konnte aber seiner Neigung erst spät nachgehen, weil seine calvinistischen Eltern dieser ‚Unterhaltungsinstitution' generell ablehnend gegenüber standen.[13] Seine ersten Theaterbesuche als Jugendlicher, die mit hochfliegenden Erwartungen verbunden waren, empfand er freilich als enttäuschend, weil ihm die damals übliche Illusionsbühne falsch erschien. Es widersprach seinem Empfinden, dass sich die Schauspieler resp. Sänger in einem dreidimensionalen Bühnenbild bewegten und damit ein Pseudonaturalismus illusionär vermittelt wurde. Nach seinem Studium der Musik in Genf, Paris und später in Dresden erlebte er, zusammen mit Chamberlain, 1882 in Bayreuth eine Aufführung des *Parsifal*, sein erstes Wagner-Erlebnis, das in gewisser Weise sein Bayreuther Initiationserlebnis wurde und die Grund-

---

11 Vgl. Udo Bermbach, *Houston Stewart Chamberlain*, S. 34f. und S. 41.

12 Ebenda, S. 301ff.

13 Zur Biographie siehe Richard C. Beacham, *Adolphe Appia. Künstler und Visionär des modernen Theaters*, Berlin 2006, S. 22ff.

lage seiner neuen Ästhetik. „Er war hingerissen von der dramatischen Musik“, heißt es in einem biographischen Bericht, „er sieht in Wagners Musikdrama das Schauspiel der Zukunft; er bewundert das versteckte Orchester, den amphitheatralischen Zuschauerraum und dessen Verdunkelung während der Aufführung.“[14] Doch zugleich enttäuschte ihn diese Aufführung: „Die ‚Mise en scène in Bayreuth, die ganz in der damaligen Bildertradition stand“, so schrieb er nach seinem Besuch, hat mich lediglich durch ihren ungewöhnlichen Luxus beeindruckt. [...] Sogar die sorgfältige Behandlung der Figuren ließ eine Leere zurück, denn es herrschte keine Harmonie zwischen Bühne und Darstellung, außer im Gralstempel. [...] Ich widmete meine ganze Aufmerksamkeit der Musik.“[15]

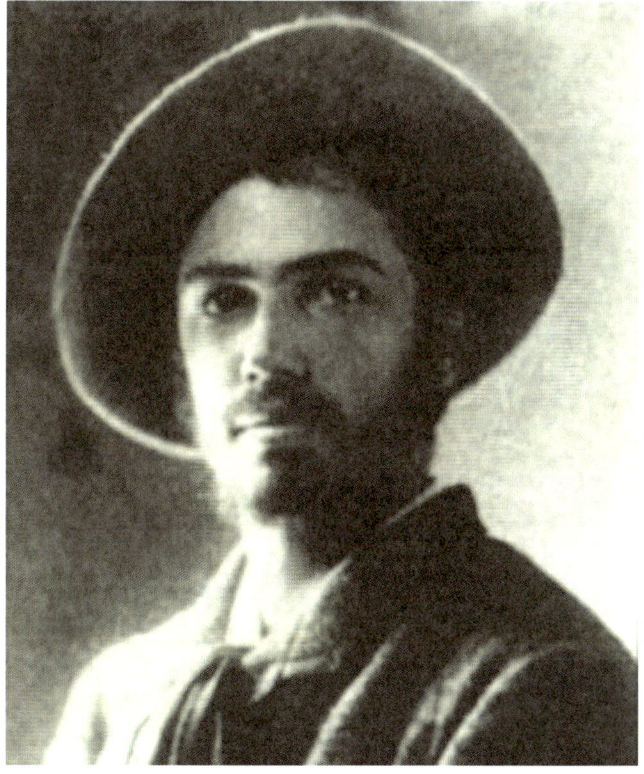

Adolphe Appia um 1900

[14] Edmund Stadler, *Adolphe Appia und Bayreuth*, in: *Der Fall Bayreuth*, Theater unserer Zeit, Bd. 2, S. 41ff.

[15] Richard C. Beacham, *Adolphe Appia*, S. 29.

Appia stand einerseits nach diesem Festspielbesuch ganz im Banne von Wagners Musik – und auch seine Schrift ist noch von Wagners Musikdramen bestimmt –, aber er war andererseits über die Präsentation im Festspielhaus genauso enttäuscht wie im Falle anderer Theateraufführungen, die er bis dahin gesehen hatte. Gleichwohl war die Faszination durch Wagner überwältigend, auch wenn er glaubte, die Art der Aufführung des *Parsifal* werde dem Werk nicht gerecht – womit er, ohne es zu wissen, mit Wagner übereinstimmt, der bekanntlich nach dem unsichtbaren Orchester auch das unsichtbare Theater erfinden wollte. 1886 besuchte er in Bayreuth Cosimas Nachinszenierung von *Tristan und Isolde* und 1890 die der *Meistersinger*, und in Dresden sah er einen kompletten *Ring des Nibelungen.* Ein naher Verwandter soll über ihn bemerkt haben, er sei „der verrückteste Wagnerianer", den man sich denken könne, denn Wagner habe „bei ihm die Stelle der Religion, der Liebe, von allem eingenommen."[16]

Schon nach dem ersten Bayreuther *Parsifal*-Erlebnis begann er, sich – neben *Parsifal* – intensiv mit dem *Ring des Nibelungen*, den *Meistersingern* und *Tristan und Isolde* zu beschäftigen. Er entwarf für diese Stücke Bühnenbilder, arbeitete Regiekonzepte aus und überprüfte seine Vorstellungen auch im Gespräch mit Chamberlain, dessen Schriften ihm Wegweiser zu Wagners Denken waren. Chamberlains Hin- und Einführung Appias in die Welt Wagners kann nicht hoch genug veranschlagt werden; der bereits berühmte Wagner-Interpret wurde Appia zum geistigen Führer in Wagners Welt.[17] Und er schaffte ihm Zugang zu Bayreuth, wo er an Proben teilnehmen durfte und dabei die Probleme der Inszenierungen genau studieren konnte. Mehr und mehr kam Appia – auch mit Hilfe Chamberlains – zu der Überzeugung, dass die Inszenierungen dieser Musikdramen zu allererst von der Musik auszugehen hätten und sich daraus dann der Zusammenhang zwischen Sänger, Raum und Licht konstituiere. „Unfähig, die lächerliche Inszenierungsweise der Zeit hinzunehmen, beschwor ich eine Bühne herauf", so schrieb er selbst, „die für Wagners Musikdramen wirklich paßte. Vor der Phase der theoretischen Überlegung kam deshalb eine kreative Phase; aus diesem Grund schien mir die künstlerische Integrität meiner Bühnenvisionen gewährleistet zu sein. Zunächst sah ich

[16] Ebenda, S. 30.

[17] Ebenda.

im Geist, doch mit vollkommener Klarheit; erst dann – und das ist der wesentliche Punkt – reflektierte ich theoretisch über den Wert und die Tauglichkeit dessen, was ich gesehen hatte.“[18]

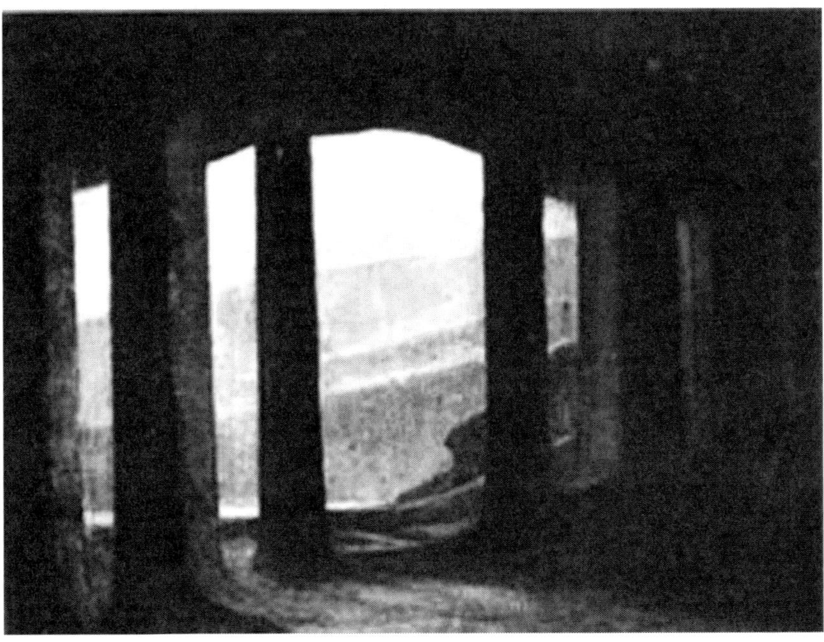

Adolphe Appia, Bühnenbildentwurf zu *Parsifal*, erster Aufzug, heiliger Wald, 1896[19]

Es waren Wagners Musikdramen und vor allem die Bayreuther Praxis, die Appia ausreichend kennengelernt hatte, die ihn zu seinem Konzept einer durchgreifenden Theaterreform und einer neuen Theaterästhetik animierten. Zwischen 1891 und 1900 widmete er sich geradezu besessen der Frage, wie Wagners Musikdramen angemessen auf die Bühne zu bringen seien und fasste seine Überlegungen in zwei kleineren Schriften zusammen.[20] 1899 erschien dann seine wichtigste und einflussreichste Schrift, die Abhandlung *Die Musik und die Inszenierung* in deutscher Sprache[21], die aus einer

18 Ebenda, S. 35.

19 Ebenda, S. 55.

20 Adolphe Appia, *Notes des Mises en scène pour l'Anneau de Nibelungen*, und: *La Mise en scène du drame wagnérien.*

21 Die Abhandlung selbst war in französischer Sprache geschrieben, erschien aber zunächst auf deutsch

fast zehnjährigen Arbeit an Wagners Musikdramen die inszenierungstechnischen Konsequenzen zog, in ihrem umfangreichen zweiten und dritten Teil sich ausschließlich den Wagner'schen Musikdramen widmete[22] und die damals übliche Aufführungspraxis revolutionierte. Appia stellte alle Grundsätze der bis dahin gängigen Theaterarbeit auf den Kopf und entwarf ein Inszenierungskonzept, das die Bühne entschlackte und das Verhältnis von Musik, Darstellung und Dekoration neu bestimmte. „Das Kunstwerk, vom Standpunkt der Form aus betrachtet, ist nicht eine Wiedergabe dieser oder jener Seite des Lebens, zu der Jeder durch seine Erfahrungen und durch seine Geschicklichkeit etwas beitragen kann", heißt es da, „sondern es ist vielmehr [...] das harmonische Zusammenwirken verschiedener Kunstbetätigungen, und zwar zu dem einzigen Zweck, die Conception eines Einzelnen einer großen Menge mitzuteilen."[23] Das nahm Wagners Konzept des Gesamtkunstwerks auf, aber Appia setzte im folgenden andere Akzente: für ihn stand die Musik im Zentrum des Bühnengeschehens und alles Weitere hatte sich aus ihrem Verständnis zu ergeben. Die Musik war Ausdruck des Seelenlebens und damit zugleich auch Ausdruck des Dramas. Die Frage war, welche Konsequenzen für die Inszenierung diese Feststellung haben musste.

Bezogen auf Wagner meinte Appia, die Musik könne, weil sie Seelenzustände ausdrücke, nicht in realistischer Weise ins Stoffliche übertragen werden, sondern gebe vor, was im Wort-Tondrama geschehe. Dass die Bühne und damit auch die Inszenierung sich aus der Musik ergeben sollten, war die Kernthese Appias. Dass das zeitgenössische Theater dem nicht entspreche und eine Reihe gravierender Fehler begehe, bekräftigte diese Überzeugung. Dem setzte er die Forderung entgegen, jede Inszenierung, die dem Wort-Tondrama gerecht werden wolle, bedürfe „eines ordnenden Princips, welches aus dem ursprünglichen Schöpfungsgedanken hervorgehend, die Inscenierung ausdrücklich vorschreibt, ohne nochmals durch den Willen des Dichters hindurchzugehen."[24]

Dieses ‚ordnende Princip' war für Appia eine Hierarchie, die er dem Drama immanent glaubte. An deren Spitze stand der Kompo-

---

22 Adolphe Appia, *Die Musik und die Inszenierung*, S. 121ff. und 154ff.

23 Die folgenden Zitate Appias nach Ausschnitten aus *Die Musik und die Inszenierung* bei Richard C. Beacham, *Adolphe Appia*, S. 70ff.; hier S. 71.

24 Ebenda, S. 71.

nist, der das Musikdrama geschaffen hatte, und daraus folgte, dass die Musik, wie die Partitur sie notierte, entscheidend für alles weitere war. Also hatte die Inszenierung von der Musik auszugehen, oder wie Appia selbst schrieb: „Die Handlungen, die der Musik untergeordnet sind, finden in einem bestimmten Raum statt (wie auch in einer bestimmten Zeit), und dieser Raum wiederum stellt dem Schauspieler das Terrain und die Gegenstände zur Verfügung, die er für seine Bewegungen und seine Gesten braucht. Auf diese Weise wird die Musik, die bereits die Zeit der Aufführung kontrolliert, auch den Raum kontrollieren: durch die Vermittlung des Schauspielers wird sie gleichsam in den Raum transportiert und nimmt körperliche Gestalt an."[25] Die Hierarchie Komponist/ Darsteller/ Bühnenbild geriet bei Appia in eine verbindliche Vorgabe, die allein das Theater wieder zu einer Kunstform erheben konnte; und die zugleich den Regisseur in seiner Arbeit band. Denn der hatte seine ganze Kraft darauf zu konzentrieren, alles, was die Partitur bereits enthielt, dieser zu entnehmen und stofflich umzusetzen. Dabei kam es dann auf den Darsteller/ Sänger an, der zwischen Musik und Raum/Zeit zu vermitteln hatte. Er sollte das, was der Komponist beabsichtigt hatte, nach dessen Intention umsetzen, nicht nach eigenem Gusto interpretieren. Er musste verstehen, dass er „eines der Ausdrucksmittel, nicht mehr und nicht minder notwendig als alle übrigen Bestandteile des Dramas"[26] war. Wie auch das Bühnenbild wieder in eine dienende Rolle versetzt werden sollte, die ihm ermöglichte, die Vermittlung des Darstellers zu unterstützen.

Das Bühnenbild sollte nicht Abbild der Wirklichkeit sein, sondern mit einfachsten Mitteln einen künstlerischen Ort erzeugen, welcher der Phantasie der Zuschauer genügend Spielraum ließ. Gegen eine ebene Spielfläche, die den Darsteller nicht integriere, sondern vor den Dekorationen spielen lasse, drängte Appia darauf, den Bühnenboden zu gliedern, variable Elemente einzuführen, die Veränderungen von Höhe und Tiefen erlaubten und damit dem Darsteller mehr Spielmöglichkeiten an die Hand zu geben. Die naturalistisch-illusionistische Bühnendekoration, die lediglich eine „Augentäuschung" der Zuschauer war, solle abgeschafft und durch eine Bühne ersetzt werden, die alles als ein plastisches und lebendiges,

---

[25] Ebenda, S. 74.

[26] Ebenda, S. 74.

zusammenhängendes Ganze erscheinen lasse. „Raum und Bühnenbild wurden damit zu einem Ausdruckselement innerhalb Appias Hierarchie der Inszenierung: die sichtbare Verkörperung des Musikdramas, das der Komponist erdachte."[27] In seinen Entwürfen für die Wagner-Bühne zeigt sich, wie er das meinte: der Entwurf zu *Parsifal* vermittelt ein fast architektonisches Bühnenbild mit starken Kontrasten, die beim Zuschauer Räumlichkeit evoziert und den Darsteller als integralen Teil des Bühnenbildes erscheinen lässt.

Völlig neu, gemessen an der damaligen Praxis einer durchgängig ausgeleuchteten Bühne, waren Appias Überlegungen zur Verwendung des Lichts. Die um 1883 beginnende Elektrifizierung des Theaters erlaubte es nämlich, das Licht selbst als ein variables Medium der Bühneninterpretation einzusetzen. Für Appia ergab sich daraus die Folgerung, auch in dieser Hinsicht das Verhältnis dieser drei Momente: Musik/ Darsteller/ Bühnenbild zueinander neu zu bestimmen.

Die zumeist eher starre Ausleuchtung der Bühne hatte zur Folge, dass das Licht gegenüber dem, was in der Musik und Darstellung auf der Bühne geschah, in keinem Bezug stand. Licht war weder ein Mittel, das den Ausdruck der Musik unterstrich, noch auch ein Mittel, das dem Darsteller half, die Botschaft seiner Rolle dem Publikum zu übermitteln. Licht war gleichbleibende Langeweile, die der angestrebten Dreidimensionalität der Bühne im Wege stand.

Dagegen wollte Appia das Licht als ein zusätzliches Medium des Dramas einsetzen, das innerhalb der Inszenierung das Geschehen ‚ausmalen' sollte. „Was in der Partitur die Musik, das ist im Reiche der Darstellung das Licht", heißt es in *Die Musik und die Inszenierung*, „das Ausdruckselement im Gegensatz zum Element des andeutend orientierenden Zeichens. Das Licht kann, gleich der Musik, nur das ausdrücken, was dem inneren Wesen aller Erscheinung angehört. [...] Zwischen Musik und Licht besteht ein geheimnisvoller Zusammenhang, wie es H.S. Chamberlain so schön ausspricht: ‚Apollo war nicht Gotte des Gesanges allein, sondern auch des Lichtes.'"[28] Mit dem „gestaltenden Licht"[29] könne der Ausdruck der Musik verstärkt und die innere Bewegung der Dar-

---

[27] Ebenda, S. 47.

[28] Ebenda, S. 97.

[29] Ebenda, S. 100.

steller aufgrund des Textes sichtbar gemacht werden. Licht also soll nicht länger ein bloßes Hilfsmittel der Bühnenausleuchtung sein, sondern zu einer eigenständigen Komponente der Inszenierung gemacht werden, es ist „von größter Wichtigkeit für die ausdrucksvolle Gesamtwirkung des scenischen Bildes“.[30] Dazu muss Licht in derselben Inszenierung unterschiedlich eingesetzt werden und kombiniert mit symbolisch benutzten Lichtfarben wird der Einsatz der Beleuchtung im Theater zu einem sprechenden, interpretierenden Element von größter Bedeutung. Appia war der erste, der eine Vorstellung entwarf, wie ein ‚Beleuchtungsplan' auszusehen habe, der als Unterstreichung der Musik für die Bühne fungieren könne. Es ging ihm dabei nicht um die Herstellung von Illusionen, sondern um Stimmungen und Atmosphäre, um die Darstellung psychischer und symbolischer Aspekte, gleichsam um eine zweite Ebene der Darstellung, die durch Licht konstituiert werden sollte.

Neben diesen bereits weitreichenden Reformvorstellungen forderte Appia auch eine Neubestimmung des Verhältnisses von Bühne und Zuschauer. Aus der Kritik an der üblichen Guckkastenbühne leitete er seine Forderung her, die Trennung zwischen Bühne und Zuschauer tendenziell aufzuheben und beides als eine Einheit zu begreifen. Dass diese Forderung zugleich Folgen für den Theaterbau haben musste, ist leicht einzusehen. Wenn die Bühne gleichsam im Zuschauerraum aufgelöst wird, wenn beides miteinander in engste Beziehungen treten, dann hat dies architektonische Konsequenzen. Sie sind allerdings in Hellerau durch Tessenow nicht gezogen worden.

Appias Reformkonzept eines neuen Gegenseitigkeitsverhältnisses von Inszenierungskomponenten sowie von Darstellern und Zuschauern ist in seinen Basisannahmen zunächst einmal von Wagners Konzept des Gesamtkunstwerks entscheidend bestimmt.[31] Denn schon Wagner hatte in seinen *Zürcher Kunstschriften* die konventionelle Werkinterpretation und Aufführungspraxis scharf kritisiert und ihr die Vision einer die Einzelteile einer Aufführung verschmelzenden neuen Praxis entgegengesetzt. Seine Vorstellung eines neuen Theaters meinte die Synthetisierung der Einzelkomponenten einer Aufführung, verbunden mit dem aus dem Alltag herausgehobenen theatralischen Fest. Musik, Dekoration, Licht und

---

30 Ebenda, S. 100.

31 Dazu eingehend Udo Bermbach, *Der Wahn des Gesamtkunstwerks*, S. 210ff.

Darstellung sollten zu einer neuen Einheit gebracht werden und das Verhältnis von Darstellung und Zuschauern sich in der Architektur der amphitheatralischen Sitzanordnung und der Überbrückung der Trennung von Bühne und Zuschauerraum sichtbar konkretisieren. Das Bayreuther Festspielhaus war der sichtbare Ausdruck dieser neuen Theaterästhetik, und wer die Vorstellungen Wagners in seinen wichtigsten Reformschriften aus den 1850er Jahren liest, kann nicht verkennen, dass Appia ganz entscheidend auf diese zurückgriff. Mit der Überlegung einer neuen Aufgabe der Lichtregie ging er allerdings über Wagner weit hinaus, was sich aus der simplen Tatsache erklärt, dass Wagner, als er seine Reformideen zu Papier brachte, noch kein elektrisches Licht zur Verfügung hatte, dem er die Aufgaben hätte stellen können, die Appia dafür vorsah. Mit dessen Überlegungen kamen plötzlich Ideen zur Wagner Bühne, die – wie die Realität zeigte – sich weit voraus wagten und in Bayreuth erst durch die Inszenierungen Wieland Wagners ab 1952 realisiert wurden. Appia war ein Bühnenvisionär, von einer Radikalität, welche die Praxis seiner Zeit zu einem völligen Umdenken gezwungen hätte, zu einem neuen Verständnis des Theatergeschehens und neuen Sehgewohnheiten. Dies alles konnte nur eine Experimentierbühne leisten, und insoweit war es eine große Fügung, dass Appia am Theaterexperiment in Hellerau entscheidend beteiligt wurde.

1906 lernte Appia den Schweizer Komponisten und Musikpädagogen Émile Jacques-Dalcroze[32] kennen, der in den zwanziger

[32] Émile Jacques-Dalcroze (1865–1950) wurde als Sohn eines Uhrenfabrikanten in Wien geboren, erhielt ab seinem 6. Lebensjahr Klavierunterricht und besuchte häufig Theater und Oper. Nach seiner Übersiedelung nach Genf begann er eine Musikausbildung am dortigen Konservatorium (1877–1883), studierte dann Musik und Theater am Pariser Konservatorium (1884–1886). Danach nahm er für kurze Zeit eine Stelle als Kapellmeister in Algier an, wo ihn die arabischen Rhythmen stark beeindruckten, kehrte dann nach Wien zurück, um bei Bruckner Komposition zu lernen, wechselte erneut nach Paris (1889–1891), wo ein Schweizer Lehrer ihn ganz allgemein über die Bedeutung des Rhythmus in der Musik nachhaltig aufklärte. 1892 begann er am Genfer Konservatorium zunächst Harmonielehre zu unterrichten, dann aber mehr und mehr die Zusammenhänge von Musik und tänzerischem Ausdruck zu erforschen. Er entwickelte musikpädagogische Methoden, um seinen Studenten die Bedeutung des Rhythmus in der Musik, im Tanz, im Musiktheater deutlich zu machen und be-

Jahren mit Reformschriften zur Musikerziehung hervorgetreten war und eine rhythmisch-gymnastische Grundausbildung als Alternative zum herkömmlichen Musikstudium propagierte. 1920 war dessen Schrift *Le rythme, la musique et l'éducation* in Paris erschienen (deutsch: *Rhythmus, Musik und Erziehung*, Basel 1921), in der er die Grundlage seiner musikpädagogischen Theorie vortrug. Darin ging es ihm vor allem darum, die motorische Dynamik bei den Studenten zu entwickeln und so Musik in körperliche Abläufe zu überführen.[33] Seine Absicht war es, ein „Bewegungsrepertoire"[34] zu schaffen, das den musikalischen Abläufen entsprechen und die Zusammenhänge zwischen körperlicher und seelischer Bewegung herstellen sollte.[35] Jacques-Dalcroze war überzeugt, dass körperliche Bewegungen das musikalische Bewusstsein förderten, jene also im Dienste der Musik standen. „Die Vollkommenheit der Bewegungen in Raum und Zeit", so schrieb er, „kann nur gewonnen werden durch Übungen gymnastischer Art, durch die sogenannte Rhythmik." Deren Aufgabe sei es daher, die körperlichen Bewegungen „auszubilden, zu regeln und zum Gegenstand einer allgemeinen Erziehung zu machen."[36] Davon erhoffte er sich zugleich eine verbesserte Ausbildung der musikalischen Praxis insgesamt: „Ziel dieser Schulung war", so fasste es ein Interpret zusammen, „die Entwicklung des inneren Hörens, des exakten rhythmischen und tonalen Vorstellungsvermögens, dessen Sensibilisierungsgrad die Bewegung determinierte, so daß die musikalischen Zeitwerte agogisch präzise versinnlicht werden konnten."[37] Zugleich glaubte Jacques-Dalcroze, dass eben erst diese rhythmische Ausbildung zu einer angemessenen ästhetischen Haltung und Wertschätzung der Musikwerke führen würde, weil in der Vielfalt körperlicher Bewe-

---

gann ab 1897, über diesen Zusammenhang zu publizieren. 1911 kam er nach Hellerau, 1915 eröffnete er in Genf das noch heute bestehende Jacques-Dalcroze-Institut; ab 1925 wurde *Rhythmik* ein Studiengang an den deutschen Musikhochschulen.

33 Vgl. dazu grundlegend Gernot Giertz, *Kultus ohne Götter. Emile Jacques-Dalcroze und Adolphe Appia. Der Versuch einer Theaterreform auf der Grundlage der Rhythmischen Gymnastik*, München 1975, bes. S. 13ff. Zusammenfassend auch Nina Sonntag, *Raumtheater*, S. 43ff.

34 Gernot Giertz, *Kultus ohne Götter*, S. 13.

35 Ebenda, S. 15.

36 Beide Zitate ebenda, S. 15.

37 Ebenda, S. 17.

gungen neue ästhetische Ausdrucksformen gewonnen und dargestellt werden konnten.

Das Denken über die Reform des Theaters kreiste bei Jacques-Dalcroze zentral um die Frage, welche Bedeutung der Rhythmus für die Darstellung eines musikalischen Dramas auf der Bühne hat und in welchem Zusammenhang beides miteinander steht. In einem längeren Prozess des Nachdenkens und der Auseinandersetzung mit konträren Meinungen formte sich allmählich ein genauerer Kern seiner Auffassungen heraus. Danach sollten Musik und Bewegung in vollkommener Übereinstimmung stehen und beides Ausdruck des Lebens sein. Man hat gelegentlich von der „Ideologisierung des Rhythmus“[38] gesprochen, der gleichsam alles in sich aufnehmen sollte: die Intentionen des darzustellenden Werkes ebenso wie die Psychologie und Lebensumstände der Darsteller. Jacques-Dalcroze ging so weit zu glauben, dass eine neue Grundlegung des Theaters an die Ideen Schillers von der ästhetischen Erziehung des Menschen anschließen und damit – ähnlich dem politisch-ästhetischen Konzept Richard Wagners[39] – eine Besserung der Menschheit zur Folge haben könne. Auch die Einwände von Kritikern[40] konnten ihn nicht irritieren, zumal er mit seiner Methode, die auf seinen Intentionen aufbaute, auch in Hellerau Erfolge erzielen konnte und „Musik und körperliche Bewegung wieder in Verbindung gebracht und eine Gymnastik begründet hatte, die sich von dem turnerischen Drill ebenso vorteilhaft unterschied wie von der schwärmerischen Formlosigkeit des Bewegungskultes, der durch Isidora Duncan populär geworden war.“[41]

Appia hatte 1906 in Genf eine Vorführung von Jacques-Dalcroze gesehen und war sehr davon berührt. „Meine Eindrücke waren überraschend und komplex. Zunächst fühlte ich mich zu Tränen gerührt, als ich daran dachte, wie lange ich gewartet hatte, [...] Bald spürte ich, wie eine neue, völlig unbekannte Kraft in mir erwachte.“[42] Nachdem er die Überlegungen von Dalcroze kennengelernt hatte, war er sehr bald von dessen Konzept überzeugt und bereit, mit ihm zusammenzuarbeiten. Denn er fand, dass die rhyth-

---

38 Ebenda, S. 38.

39 Udo Bermbach, *Der Wahn des Gesamtkunstwerks*, bes. S. 209ff.

40 Vgl. Gernot Giertz, *Kultus ohne Götter*, S. 51ff.

41 Ebenda, S. 58.

42 Richard C. Beacham, *Adolphe Appia*, S. 116.

mische Gymnastik in seinem Inszenierungskonzept ein Problem löse, für das er bisher keine rechte Lösung gefunden hatte: die Überführung von Zeitlichkeit in Körperlichkeit, die Möglichkeit, die musikalische Zeit und die aus ihr resultierende Körperbewegung in den Raum zu übersetzen. „Die Verkörperung der Musik", schrieb er an Jacques-Dalcroze, „ist eine Idee, nach der ich mich seit vielen Jahren sehne. Nichts kann die Musik vor ihrem luxuriösen Untergang retten außer der Verkörperung. Sie muß sich im Raum ausdehnen, mit all den heilsamen Schranken, die ihr auferlegt sind. [...] Es ist die Musik, die den Köper befreien kann, indem sie ihm ihre Disziplin auferlegt."[43]

Appia sah in Jacques-Dalcroze denjenigen, dessen rhythmische Gymnastik es ihm erlaubte, sein Inszenierungskonzept zu vollenden und deshalb war er, nachdem er mit diesem ausführlich gesprochen hatte, zur Zusammenarbeit bereit. Wie umgekehrt auch Jacques-Dalcroze die Vorteile sah, die Appias Inszenierungsvorstellungen und Lichttheorie für ihn mit sich brachten. Appia nahm zunächst an Kursen seines zukünftigen Partners teil, um dann für dessen Aufführungen Bühnenräume zu entwickeln. Bis etwa 1910 blieb es bei Studien, die Appia anfertigte, und bei denen die Frage, wie die von Jacques-Dalcroze entwickelten Grundsätze rhythmischer Bewegung mit den Werken, die inszeniert werden sollten, in eine integrale Verbindung gebracht werden konnten.[44]

Die Lösung bestand für Appia in Bühnenbildern, deren geometrische Strukturen durch Treppen, Podeste, Schrägen und ähnliche Mittel der Abstraktion bestimmt wurden und in denen und auf denen sich dann die durch Rhythmus gegliederten Bühnenaktionen abspielen konnten. Was dabei entstand, war eine neue Darstellungsform, die sich aber im Kern ihrer Reformideen auf Wagner zurückführen ließ: „Die thematische Verbindung zwischen der Dalcroze'schen Rhythmik und Wagners Schaffen ist dadurch gegeben", so in einer Darstellung der Reformbühne Hellerau, „daß sich die Theorie Appias auf die Inszenierung der Werke Wagners aufbaute."[45] Was allerdings nicht heißt, dass sich Appia im Laufe seines Nachdenkens über Inszenierungen nicht von Wagner in Teilen gelöst hätte; das fand seinen Ausdruck vor allem in der Überzeu-

[43] Ebenda, S. 117.

[44] Dazu Gernot Giertz, *Kultus ohne Götter*, S. 62ff.

[45] Ebenda, S. 64f.

gung, die von Wagner geforderte Synthetisierung der Einzelkünste müsse zugleich deren jeweils höchste Entfaltung sein, was veränderte Produktionsbedingungen voraussetzte, über die Wagner weniger nachgedacht hatte. Darüber hinaus: indem Appia konstatierte, die Musik sei primär und gebe den Raum vor, hob er ein einzelnes Element vor anderen hervor. Seine Hierarchie der Inszenierung: Komponist/Musik/Darsteller/Bühne war ebenfalls eine Abweichung, wenn nicht gar eine Korrektur des Wagner'schen Gesamtkunstwerks, auch wenn Wagner in seinen späteren Schriften aus der Zeit nach Zürich bereit war, der Musik wieder eine Vorrangstellung einzuräumen. Giertz fasst den Unterschied zwischen Wagners Konzept des Gesamtkunstwerks einerseits, den Vorstellungen von Jacques-Dalcroze/ Appia andererseits so zusammen: „Wollte Wagner alle künstlerischen Sinne des Zuschauers ansprechen, so nahm Dalcroze zusammen mit Appia die Grundzüge expressionistischer Kunst voraus. Der Weg künstlerischer Erkenntnis war von innen nach außen gerichtet, Die szenischen Mittel, einschließlich des Darstellers, waren dem Ziel untergeordnet, das sich durch die Musik ausdrückende Gefühl zu versinnlichen.[46]

Die Reformpraxis

Hellerau war, wie es dem Gedanken einer Reform der Theaterpraxis immanent sein mochte, auf praktische Bildung angelegt, d.h. es sollten dort nicht nur Aufführungen ‚fremder' Werke stattfinden, sondern auch eigens für das Theater geschaffene Werke produziert werden, in kontinuierlicher Arbeit mit einem festen Personalstamm von Schülern. Ab Herbst 1909 gab es den Gedanken, in Hellerau ein eigenes Institut zur Erforschung der rhythmischen Gymnastik zu gründen, an dem auf Wunsch von Jacques-Dalcroze Appia von Anfang an mitwirken sollte. Ab Herbst 1910 fanden dann Kurse statt, an denen 115 Studierende aus 17 Nationen teilnahmen.[47] In diesen Kursen wurde rhythmische Gymnastik, Gehörbildung, Improvisation, Atmung, Chorgesang, Anatomie, Turnen und Tanz gelehrt und am Ende des Schuljahres wurden in einem Schulfest öffentlich die Ergebnisse vorgeführt. Daneben gab, es verpflich-

---

[46] Ebenda, S. 72.

[47] Nina Sonntag, *Raumtheater*, S. 55. Auch die folgende Aufzählung hier.

tend für alle Schulkinder der Siedlung, rhythmische Gymnastik und es gab die Möglichkeit, dass Außenstehende an Kursen teilnahmen. Es war ein breites Angebot, das Hellerau anbot und das den Ruf der Reformsiedlung weit über Deutschland hinaus verbreitete. Und Appia und seine Theaterreformpläne noch einmal um eine Drehung voranbrachte: die breite Beteiligung an dem, was Hellerau anbot, zeige, dass Kunst nicht mehr nur konsumiert werde, sondern aktive Beteiligung evozierte; und dies bewies, dass die bisherigen Zuschauer selbst einbezogen werden konnten in den Prozess der Kunstproduktion. Dazu aber bedurfte es eines Theaters, wie es in Hellerau durch Tessenow gebaut worden war: ein schlichter, offener und weiträumiger Bau, der nicht abschreckte, sondern einladend wirkte.

Nachdem der Bau fertiggestellt worden war, planten Jacques-Dalcroze und Appia zunächst die Inszenierung des *Prometheus* von Aischylos. Doch dann ergab sich die Idee, angeregt durch ein Theatererlebnis, Glucks *Orpheus und Eurydike* zu inszenieren, wofür Appia ganz ungewöhnliche Bühnenbilder entwarf. Und zugleich wurde beschlossen, am Ende des ersten Schuljahres auf einem großen Fest die Ergebnisse der Arbeit vorzustellen.

Das erste Schulfest[48] begann am 26. Juni 1912 und präsentierte den Zuschauern und Zuhörern tagsüber Übungen in rhythmischer Gymnastik, Reigen- und Gruppenübungen.

Dann gab es tänzerische Deutungen von Bachs Präludien und Fugen, eine von Jacques-Dalcroz komponierte Pantomime *Echo und Narziss* sowie abends den zweiten Akt von Glucks *Orpheus und Eurydike* (Abstieg des Orpheus in die Unterwelt). Die hier auftretenden professionellen Sänger und Sängerinnen hatten sich zuvor in rhythmischer Gymnastik unterrichten lassen.

Die Darstellung des *Orpheus*-Aktes wurde zur Sensation. Beacham beschreibt diese, nach einer Biographie über Jacques-Dalcroze[49], mit folgenden Worten: „Orpheus trat in hellem Licht am höchsten Punkt des Bühnenaufbaus auf und stieg langsam die monumentale Treppe hinunter in immer größere Dunkelheit; die Furien stellten sich ihm in den Weg und bedrohten ihn. Sie trugen schwarze Trikots und befanden sich in ständiger Bewegung, sorg-

---

[48] Vgl. Gernot Gietz, *Götter ohne Kult*, S. 150ff. Ebenso Richard C. Beacham, *Adolphe Appia*, S. 139ff. und Nina Sonntag, *Raumtheater*, S. 54ff.

[49] Karl Storck, *Émile Jacques-Dalcroze*, Stuttgart 1912, S. 98.

fältig abgestimmt auf das An- und Abschwellen der Musik. Entlang der Treppen und Plattformen arrangiert, glichen ihre nackten Arme und Beine Schlangen und bildeten einen beweglichen Berg monströser Formen, bevor sie vom Klang von Orpheus' Spiel und der Eindringlichkeit seines Flehens überwältigt und bezwungen wurden. Die ganze Szene war in ein jenseitiges blaues Licht getaucht, das Leuchten des Hades. Wie ein Zuschauer bemerkte:' Es war jenseits aller Phantasie. Der Raum lebte – er war selbst eine verschworene Kraft, ein Mitschöpfer von Leben.'"[50]

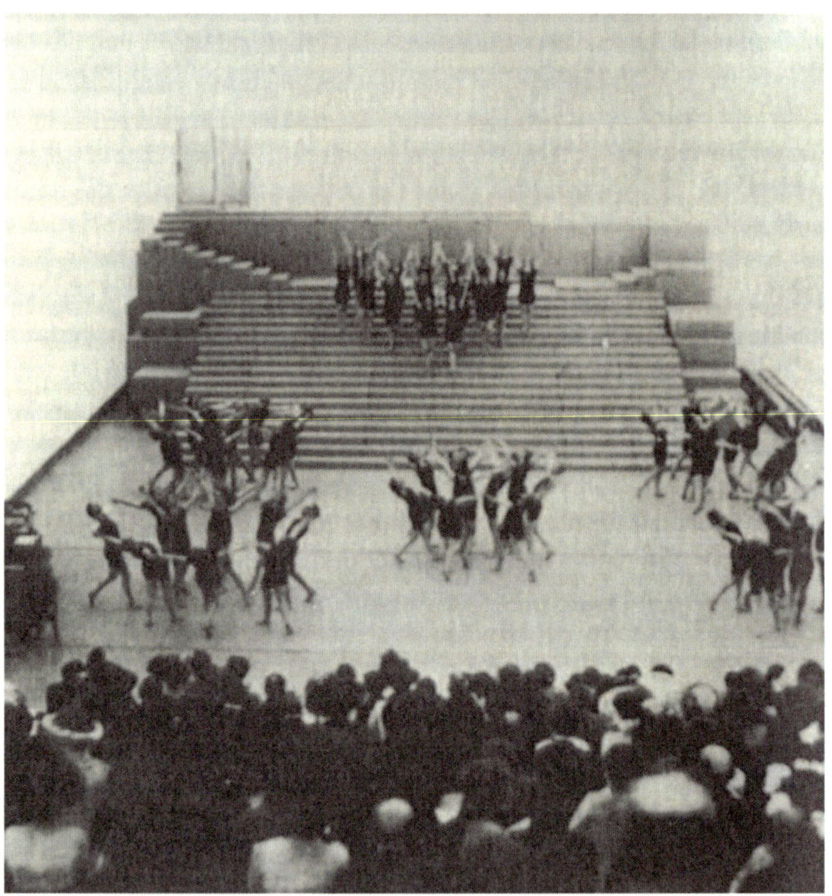

Rhythmische Gruppenübung, Schulfest 1912,
Bühne Adolphe Appia[51]

---

50 Richard C. Beacham, *Adolphe Appia*, S. 141.

51 Foto aus Richard C. Beacham, *Adolphe Appia*, S. 140.

Die Neuartigkeit und überwältigende Schlichtheit der Bühne, die Appia entworfen hatte, das Einbeziehen des Lichtes in die Inszenierung selbst, das nicht nur Beleuchtung, sondern Teil der Bühnenaktion war, die scharfen Kontrastwirkungen zwischen Darstellern und Bühnenaufbau und die rhythmisierten Bewegungsabläufe, die von Jacques-Dalcroze eingebracht worden waren, wirkten so fremdartig wie überzeugend. Sie lösten bei den meisten Kritikern vorbehaltlose Zustimmung aus und man sah in Hellerau eine Versuchsbühne, „auf der unter streng künstlerischen Gesichtspunkten ständig erprobt würde, was wir in Musikdrama und gesprochenem Schauspiel für stilisierte Vereinfachungen des Theaterapparates, für das Ineinanderwirken des Lichts und des szenischen Bildes jetzt zu erzielen uns bemühen.“[52]

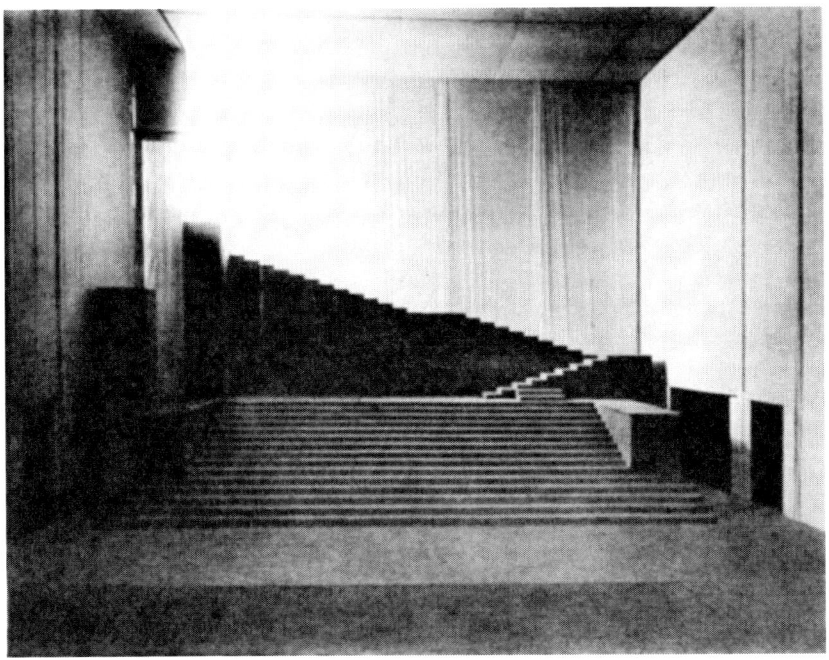

Adolphe Appia, Bühnenbild Schulfest Hellerau für Glucks
Orpheus und Eurydike,
2. Akt: Abstieg in die Unterwelt, 1912

52 Ebenda, S. 142.

Freilich gab es auch Gegenstimmen. So kritisierte der Bayreuth eng verbundene Wagnerianer Arthur Seidl[53], Professor für Musik am Leipziger Konservatorium und der konventionellen Bayreuther Tradition verpflichtet, Appias radikalen Ansatz der Bühnenreform, der alle bewährten Traditionen angeblich verworfen hatte und einem „Stilisierungs-Fanatismus"[54] huldigte, meinte aber zugleich auch, „unter diesen stilisierten Formen (habe die Oper, U.B.) ganz außerordentlich an Weihe klassischen Stils"[55] gewonnen. Appia, der aufgrund von Differenzen mit Jacques-Dalcroze zur Aufführung nicht anwesend, sondern in die Schweiz zurückgereist war, erklärte später im Rückblick, mit dieser Aufführung von Glucks zweitem Akt sei „zum ersten Mal seit dem griechischen Theater eine perfekte Verschmelzung aller Ausdrucksmittel, aufeinander abgestimmt und sich gegenseitig unterordnend, verwirklicht worden."[56]

Jacques-Dalcroze, aber auch Appia, sahen sehr wohl, dass in Hellerau sich jener theaterreformatorische Fortschritt anbahnte, den sie beide über lange Jahre betrieben hatten. In einem Brief an Appia schrieb Jacques-Dalcroze, das Experiment von 1912 sei, nach anfänglichen Bedenken, in der Öffentlichkeit überaus gut aufgenommen worden und werde seine Auswirkungen auf die Theaterpraxis wohl haben. „Wir werden verstanden," so Jacques-Dalcroze, „und ich weiß, daß Sie sehr glücklich gewesen wären. Jedermann hier liebt sie und versteht Sie und dankt Ihnen."[57]

1913 gab es vom 18. bis 28. Juli ein ähnliches Programm: an den beiden ersten Tagen wurden rhythmische Übungen gezeigt, danach gab es die komplette Oper von Gluck sowie Paul Claudels Stück *Verkündigung*, verbunden mit Ausstellungen von Kunst-

---

53 Arthur Seidl (1863–1928), studierte in München, Tübingen, Berlin und Leipzig u.a. Cello, Klavier und Kompositionslehre, arbeitete zunächst als Redakteur verschiedener Zeitschriften, war 1898–1899 am Nietzsche-Archiv in Weimar tätig und erhielt 1904 eine Professur am Leipziger Konservatorium. Zugleich war er Dramaturg am Hoftheater in Dessau. Er hat u.a. veröffentlicht: *Wagneriana*, Bd. 1–3, Berlin/Leipzig 1901/1902; *Neue Wagneriana*, Bd. 1–3, Regensburg 1914; zusammen mit Walther Eggert, *Bekenntnis zu Wagner*, Heidelberg 1929.

54 Arthur Seidl, *Die Hellerauer Schulfeste und die Bildungsanstalt Jacques-Dalcroze*, Regensburg 1912, S. 41.

55 Zitiert nach Gernot Giertz, *Götter ohne Kult*, S. 154.

56 Zitiert nach Richard C. Beacham, *Adolphe Appia*, S. 143.

57 Ebenda.

handwerken, die in Hellerau hergestellt wurden. Für die Gluck-Produktion hatte Appia wiederum die Kostüme und das Bühnenbild entworfen, das – wie im Vorjahr – durch Treppen und Plattformen gegliedert war. Im ersten Akt wurde Amor durch einen einzigen Lichtstrahl symbolisiert, während der Gesang aus der Seite kam. Orpheus stieg nach oben und zeichnete sich für die Zuschauer als Silhouette vor dem Hintergrund ab. Der zweite Akt war im wesentlichen die Wiederaufnahme vom Vorjahr, und der dritte Akt, die Elysischen Felder, bestand aus hintereinander angeordneten Bildebenen, auf denen die „gesegneten Geister", sieben Gruppen von je acht Schülern, „die sich anmutig und harmonisch langsam bewegten und dabei eine Reihe sehr einfacher, formaler Gesten ausführten und Haltungen einnahmen, die sehr genau auf die Musik abgestimmt waren."[58]

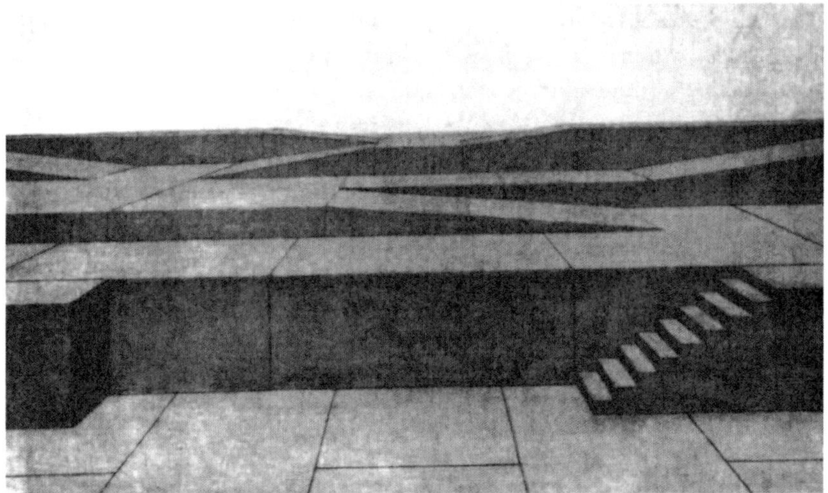

Appias Entwurf für die Elysischen Felder, dritter Akt *Oprheus* (Version von 1926)

Beide Schulfeste fanden ein starkes öffentliches Interesse. 1912 kamen über 4100 Besucher, 1913 waren es rund 5000 Besucher. Gleichzeitig nahmen berühmte Künstler an den Aufführungen teil, so etwa Georg Bernard Shaw, Max Reinhardt, Alfred Roller, Rainer Maria Rilke, Franz Werfel, Stefan Zweig, Hugo von Hofmannsthal, Max von Schillings, Oskar Kokoschka, Paul Claudel, Darius Mil-

[58] Ebenda, S. 149.

haud – um nur die bekanntesten zu nennen. Und die meisten von Ihnen waren begeistert und erstaunt, was diese ‚Bildungsanstalt ‘ zu leisten in der Lage war. Denn die Aufführenden waren überwiegend Schüler in Hellerau, und einer von ihnen notierte nachträglich: „Durch alle drei Akte hindurch hatte man nie das Gefühl, einer ‚Vorstellung‘ beizuwohnen: wir hatten wirkliches Leben vor uns, in die Musik übersetzt; und herrliche Musik, die lebendig wurde. Das ist auch gar nicht anders möglich, da alle Darsteller von Musik erfüllt sind; sie besitzen sie gleichzeitig körperlich und seelisch, die Musik ist für sie genauso ein Lebensprinzip wie das Atmen. Die davon ausströmende innere Schönheit ist unbeschreiblich. Am ausdrucksvollsten war die Natürlichkeit: Man vergaß, daß es dabei um die konventionellste und unglaubwürdigste aller Künste – die Oper – handelte.“[59] Franz Werfel, der in der *Neuen Rundschau* im November 1913 einen Aufsatz über die Bühne in Hellerau veröffentlichte, schrieb euphorisch über die Claudel-Aufführung, als wäre mit dieser das Theater erst erfunden worden: „Nun besitzen wir in Hellerau einen Saal, der das ganze ungeheure Leben des Schauspiels, Bühne und Zuschauerraum, mit dem gleichen und großen Elemente umschließt, dem Licht. Der ganze Inhalt dieses Saals schmiegt sich in dieses wechselnde, unsichtbare, immer waltende Licht, wie sich die Erde mit ihren ganzen Ereignissen in die Atmosphäre schmiegt. Das ist der neue und hohe Wert dieses Hauses, daß wir uns wieder werden einfügen können in eine große unfaßliche Ordnung, die aus uns, über uns entstehen wird [...] . Die Inszenierung, die Claudels großer ‚Verkündigung‘ zuteil wurde, hat die Idee dieses Saals erfaßt. Sie rückte das Spiel unter uns, entfernte auf einer dreifachen Bühne, je nach ihrer Wirklichkeit, die Szene und näherte sie an. Dieser Raum ist für Bewegung – so empfindlich, daß alles Zappelige lächerlich gewirkt hätte. So sah man nur kothurnhafte Gestalten, aber schlicht und ohne Übertriebenheit. Die Bilder waren klar und sparsam und Gott sei Dank ohne allegorische Bedeutung [...].“[60]

Die Vielzahl der Künstler, die zu dieser Aufführung kamen, blieb kein einmaliges Ereignis. Hellerau zog während der Jahre

---

[59] Wolkonski, *Meine Erinnerungen* in: Elfriede Feudel (Hrsg.), *In Memoriam Hellerau*, Freiburg 1960, S. 24.

[60] Franz Werfel, *Effekte der neuen Bühne*, in: Ehrhardt Heinold/Günther Großer (Hrsg.), *Hellerau leuchtet*, S. 295.

seiner experimentellen Leistungen immer wieder Maler, Musiker, Tänzer und Schriftsteller an.[61] Im Festspielhaus traten beispielsweise Vaslav Nijinsky auf, Isidora Duncan und Mary Wigman, beide Protagonisten des modernen Ausdruckstanzes, der für viele in der Lebensreformbewegung Engagierte von größter Bedeutung war, kamen hierher und 1912 besuchten Frank Wedekind, ein Jahr später Rainer Maria Rilke mit seiner Freundin Lou Andreas-Salomé die Festspiele. Rilke traf hier mit Werfel zusammen, aber die beiden konnten wenig miteinander anfangen. Ähnlich auch Paul Claudel, der zwar den deutschen Dichter hofierte, aber keine entsprechende Anerkennung bei diesem fand. Ferruccio Busoni war ebenfalls Gast in Hellerau und selbst Franz Kafka kam vom 28. bis 30. Juni 1914 zum Experimentiertheater, interessierte sich vor allem für die Methode Jacques-Dalcroze, traf aber auch Kurt Wolff und den von Beginn an in Hellerau engagierten Verleger Jacob Hegner[62] und war so überzeugt von den Reformidealen der Gartenstadt, dass er seine Schwester, allerdings vergeblich, zu überreden suchte, ihre Kinder in die dort ansässige Internationale Schule zu geben. Die Liste derer, die in Hellerau Station machten, gelegentlich für längere Zeiten, ließe sich um einige glanzvolle Namen sehr erweitern – es mag indessen genügen, was hier aufgezählt worden ist, um die Ausstrahlung der Reformsiedlung zu belegen.

Das Schulfest von 1913 war das letzte in Hellerau. Der Mitbegründer, Förderer und Mäzen der Reformsiedlung und der dort durch Jacques-Dalcroze und Appia geleisteten Arbeit, die treibende Kraft für die ‚Bildungsanstalt‘, Wolf Dorn, starb im Februar 1914 infolge eines Ski-Unfalls, so dass die Pläne für ein drittes Schulfest aufgegeben werden mussten. Jacques-Dalcroze war zuvor schon nach Genf zurückgekehrt.[63] Er hatte bereits im Frühjahr 1913 einen Kompositions- und Inszenierungsauftrag für das *Fête de Juin* erhalten, Genfer Sommerfestspiele im Geiste und als Fortsetzung von Hellerau. Appia traf ihn dort, und so organisierten beide am Ufer des Genfer Sees, in einer riesigen Halle, die man aufgestellt hatte, das mehrtägige Fest, an dem mehr als 6000 Menschen teilnahmen, um zu verfolgen, was in Hellerau seinen Anfang genommen hatte. Mit dem Ausbruch des Ersten Weltkriegs ging

---

61 Ausführlich dazu Hans-jürgen Sarfert, *Hellerau*, S. 105ff.

62 Zu Jacob Hegner vgl. das entsprechende Kapitel ebenda, S. 33.

63 Zum folgenden Gernot Giertz, *Götter ohne Kult*, S. 185ff.

das Experiment Hellerau zunächst einmal zu Ende; die Experimentieranstalt Hellerau wurde durch die Behörden geschlossen und in ein provisorisches Lazarett umgewandelt. Jacques-Dalcroze, der zusammen mit anderen Schweizer Intellektuellen einen Aufruf gegen die Bombardierung der Kathedrale von Reims wie die Verwüstung der Bibliothek von Löwen durch das deutsche Militär unterzeichnet hatte, konnte danach, trotz vieler Bitten, nicht mehr nach Hellerau zurück und gründete in Genf gleichsam ein Nachfolgeinstitut. In Hellerau versuchte man die begonnene Arbeit wieder aufzunehmen, die *Neue Schule für angewandten Rhythmus Hellerau* stand nunmehr unter wechselnder deutscher Leitung, auch nach dem Ende des Krieges. Bis 1939 gab es dort einen Schulbetrieb, der an das Programm Jacques-Dalcroze angelehnt war – nach dem Tod der letzten Leiterin, Christine Baer-Frisell, wurde Hellerau endgültig 1939 geschlossen.

Giertz hat zurecht darauf hingewiesen, dass die nur über kurze vier Jahre andauernden theatralischen Experimente von Hellerau einen erstaunlichen Einfluss auf die allgemeine Theaterentwicklung vor allem im deutschsprachigen Bereich hatten.[64] Durch Jacques-Dalcroze wurde die Bedeutung der Körperlichkeit für die Inszenierung bewusst und seine Methode der Musikerziehung setzte sich sehr bald sehr viel breiter durch. Appias Konzept, einerseits Licht als konstitutiven Teil einer Inszenierung einzusetzen, das Spiel des Dramas in reduktionistischen Bühnenbildern ablaufen zu lassen, beeinflusste die Bühnen der zwanziger Jahre – man denke nur an Ewald Dülbergs Entwürfe zu *Fidelio*, *Oedipus Rex*, den *Freischütz*, *Fliegenden Holländer* oder auch *Tristan und Isolde* für die Berliner Krolloper[65] – und noch die der Nachkriegszeit. Doch die experimentelle Bildungsanstalt Hellerau hätte ohne Richard Wagner, dessen politisch-ästhetisches Konzept vom Gesamtkunstwerk, ohne Appias Bayreuth-Besuche und seinen engen Gedankenaustausch mit Chamberlain sowie seine daraus resultierende Auseinandersetzung mit den Theaterkonventionen und deren Brechungen niemals so stattfinden können, wie dies geschah. Hellerau, dessen Impulse die Opernbühnen des Deutschen Reiches veränderten, kann als eine der zentralen Reformsiedlungen und Bildungsanstalten der

64 Ebenda, S. 187ff.

65 Vgl. Hans Curjel, *Experiment Krolloper 1927–1931*, München 1975. Hier finden sich die zitierten Aufführungen ausführlich dokumentiert.

deutschen Reformbewegung gelten, für die Modernisierung des Theaters als eine der wichtigsten. Durch Appia wurde Hellerau zu einem Ort, an dem sich durch die Fernwirkung Wagners und Bayreuths völlig Neues ergab. Dass Wagners ästhetisch-politisches Konzept und die in Bayreuth nach seinem Tode geübte Regiepraxis rund dreißig Jahre später zum Ausgangspunkt für einen Neuanfang der Inszenierungen des Musiktheaters werden konnte, dass in Zustimmung wie Abkehr zu seinen Vorstellungen ein neuer Theaterstil kreiert wurde, zeigt die unglaubliche Kraft der Ausstrahlung des Bayreuther Meisters. Auch wenn Appia in Bayreuth selbst gescheitert war – ohne seine Vorstellungen ist das Neu-Bayreuth von Wieland und Wolfgang Wagner nicht zu denken. Erst Wieland Wagner griff zentrale Ideen Appias auf, wie etwa seine Inszenierung des *Parsifal* und des *Ring des Nibelungen* im Eröffnungsjahr 1951 und sein *Tristan* 1952 zeigten.[66] Auch später gab es in Bayreuth immer wieder Inszenierungen, die an die Ideen Appias erinnerten, wie beispielsweise der *Tristan* von Jean-Pierre Ponelle von 1981[67] oder auch der *Tristan* von Heiner Müller 1993[68] – um nur wenige Beispiele zu nennen.

So erstreckt sich eine Kette von Bayreuth über Hellerau nach Bayreuth, von den vielen Abzweigungen zu anderen Opernbühnen nicht zu reden. Und das alles wurde mitbewirkt, durch den Aufbruchsschwung der Lebensreformbewegung, ohne deren Impulse so viel nicht in Gang gekommen wäre.

---

[66] Vgl. dazu ausführlich Oswald Georg Bauer, *Die Geschichte der Bayreuther Festspiele*; Bd. II, S. 19ff.

[67] Ebenda, S. 346ff.

[68] Ebenda, S. 468ff.

Monte Verità

Gründer und Gründungsidee

Eine der wichtigsten und wohl am längsten nachwirkenden Manifestationen der Lebensreformbewegung war die 1900 erfolgte Gründung einer Reform-Siedlung auf einem Berg nahe Ascona am Lago Maggiore, der von den Gründern dieser Siedlung den Namen *Monte Verità* erhielt, was nicht meinte, „dass der Berg die Wahrheit war oder hatte, sondern dass er sie wollte und suchte."[1] Die Gründung war der Versuch einiger weniger Personen, die wichtigsten alternativen Prinzipien der Reformbewegung zu bündeln und in einer neuen Gemeinschaft real zu leben, eine Siedlung zu bauen, die inmitten der Natur den idealistischen Vorstellungen von einem naturgemäßen Leben gerecht werden wollte. Das tägliche Leben sollte so organisiert werden, dass es nicht den Prinzipien der modernen industriekapitalistischen Gesellschaftsordnung folgen musste, sondern sich nach den Grundsätzen der neuen Bewegungen frei einrichten sollte. Solche Grundsätze bezogen sich zunächst einmal auf die Ernährung, sodann auf die Körperkultur, die Naturheilkunde, das Verhältnis von Mensch und Umwelt, die Form des Arbeitens und Wirtschaftens, die Rolle von Kunst und Kultur, Erziehung und Bildung, das Gemeinschaftsleben, die Prinzipien des Bauens und nicht zuletzt die Inhalte der Spiritualität bzw. die Rolle der Religion.[2] Dieser Versuch wurde freilich von Anfang an dadurch eingeschränkt, dass die Bewohner sich ihren Lebensunterhalt finanzieren mussten und die reine Selbstversorgung, wie sie ursprünglich geplant worden war, nicht ausreichte. So gab es von Anfang an eine Spannung zwischen dem „utopisch-idealistischen

---

1 Robert Landmann, *Ascona – Monte Verità. Auf der Suche nach dem Paradies*, Frankfurt/M./Berlin 1979, S. 7.

2 Allgemein Bernd Wedemeyer-Kolwe, *Aufbruch. Die Lebensreform in Deutschland*, Darmstadt 2017; ebenso die einschlägigen Artikel in: Kai Buchholz/Rita Lachota/Hilke Peckmann/Klaus Wolbert (Hrsg.), *Die Lebensreform*, sowie umfassend und knapp: Diethart Krebs/Jürgen Reulecke (Hrsg.), *Handbuch der deutschen Reformbewegungen 1880–1933*. Weitere Literatur in den folgenden Anmerkungen.

Gesellschaftsmodell" und „seiner Existenz als touristischem Betrieb", der durch ein Naturheilsanatorium evoziert wurde, das als „materielle Grundlage"[3] des gesamten Unternehmens fungieren sollte.

Gegründet wurde die Siedlung, deren komplexe und wechselvolle Geschichte hier nicht ausführlich dargelegt zu werden braucht,[4] weil es nur um einen Teilaspekt geht, im Jahre 1900 von Ida Hofmann und Henri Oedenkoven.[5] Beide hatten sich im Sommer 1899 in einer Naturheilstädte in Veldes/Slowenien kennengelernt, dort bereits erste Überlegungen zu einer Reformsiedlung angestellt, die sie im nachfolgenden Winter in einem regen Briefaustausch vertieften. In einer Welt, die „auf Egoismus und Luxus, auf Schein und Lüge" aufgebaut ist, in der körperliche und seelische Krankheiten vorherrschten, sollte dem Leben „eine natürlichere und gesündere Wendung" gegeben werden, sollten „Wahrheit und Freiheit im Denken und Handeln zukünftig als teuerster Leitstern"[6] gelten. „Henri's Gedanke ist", schreibt Ida Hofmann in autobiographischen Notizen, „mit Zuhilfenahme von Kapitalien als augenblicklich grösstem Machtmittel, dem Kapitalismus mit allen seinen sozialen Folgeübeln entgegen zu treten. [...] Henri's vorläufiges Unternehmen gipfelt in Gründung einer Naturheilanstalt für solche Menschen, welche in Befolgung einfacher und natürlicher Lebensweise entweder vorübergehend Erholung, oder durch dauernden Aufenthalt Genesung finden und sich in Wort und Tat seinen Ideen, seinem Wirken anschliessen wollen. Hieraus erwächst aufgrund der Einnahmen und Anschluss Gleichgesinnter mit eventuell finanzieller Beteiligung, eine oder mehrere Ansiedlungen mit allgemeinem Bodenbesitz jedoch gesonderten persönlichen Eigen-

---

3 Andreas Schwab, *Monte Verità – Sanatorium der Sehnsucht,* Zürich 2003, S. 16.

4 Dazu detailliert u.a. Robert Landmann, *Ascona – Monte Verità*, passim.

5 Grundlegend für die Bewegung des *Monte Verità* u.a. Harald Szeemann (Hrsg.), *Monte Verità. Berg der Wahrheit. Lokale Anthropologie als Beitrag zur Wiederentdeckung einer neuzeitlichen sakralen Topographie*, Tegna und Milano1978; Andreas Schwab/Claudia Lafranchi (Hrsg.), *Sinnsuche und Sonnenbad. Experimente in Kunst und Leben auf dem Monte Verità*, Zürich 2002, und vor allem, auch für die folgenden Überlegungen, Andreas Schwab, *Monte Verità – Sanatorium der Sehnsucht*¸ Zürich 2003.

6 Ida Hofmann-Oedenkoven, *Monte Verità. Wahrheit ohne Dichtung. Aus dem Leben erzählt*, Lorch 1906, S. 3.

tumsrecht, welches durch das individuelle Bedürfnis danach und durch die möglichst selbstständige Herstellung der Lebensmittel und Gebrauchsartikel jedes Einzelnen begründet ist. Späterhin folgen die Anlagen von Mühlen, Webereien, Fabriken aller Art auf hygienischer Grundlage zur Betätigung individueller Fähigkeiten und Wünsche, nicht jedoch zur blossen Kapitalanhäufung oder zur Entfaltung von Luxus – endlich Schulen zur Heranbildung persönlicher Anlagen. Häuslichen und körperlichen Bedürfnissen soll mit Meidung jedes Luxus in dem Masse Rechnung getragen werden, als jeder Einzelne sich den ihm wünschenswerten Comfort durch eigener Hände Arbeit schaffen mag. Die Ausbeutung des Unbemittelten von Seiten des Bemittelten zur Befriedigung seiner übertriebenen, ungesunden und luxuriösen Ansprüche fällt hierdurch von selbst weg."[7] Das war nicht weit weg von Wagners Überzeugungen, weder denen des jungen Wagner der *Dresdner* und *Züricher Kunstschriften*, noch dem der *Spätschriften*. Und es waren zugleich in Kurzform die Gründungsideen und das Programm der helvetischen Lebensreformsiedlung.

Die beiden Gründer, Hofmann und Oedenkoven, waren denkbar unterschiedlich und auch altersmäßig einigermaßen auseinander: Hofmann war 1900, zur Zeit der Gründung des *Monte Vertità*, 36 Jahre alt, ihr Partner Oedenkoven 25 Jahre. Ida Hofmann war 1864 in Siebenbürgen geboren worden, in eine kunstliebende und kunstausübende Familie. Ihr Vater war Komponist und Sänger, weshalb es nicht verwundert, dass sie früh schon Klavier lernte, früh auch schon erste Auftritte hatte. Sie studierte Klavier und wurde eine erfolgreiche Konzertpianistin. Bevor sie nach Wien zog, um dort Kinder des österreichischen Hochadels zu unterrichten, arbeitete sie in Cetinje/Montenegro als Musiklehrerin und Erzieherin u.a. der montenegrischen Prinzessinnen. In Wien war sie ein geschätztes Mitglied der Gesellschaft, wandte sich aber sehr bald den Fragen der Frauenemanzipation und der Lebensreform zu. Auch nachdem sie mit Oedenkoven die Reformsiedlung auf dem *Monte Verità* gegründet hatte, unternahm sie noch erfolgreich Konzertreisen in die Schweiz und in andere europäische Länder. Daneben schrieb sie Bücher über Probleme, welche die Lebensreform-

7 Ebenda, S. 6f.

bewegung intensiv beschäftigten.[8] Ida Hofmann sprach sieben Sprachen und war eine kommunikationsfreudige und kreative Person, aber sie litt am Widerspruch zwischen der Vorstellung von einer auf Empathie gegründeten Gesellschaft und der gesellschaftlichen Realität. Dies Leiden machte sie für die Ideen Oedenkovens empfänglich und stärkte ihre Überzeugung, durch die Gründung einer Reformsiedlung Vorbild für eine neue, genossenschaftlich organisierte Form der Gemeinschaft sein zu können. Nach Jahren eines unermüdlichen Engagements auf dem *Monte Verità* und durch die ständigen inneren Konflikte und Richtungsstreite belastet, erkrankte sie und verließ 1920 mit Oedenkoven Ascona, um zunächst nach Spanien, dann nach Brasilien zu gehen, wo sie beide Male Reformsiedlungen nach den alten Prinzipien begründeten, ohne durchschlagenden Erfolg. 1926 starb Ida Hofmann in Sao Paulo.

Henri Oedenkoven, geboren 1875 in Antwerpen, war Sohn eines reichen Industriellen und Schiffsreeders.[9] Schwer krank, konnte ihm zunächst kein Arzt helfen, so dass er sich entschloss, eine Naturheilstätte aufzusuchen. Dort lernte er 1899, wie schon erwähnt, Ida Hofmann kennen und beide entschieden, ab diesem Zeitpunkt in freier Ehe zusammenzuleben. Als sie übereinkamen, eine Reformkolonie zu gründen, war Oedenkoven bereit, das gemeinsame Vorhaben mit einem Teil seines ihm von den Eltern zur Verfügung gestellten Vermögens zu finanzieren. Man suchte zunächst Gleichgesinnte, die bereit waren, die eigenen Vorstellungen zu teilen, traf sich zu diesem Zweck im Oktober 1900 in München, wo eine kleine Gruppe von sieben kulturrevolutionär Gesinnten ihre Bereitschaft zum sozial-kulturellen Experiment erklärte.[10] Man wollte, so der Beschluss, das „bewegliche Vermögen" eines jeden zur Gründung einer Naturheilanstalt einsetzen und als Ort der Gründung „wurde das Ufer eines oberitalienischen Sees in Aussicht genommen und unverzüglich die Wanderung dahin beschlossen."[11]. In

---

8 Ida Hofmann-Oedenkoven, *Wie gelangen wir Frauen zu harmonischen und gesunden Daseinsbedingungen?* Ascona 1902; *Vegetarismus! Vegetabilismus!* in: Blätter zur Verbreitung vegetarischer Lebensweise, Monte Verità, Ascona 1905; *Beiträge zur Frauenfrage*, Winnenden 1915.

9 Andreas Schwab in: Historisches Lexikon der Schweiz, Bern, http:/www.-hls-dhs-dss.ch/textes/d/D49204.php.

10 Einzelheiten bei Robert Landmann, *Ascona – Monte Verità*, S. 19ff.

11 Ida Hofmann-Oedenkoven, *Monte Verità*, S. 9.

dieser Gruppe der Mitbegründer gab es bemerkenswerte Aussteiger: so die Brüder Karl und Gusto Gräser, der erstere ein Offizier der österreichischen Armee, der zweite eine Aufmerksamkeit erregende Prophetengestalt, dessen radikal egalitäre Bedürfnislosigkeit später zu erheblichen Auseinandersetzungen führen sollte, letztlich zur Trennung Gusto Gräsers vom Reformhügel. Ida Hofmann beschrieb ihn in ihren Erinnerungen mit sarkastischen und scharf ablehnenden Worten wie folgt: „Seine äussere Erscheinung und seine innerliche Artung (unterscheidet) sich wesentlich von Allem heute Gewohnten. Nicht unkünstlerisch umhüllt eine lange härene Tunika über Kniehosen die hohe Gestalt eines 22jährigen Burschen. Langes Haar ist durch ein ledernes Diadem von dem sehr regelmäßigen Gesicht zurückgehalten. Bloßfüssig oder mit Sandalen an den Füssen schreitet er ungegürtet, einen Hirtenstab in der Hand. Kinder knieen vor ihm nieder, denn sie meinen, der Heiland erschiene ihnen. Davon ausgehend, dass Schöpfung und Menschheit seiner Entwicklung dienen, dass Geldbesitz schlecht sei, verschanzt sich hier Bettelei und Arbeitsscheu hinter angeblicher Bedürfnislosigkeit. Selbst zu träge um ein angeborenes Künstlertalent weiter zu bilden oder auf andere Art seinen Unterhalt zu bestreiten, hält Gustav Gräser, um satt zu werden, skrupellos in den Gärten der Bauern Einkehr und meint die Menschheit für milde Gaben, Speisung und Wohnung durch seine volltönende Stimme und ein allgemeines Phrasentum über Liebe und Brüderlichkeit voll zu entschädigen; es gelingt ihm oft kleine Geister durch sein Auftreten zu verblüffen; mit Sofismus, aus krankhaften Wahnideen erzeugt, begegnet er den Scharfblickenden und mit mitleidigem Lächeln läßt er sich buchstäblich vor die Türe setzen. Wie unser Schatten war dieser Mann seit München unseren Spuren gefolgt und wirkte durch seine fortdauernde Aufdringlichkeit und einen gewissen lehrerhaften Ton den er selbst Greisen gegenüber für angebracht findet, höchst unangenehm auf seine Umgebung.“[12] Über Gusto Grässer wird später noch etwas eingehender zu berichten sein.

Nachdem Oedenkoven länger nach einem geeigneten Gelände gesucht hatte, fiel die Wahl auf Ascona und den dortigen *Monte Monescia*, den späteren *Monte Verità*. Ziel war ein Experiment im

---

[12] Ebenda, S. 16f.

Sinne der Hauptideen der Lebensreformbewegung, d.h. die Grundsätze einer natürlichen Lebensweise zu befolgen; Vegetarismus, Freikörperkultur, Frauenemanzipation, freie Liebe und Ehe und eine neue Weise des gegenseitigen empathischen Umgangs miteinander zu leben. Der alternative Lebensentwurf, der all dem zugrunde lag und in seinem Kern die Zwänge der modernen Industriegesellschaft negierte, zielte auf eine „Höherentwicklung der Menschheit“[13], die zum einen durch eine gründliche Ernährungsumstellung, zum anderen durch die Neubestimmung des Verhältnisses der Geschlechter und der Beteiligten zueinander bewirkt werden sollte. Nahrungsmittel, die man brauchte, wurden selbst angebaut, das Ideal war die Autarkie, die allerdings nicht dauerhaft erzielt werden konnte. Geplant war eine „zukunftsorientierte Musterkolonie“ auf „genossenschaftlicher Basis“[14] –eine Organisationsvorstellung, die auch Wagner in seinen *Zürcher* Schiften vertrat –, doch Ideal und Praxis klafften sehr bald auseinander. Es zeigte sich nämlich, dass die radikalen Grundsätze, die man zu realisieren gedachte, praktisch nicht durchzuhalten und Kompromisse unabdingbar waren. So wurde die Lebensumstellung auf dem *Monte Verità* am Ende weniger radikal als geplant, die genossenschaftliche Organisation zum Beispiel nie konsequent durchgeführt. Im Richtungsstreit, der sich daraufhin entwickelte, konnte sich die pragmatische Haltung letztlich durchsetzen, weil anders nötige Einnahmequellen, wie etwa das Betreiben des für zahlungsfähige Gäste vorgesehenen Sanatoriums, nicht möglich waren.

Die Auseinandersetzung zwischen den verschiedenen weltanschaulichen Reformgruppen führten unter anderem dazu, dass die Kompromissunwilligen wie Gusto Gräser die Siedlung verließen. Gräser, der die meiste Zeit während seiner Anwesenheit auf dem *Monte Verità* in einer Höhle nahe der Siedlung gelebt hatte, schied aus, als er sah, dass seine Hoffnung, eine quasi-kommunistische Gesellschaftsordnung zu verwirklichen, die sich vor allem aus den Ideen französischer Frühsozialisten wie Saint Simons und Charles Fourier speisten – eine der vielen Ähnlichkeiten mit Wagner, der sich in seinen politischen Schriften der Nachpariser Jahre auf eben dieselben revolutionären Quellen bezog – nicht abzeichnete und nicht realisieren ließ. In den jahrelangen Konflikten, die immer wieder

[13] Andreas Schwab, *Monte Verità*, S. 80.

[14] Ebenda, S. 100.

zwischen den unterschiedlichen Interessen aufbrachen und die Mitglieder vor die Wahl stellten, entweder ihren idealistischen Träumen nachzuhängen oder die Notwendigkeit finanzieller Erträge einzusehen und diese ‚Kommerzialisierung' mit dem Reformkonzept in Übereinstimmung zu bringen, gaben am Ende Ida Hofmann und Henri Oedenkoven ihre Mitarbeit am Projekt auf. 1920 verließen sie den Berg und versuchten in Spanien, später in Brasilien noch einmal ihre ursprünglichen Lebensreform-Ideen umzusetzen, allerdings auch dort vergeblich.

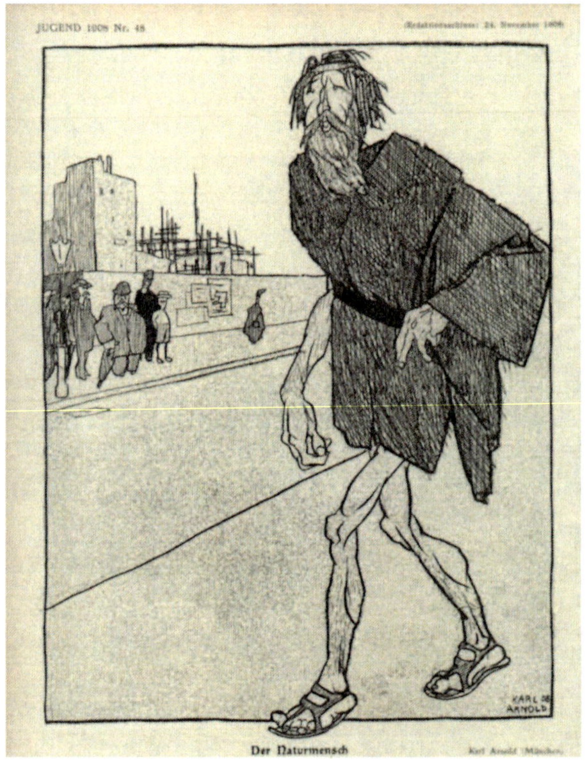

Karl Arnold, Karikatur Gusto Gräsers 1908 in:
Jugend, Münchner illustrierte Wochenschrift für Kunst und Leben

Gleichwohl hatte der *Monte Verità* auf eine Vielzahl von Künstlern und andere Gesellschaftsreformer bzw. anarchistische Revolutionäre eine erhebliche Anziehungskraft. So etwa kam Hermann Hesse bereits frühzeitig mehrfach auf den Berg, um Gusto Gräser, den er auch literarisch verewigte,[15] zu treffen und die Lebensgewohnheiten, mit denen er sympathisierte, zu studieren. Zu den frühen Besuchern, d.h. jenen, die nach der Gründung durch Ida Hofmann und Henry Oedenkoven relativ bald die Siedlung besuchten, häufig auch länger blieben, zählten unter anderem Bakunin, Fürst Kropotkin, Lenin, Trotzki, Erich Mühsam, Leoncavallo, Rudolf Steiner, Emil Ludwig, Gräfin Reventlow, Fidus, Hans Arp, Else Laske-Schüler, Hugo Ball, Paul Ernst, Ivan Goll, Karl Wolfskehl – um nur einige zu nennen.[16] In der zweiten Phase dann, nachdem die Siedlung 1926 von Eduard Freiherr von der Heydt erworben worden war und eher bereits einem Sanatoriumshügel denn einer Lebensreformkolonie glich, kamen unter anderem Gerhart Hauptmann, Edwin Fischer, Bronislaw Hubermann, Ely Ney, Arthur Schnabel, Max Scheler, Max und Alfred Weber, René Schickele, Emil Jannings und Thomas Mann.[17] Man kann gewiss sagen, dass unter allen Siedlungskommunen, die aus der Lebensreformbewegung mit alternativen Lebensentwürfen hervorgegangen waren, der *Monte Verità* die wohl bekannteste und von künstlerischen und intellektuellen Gästen am häufigsten besuchte gewesen ist.

Auf der Parsifal-Wiese

Von Anfang an hatte die Kunst in der Kolonie eine hohe Bedeutung. Das ergab sich aus dem Konzept, das Henri Oedenkoven und Ida Hofmann entworfen hatten. Neben der konkreten Umstellung der Lebensführung im Sinne der allgemeinen Ziele der Lebensreformbewegung spielte auch die Kunst – und hier die Musik und der Tanz – eine besondere Rolle. Die künstlerische Betätigung derer, die Mitglied der Siedlung auf dem *Monte Verità* waren, sollte in Harmonie mit der täglichen Arbeit und dem täglichen Lebensrhythmus stehen. Dass Wagner dabei eine besondere Bedeutung zukam, war Folge der musikalischen Interessen und Ausrichtungen der Pianistin Hofmann. Sie war nicht nur eine ausgezeichnete Pianistin mit bemerkenswerten Konzerterfolgen, sondern „schwärmte

---

15 Vgl. unten S. 236.

16 Robert Landmann, *Ascona – Monte Verità*, S. 59f.

17 Ebenda, S. 229f.

für das kräftige Pathos der Wagnerschen Musik."[18] 1903 schrieb die *London Daily Mail* in einem Artikel mit dem Titel *Wagner and the Return to Nature*, die utopische Gesellschaft bei Ascona mit ihren etwa 38 Personen sei dabei, das Problem, wie man glücklich lebe, zu lösen. Man esse kein Fleisch, ernähre sich von Früchten und Pflanzen und trage einfachste Kleidung. Man kenne keine Gesetze außer denen der Natur und „they amuse themselves with Wagnerian music."[19]

Ob dieses „Amüsement" auf der dort oben eingerichteten „Parsifal-Wiese" stattfand, vermerkte die Zeitung nicht. Diese Parsifal-Wiese, auf der Ida Hofmann am Flügel häufig Wagner zu spielen pflegte, war ein Ort des gemeinsamen Kulturgenusses. „Nach des Tages Mühe", schrieb Ida Hofmann in ihren Erinnerungen, „galten die Abende zwangloser Unterhaltung. Salomonson[20], ein glühender Verehrer Wagner'scher Musik, liest den Parsifal vor, den ich auf dem Klavier zu Gehör bringe."[21] An anderer Stelle, die sich auf die Zeit der Vorbereitungen für den Aufenthalt auf dem *Monte Verità* und das Wohnen in der Pension Engelmann auf dem benachbarten *Monte Trinità* bezieht, heißt es: „Der Abend war meist der musikalischen Unterhaltung gewidmet. Vater Engelmann, eine schöngeistig angehauchte Natur, rezitierte Stellen aus Opern Wagners und begleitete dazu am Harmonium; eine unter einem Tisch angebrachte Lampe verbreitete rotes Dämmerlicht, welches die Wirkung dieser Vorträge wesentlich erhöhte."[22]

---

18 Ebenda, S. 23

19 San Francisco Call, Vol. 94, 22. Juni 1903, Nr. 22, S. 3. https://monteverita.net/1903–2/wagner-and-the-return-to-nature.

20 Salomonson, ein früherer holländischer Konsul, war der Buchhalter der Siedlung, der durch seine Nackheit häufig Aufsehen und Ablehnung in der Bevölkerung erregte. Auf einer Postkarte, die ihn nackt beim Umgraben im Garten zeigte und die er verkaufte, schrieb er: „Die Schande hat uns gekleidet, die Ehre wird uns wieder nackt machen." Robert Landmann, *Ascona – Monte Verità*, S. 39.

21 Ida Hofmann-Oedenkoven, *Monte Verità*, S. 50.

22 Ebenda, S. 15.

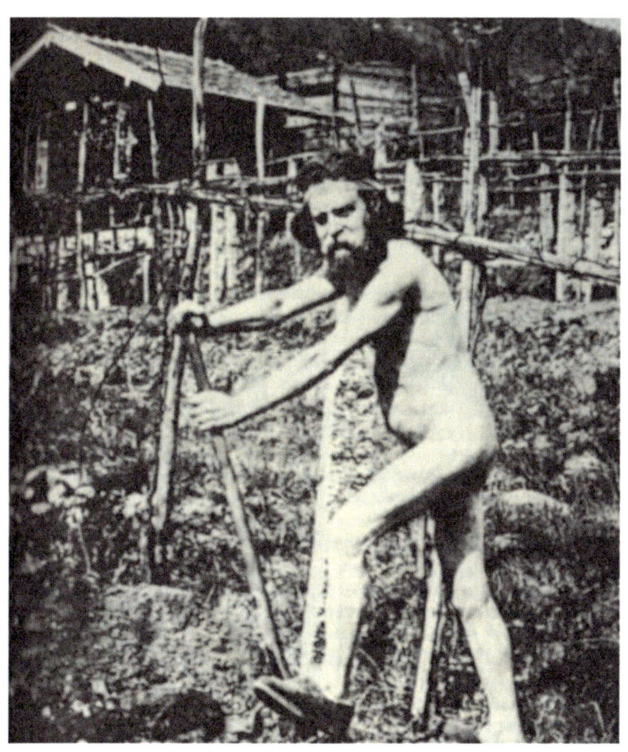

Salomonson bei der Gartenarbeit[23]

Es verwundert nicht, dass ausgerechnet der *Parsifal* als Beispiel der musikalischen Abendbeschäftigung zitiert wird; immer wieder erscheint er als das bevorzugte Werk Wagners auch in anderen Reformsiedlungen, oder dient er, wie das Beispiel der Darmstädter Künstlerkolonie mit der Einweihung des Ernst-Ludwig-Hauses gezeigt hat,[24] als Vorlage für eine Komposition, die in Anlehnung an seinen musikalischen Duktus zu einem feierlichen Anlass komponiert wurde. Diese Beliebtheit des ‚Bühnenweihfestspiels' hatte vermutlich mehrere Gründe: zum einen die vielen Hinweise auf eine friedliche Natur, so etwa die Regieanweisung zum 3. Aufzug, erste Szene: „Freie anmutige Frühlingsgegend mit nach dem Hintergrunde zu sanft ansteigender Blumenaue, musikalisch am deutlichsten im ‚Karfreitags-Zauber'" (3. Aufzug); zum anderen etwa die Szene mit den Blumenmädchen, die gleichsam als Naturwesen

---

23 Bild aus Robert Landmann, *Ascona –Monte Verità*, S. 39.

24 Vgl. oben S. 122.

singend den Protagonisten bedrängen; oder auch Parsifal als ‚der reine Tor', der fern aller Zivilisation aufgewachsen und daher unverdorben, eben ‚rein' ist, ganz mit der Natur im Einklang und so zugleich ein Geschöpf, das den unschuldigen Urzustand der Menschheit in sich verkörpert. Schließlich die pazifistische Gesinnung, die dem Stück eingeschrieben ist und die später dazu geführt hat, dass es ab 1939, also ab dem Beginn des zweiten Weltkriegs, an deutschen Opernhäusern nicht mehr gegeben wurde. Dazu eine Musik, deren sakraler Charakter im 1. und 3. Aufzug, die beide im Bezirk des ‚heiligen Grals' spielen, als jene Naturverklärung empfunden werden konnte, die ja auch ein zentrales Ziel der Lebensreformbewegung war. Nicht zufällig hieß der Versammlungsort, an dem die künstlerischen Tätigkeiten stattfanden, auf dem *Monate Verità* „Parsifal-Wiese"; die Assoziation des ‚reinen Tors' verband sich hier mit der Unschuld der Natur, denn die Wiese war das Sinnbild eines zahllose Pflanzen vereinenden Gebietes, das zugleich auch die Grundlage für die Ernährung zahlreicher Tiere, von Insekten und Faltern bis zu Hasen und Rehen, war.

Die ‚Klavierabende' boten aber über Wagner hinaus ein durchaus breites musikalisches Spektrum, auch wenn Wagner immer wieder ins Zentrum der Darbietungen rückte. 1903 berichtete der *Corriere della Sera* über einen „musikalischen Abend bei Ida Hofmann"[25], und aus diesem Bericht soll hier etwas ausführlicher zitiert werden, um die Atmosphäre eines solchen Abends wiederzugeben: „Im Saal befand sich ein gutes Dutzend Personen, Herren und Damen. Eine außergewöhnlich schöne, zierliche Frau fiel auf, die nach der neuesten Mode gekleidet war und durch ihre Eleganz herausstach. Es war eine der Freundinnen, die aus dem nahen Ascona gekommen waren, wo sie mit ihrem Mann einem etwas weniger strengen Vegetariertum anhing, einer etwas weniger strengen Diät.

Frau „edenkowen-hofmann" (auf ihrer Visitenkarte fanden sich keine Großbuchstaben) setzte sich ans Klavier. Sofort war eine Musikerin von erster Qualität zu erkennen und eine unübertroffene Interpretin des melodiösen Leitgedankens. Die Noten vibrierten vor Freude, ihre edle Freudigkeit wandelte sich zur Energie, die hohe Gebärde eroberte die Sonne. Ist es die Musik oder das Ge-

---

[25] Angelo Nessi, *Nel recinto della Verità. Dal ‚Corriere della Sera'*, 1903, http://ww.gusto-graeser.info/Sprache Italienisch/HofmannIda/T.html. Die hier zitierte deutsche Übersetzung stammt von Bettina Bermbach.

wand, das ihr an der Hüfte entlang fiel oder sind es die goldenen Haare, die ihr auf die Schulter fielen? [...] Aus dem Fenster konnte ich in der Ferne kleine Lichter erkennen, die sich nach und nach entzündeten. Das ist Brisaggio. In einem der kleinen erleuchteten Häuser war vielleicht der hochverehrte Leoncavallo gerade dabei, eine neue triumphale Oper zu komponieren.

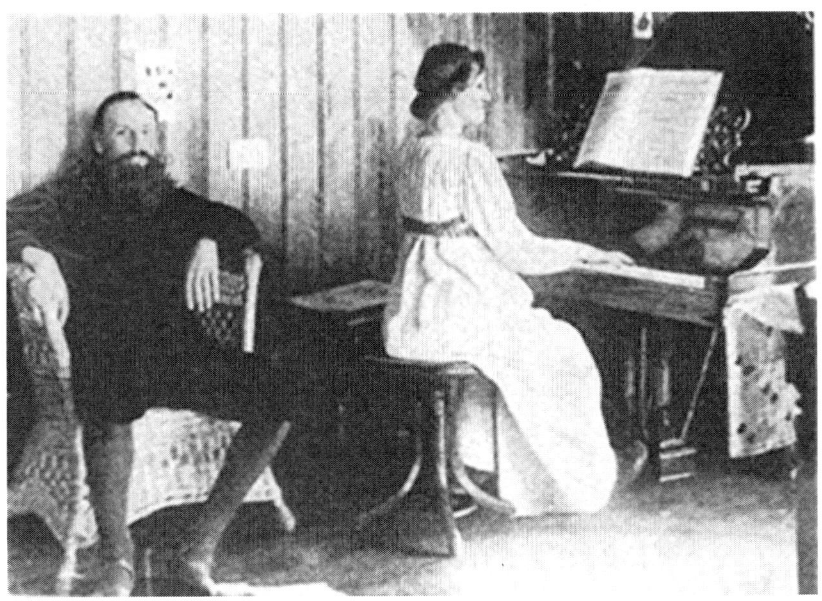

Henri Oedenkoven und Ida Hofmann
auf dem Monte Verità, um 1903

Nun ist es Meister Lutzow, der die Geige spielt. *Noninna* von Langenau – ein kleines, sentimentales Lied.“ Doch dann kommt Wagner, ebenfalls von Lutzow auf dem Klavier gespielt: „Ungestüm, gewaltig, rasend in einem Sturm von Noten die Musik Richard Wagners. Die Walküren reiten unter einem trüben Himmel, derweil bedrohliche Wolken aufziehen. [...] So groß ist die Fingerkraft des Meisters Lutzow, dass ich Angst habe, dass das Klavier unter dem Anschlag zerspringt. [...] Der Applaus endet, tausend Rufe werden laut. Es ist spät! [...] Man bringt schon Laternen, man kann kaum noch die Wege erkennen, die nach Ascona führen.“

Solche Abende gab es viele und Wagners Musik stand stets mit auf dem Programm. Bei so viel Wagner-Begeisterung war Bayreuth nicht weit. In ihren Erinnerungen berichtet Ida-Hofmann: „Ein wichtiges Ereignis auf geistigem Gebiet, welches ich mit unserem Wirken auf *Monte Verità* in innerliche Beziehung (sic!) bringe, ist unser im Monat August 1904 erfolgter Besuch der Bayreuther Festspiele. [...] Die Stimmung, in welcher ich mich dem langersehnten Ziele, dem freier Kunst bestimmt gewesenen Boden nähere, ist begreiflich gehoben. Das rege Getriebe am Bahnhof, Verkäufer von allerhand Festprogrammen mit ihrem anpreisenden Geschrei stimmen schlecht dazu. [...] Herr Hager, der rührige Vorstand des Lichtbades Bayreuth, führt uns zu dem für unsere nächtliche Unterkunft freigestellten Luftbad und um ½4 befinden wir uns unter der vielköpfigen Menge, welche sich vor dem Beginn der Aufführungen und in den Zwischenakten auf dem Festhügel bewegt. Ein flüchtiger Blick auf ihn genügt, um zu erkennen, dass Bayreuth den meisten Besuchern als Modesache gilt. Man bemerkt grossen Luxus der Toilette, insbesondere die Hüte der Damen weisen geradezu Monumentalbauten auf. Das Theater, ein roter Ziegelbau, ist innen ganz unauffällig grau in grau gehalten; der Bühnenvorhang ist geschmacklos. Es scheint, als ob Wagner sein Hauptinteresse in der künstlerischen Gestaltung nur der Festspiele concentrirt und die äußere Schale nur als Mittel zum Zweck betrachtet hätte. Doch der eigenartige Zauber, die Weihe des Gedankens und der Tat nehmen den geistigen Zuhörer im *Parsifal* bald gefangen. Das Orchester spielt tadellos, die Scenerie, besonders die Verwandlungen wirken märchenhaft, wenngleich zwei Hauptmomente die Vollkommenheit des Gebotenen stören. Das Orchester übertönt die Sänger und diese werden dadurch oft zum Schreien veranlasst. Störend wirkt auch die Leibesfülle der meisten Sänger hier wie auf anderen Bühnen, besonders in der Darstellung jugendlicher Helden oder von Liebespaaren. Die Aufführung beginnt um 4 Uhr, der Zuschauerraum wird ganz verdunkelt, das Orchester ist unsichtbar. Nach meinem Dafürhalten müsste es noch tiefer aufgestellt sein, damit seine Klänge abgetönt werden. In den Zwischenpausen strömt das Publikum nach den im Freien befindlichen Restaurants.

Am 12. August hören wir *Tannhäuser*. Mein Interesse an dieser Aufführung gipfelt im Auftreten Isidora Duncans als Grazie. Die neuartige Form ihres Tanzes wird viel besprochen und von der öffentlichen Meinung teils freudig begrüsst, teils gehässig kritisirt. Die Duncan tanzt in durchsichtigem Gewande und barfuss. Am nächsten Morgen befinden wir uns auf der Chaussee nach der Erémitage, einem vordem gräflichen Park mit altertümlichem Schlossbau. Dort bewohnt Isidora Duncan eine kleine, ihr von Frau Cosima Wagner zur Verfügung gestellte Villa. Das anmutige Mädchen stand im Reitkleid an der Schwelle des Hauses und streckte uns liebenswürdigst die Hand entgegen. Nach einem tadelnden Hinweis auf ihr geschmackloses Reitkleid verschwand sie, um in ihrem gewöhnlichen Gewand altgriechischer Hemdform wiederzukehren."[26]

1904 waren für die Festspiele insgesamt 20 Vorstellungen vorgesehen, darunter zwei Ring-Zyklen, siebenmal der *Parsifal* und eine Wiederaufnahme des *Tannhäuser* von 1891 mit fünf Vorstellungen.[27] Die Sensation dieser Festspiele war die Mitwirkung Isidora Duncans, die von Henry Thode für die Festspiele entdeckt worden war. Thode war ein bekannter Kunsthistoriker, Schwiegersohn Cosima Wagners, deren Tochter Daniela von Bülow er geheiratete hatte. Im Februar 1904 hatte Isidora Duncan in Berlin Cosima Wagner privat vorgetanzt und diese war sofort gewillt, die Tänzerin für Bayreuth zu engagieren. Duncan verlangte nur eine Aufwandsentschädigung, wollte aber zugleich keine anderen Tänzerinnen mit auf der Bühne haben, weil sie sich, wie Cosima ihrem Vertrauten Adolf von Groß erläuterte, von allen „Ballettkonventionen" gelöst habe. Cosima empfand sie zwar als eine „merkwürdige Erscheinung", aber sie stellte doch fest, Duncan gehe von der Musik aus, sei vor allem „im bacchantischen Taumel" hervorragend und strebe die Wiederbelebnung des antiken Tanzes an. Sie sei eine „Individualität von wahrhaft künstlerischer Bedeutung", ihr Tanz mache einen „unbeschreiblichem Eindruck" und sie erwarte sich „Bedeutendes."

Isidora Duncan traf im Mai in Bayreuth ein, wohnte – wie Ida Hofmann vermerkt hatte – im Haus Philippsruh neben der Eremitage und ritt täglich, was für beträchtliches Aufsehen sorgte, auf einem Schimmel zu den Proben ins Festspielhaus. Um ihr Kostüm gab es bald Debatten zwischen Cosima und ihr. Duncan pflegte in einer griechischen Tunika aufzutreten, in der ihr Körper sichtbar

---

[26] Ida Hofmann-Oedenkoven, *Monte Verità*, S. 80ff.

[27] Dazu und zum folgenden eingehend Oswald Georg Bauer, *Die Geschichte der Bayreuther Festspiele*, Bd. I 1850–1950, Berlin/München 2016, S. 341f. Hier auch die folgenden Zitate.

wurde. Cosima schickte ihr deshalb ein langes weißes Unterkleid und bat sie, das darunter zu ziehen. Doch die Duncan weigerte sich und trat in der Premiere in ihrer üblichen Tunika auf, was zu erregten Debatten im Publikum führte. Kam hinzu, dass sie barfuß und mit nackten Beinen tanzte, was ebenfalls heftige Diskussionen auslöste. Gleichwohl war ihr Auftritt ein großer künstlerischer Erfolg: Cosima hatte sie geschrieben, das Bacchanal sei kein „divertissement frivol ou agréable" sondern der „Tanz der Zukunft". Was sie darzustellen suche, seien die Visionen Tannhäusers in den Armen der Venus, „tanzende Massen, die, im Wirbelwinde gleich, vom wilden Rhythmus dieser phantastisch sinnlichen Musik erfasst, in toller Ekstase dahinrauschten." Um dies zu erreichen, müsse „eine einzige flehentliche Gebärde tausend verlangende Arme hervorzaubern, muß ein einziges Zurückwerfen des Hauptes einen bacchantischen Tumult darstellten, der die brennende Leidenschaft in Tannhäusers fieberndem Blut zum Ausdruck bringt."

Dass Ida Hofmann für Duncan größte Sympathien hegte, liegt auf der Hand. Schon das Tragen der Tunika kam dem auf dem *Monte Verità* herrschenden Stil einfachster, selbstverfertigter Kleidung entgegen und die Beharrlichkeit, mit der die Duncan auf ihrem eigenen Stil in Bayreuth bestanden hatte, imponierte außerordentlich. Es war der Geist der Lebensreform, der sich hier Bahn zu brechen schien und in dem mitgebrachten, einfachen Kleid der Duncan seinen symbolischen Ausdruck fand. Ida Hofmann, die zu den Festspielen selbst „ein einfaches Reformkleid, Sandalen und offenes, durch ein Band zurückgehaltenes Haar" trug und Henri Oedenkoven in „einem kleidsamen Reformanzug mit Kniehosen, Sandalen und Socken"[28] , erregten beide damit höchstes Aufsehen bei den Festspielgästen. Ducans Kunstauffassung und persönliche Selbstbehauptung gegenüber den Einsprüchen von Cosima Wagner fand ebenfalls ungeteilte Zustimmung und Ida Hofmann wollte sofort, dass Isidora Duncan auf den *Monte Verità* kommen sollte, um dort an dem Reformexperiment teilzunehmen. „Ihren eigenen Worten zufolge strebt Miss Duncan eine Renaissance der Tanzkunst wie der kindlichen Körperform an [...]. Wir streben eine Renaissance des Menschengeschlechtes an – es war als ob wir einander zu ähnlichem Zweck begegnen und vielleicht gegenseitig auf unse-

[28] Ida Hofmann-Oedenkoven, *Monte Verità*, S. 81.

rem Arbeitsfeld ergänzen sollten."[29] Bayreuth wurde hier unversehens in die Reformbemühungen auf dem *Monte Verità* ebenso einbezogen und eingenommen wie Wagners Musik und seine Ideen aus den *Spätschriften.*

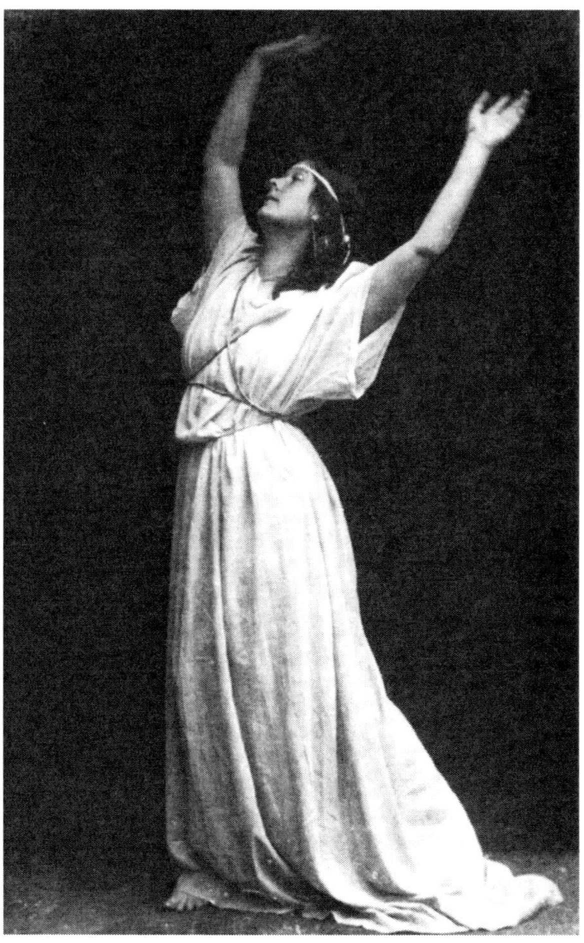

Isidora Duncan 1904 als Grazie
Tannhäuser, Venusberg

Obwohl Isidora Duncan von Ida Hofmann und Henri Oedenkoven umworben wurde, kam sie nicht nach Ascona – wohl aber später, wie oben berichtet, nach Hellerau. Doch damit war der

[29] Ebenda, S. 84.

Plan, auf dem *Monte Verità* modernen Ausdruckstanz zu etablieren, nicht gestorben. Der ungarische Tänzer und Choreograph Rudolf von Laban, ebenfalls ein profilierter Vertreter des modernen Ausdruckstanzes, kam nach Ascona und begründete auf dem *Monte Verità* eine eigene Schule, die ab 1913 immer im Sommer arbeitete und viele bedeutende Tänzer wie etwa Mary Wigman anzog.[30]

Von Ascona aus gingen stimulierende Impulse zur neuen Tanzbewegung aus, die den Ausdruckstanz nicht nur in den Reformsiedlungen wie Hellerau entscheiden beeinflussten, sondern auch zu den großen Opernbühnen des Landes vordrangen und dort umgesetzt wurden. Auf dem *Monte Verità* wurde der Tanz entsprechend dem Konzept von Labans und den Wünschen Ida Hofmanns mit anderen Künsten synthetisiert. Dem lag die Überzeugung zugrunde – eine ganz und gar dem Wagner'schen Gesamtkunstwerk verpflichtete Überzeugung –, dass alle Kunst stets im Zusammenhang mit dem ganzen Leben stand.

Wohl am eindrucksvollsten wurde die Verbindung von Kunst und Leben in jenen großen Tanzdramen deutlich, die unter von Labans Leitung jeweils am Ende der von ihm gegebenen Sommer-

---

[30] Hugo von Laban (1879 -1958) war der Sohn eines ungarischen Feldmarschalls und wuchs in Wien und Sarajewo auf. 1899 zog er nach München, um an der dortigen Kunstakademie zu studieren und setzte dieses Studium später in Paris fort. Finanziell stets unter Druck, schlug er sich als Grafiker und Karikaturist durch, eröffnete 1910 in München eine eigene Tanzschule, die ihm nicht den Lebensunterhalt einbrachte. Erst auf dem *Monte Verità* gelang ihm mit den berühmten Sommerkursen von 1913 bis 1919 der erfolgreiche Durchbruch mit seinem expressionistischen Tanzstil, der die geistige Erneuerung der Menschheit visuell zum Ausdruck bringen sollte. Nach dem Weltkrieg gründete er in Zürich eine Schule für Bewegungskunst, in welcher der Tanz vieles synthetisieren sollte. 1922 ging er nach Hamburg, von wo aus seine Schüler in ganz Europa vierundzwanzig Laban-Schulen gründeten. In Berlin übernahm er von 1930 bis 1934 die Leitung des Balletts der Deutschen Staatsoper, bereitete 1936 noch die Choreographie der Olympischen Spiele mit vor, flüchtete dann aber nach England und begründete in der Nähe von London erneut eine Bewegungsschule, die er, einer der berühmtesten Tanzlehrer und Choreographen Europas, bis zu seinem Tode leitete. Vgl. u.a. Fritz Böhme, *Rudolf von Laban und die Entstehung des Modernen Tanzdramas*, Berlin 1996; Evelyn Dürr, *Rudolf von Laban. Leben und Werk des Künstlers*, Berlin 1999.

kurse stattfanden, zu denen ein interessiertes Publikum eingeladen wurde. Zu einiger Berühmtheit – und in der Literatur immer wieder zitiert – gelangte das einen ganzen Tag dauernde Tanzdrama *Istars Höllenfahrt*, in dem die daran teilnehmenden Menschen sich von aller Zivilisation befreien und zu einem neuen Leben finden sollten. Am Beispiel des alten Babylons wurde hier ein Emanzipationsprozess getanzt, der symbolisch aus den Zwängen der Moderne führen sollte. Ähnliche Intentionen verfolgte der *Sang an die Sonne*, der zum Ende eines vegetarischen und pazifistischen Kongresses im Sommer 1917 aufgeführt wurde. Der begann zum Untergang der Sonne, wurde mit dem Tanz der Dämonen der Nacht weitergeführt, um dann am frühen Morgen vor der Berghöhle Gusto Gräsers die aufgehende und siegende Sonne als Hoffnung zu begrüßen und die radikale Änderung der vorherrschenden Lebensverhältnisse herbeizuwünschen. Die Tänzer stiegen dabei in jedem Abschnitt in höhere Bergregionen auf, standen schließlich auf der Bergkuppe der Sonne zugewandt – lebendes Bild jenes Lichtkultes, den Fidus in seinem *Lichtgebet*[31] verewigt hat. Verkörpert wurde die „utopische Hoffnung nach Höherentwicklung in reiner, symbolischer Form“[32], in Vorformen jenes Ausdruckstanzes, der zu dieser Zeit bereits die Bühnen erobert hatte und Tänzerinnen wie Isidora Duncan und Mary Wigmann, die sich Anregungen auf dem *Monate Verità* geholt hatte, weltberühmt machte.

Veränderungen und Ausklang

Zwischen Ida Hofmann-Oedenkoven, Oedenkoven und vielen Künstlern entwickelte sich ein teilweise reger Kontakt und Briefverkehr. Vor allem während der Jahre reformerischen Hochbetriebs fanden sich, wie bereits erwähnt, eine Fülle von Künstler, Philosophen und Dichter auf dem *Monte Verità* ein, so etwa der tiefbeeindruckte Hermann Hesse, der neugierige Thomas Mann, der anfangs dort lebende Erich Mühsam, der vorbeischauende Rudolf Steiner, die exaltierte Frauenrechtlerin Franziska Gräfin zu Reventlow, die Anarchisten Peter Kropotkin und Michael Bakunin, Malerpropheten wie Karl Wilhelm Diefenbach und Hugo Höpner,

31 Vgl. S. 223.

32 Andreas Schwab, *Monte Verità*, S. 192f.

genannt Fidus. Sie genossen die unkonventionellen Kommunikationsformen, das genossenschaftliche Zusammenleben und die abendlichen Kunstdarbietungen. Die politisch Engagierten wie Mühsam, Kropotkin und Bakunin verstanden das Experiment als eine Vorform des erhofften Anarchismus, doch Mühsam erkannte schon bald, dass er sich getäuscht hatte. Er verstand die in Maaßen ablaufende Anpassung des Kurbetriebs an wirtschaftliche Erfordernisse als eine Kommerzialisierung und diese als Verrat an der ursprünglichen Idee. Seine veröffentlichten Erfahrungen waren eine scharfe ideologische Abrechnung mit einem Versuch, den er als in bürgerlichen Verhaltensweisen stecken geblieben charakterisierte.[33]

Die Gründer bemühten sich freilich, dort, wo sie Falschberichte über die Siedlung vermuteten, zu korrigieren. So schrieb Ida Hoffmann auf einen Bericht „Abseits des Weges", der im *Berliner Tageblatt*[34] erschienen war: „Wie ist es auch möglich, während eines halb- oder selbst mehrstündigen Besuches, den uns Interessenten abstatten, die aus der Summe vieljähriger Erfahrung und konzentrierten Allgemeinbetrachtungen geborenen Ziele ganz zu verstehen und das weitverzweigte System einer auf *Regeneration des entarteten Menschengeschlechtes* ausgebaute Organisation einzudringen? [...] Wir sind überzeugt, dass die Mehrzahl unserer Mitmenschen es nicht als Entbehrung empfinden werden, wenn sie sich ihrer Stehkragen, Mieder, Hüte, Handschuhe oder sonstiger Modefesseln entledigen und ihren Körper den rettenden Einflüssen der Luft und der Sonne zuführen oder in kleidsame Gewänder hüllen können und dass sie in dem Tausch von animalischer Kost, Alkohol und anderen schädlichen Getränken gegen reinste Pflanzen- und Fruchtnahrung höchstens eine zu ändernde Gewohnheit erblicken. Nur Luxus und alle schädigenden Einflüsse einer falschen Kultur entbehren wir gern; wir fliehen die Städte als Brutherd von Elend und Not, von Krankheit und Laster, von quälenden Vorurteilen. Ja, ‚hochfliegende Pläne' begleiten unser Tagwerk – doch

[33] Erich Mühsam, *Ascona. Eine Broschüre*, Ascona 1905.

[34] Berliner Tageblatt, Friedrich Dernburg, *Abseits des Weges*, 2. April 1905. Die hier zitierte Antwort von Ida Homann erschien im selben Blatt am 16. Mai 1905. Nachweis https://monteverità.net/1905–2/monte-verità/. Die Kursivierung von mir, weil sie eine wörtliche Formulierung Wagners ist.

nur wer hoch fliegt, kann Hohes erreichen. Der *Monte Verità* soll Kindern eine Reformschule im fortgeschrittenen Sinne bieten, Industrien für wahre Kulturbedürfnisse sollen ins Leben gerufen werden. Wir trachten, unsere Bibliothek mit den besten Schöpfungen der besten Tagesliteratur zu versehen, unser Verkehr mit der Außenwelt ist sehr rege, Arbeit und Zerstreuung kürzen hier das Leben in wechselvollster Weise. Ist das Abgeschiedenheit, ist das Entsagung?"[35]

Wie noch oft gegenüber Zeitungs- und Zeitschriftenberichten, die sie für entstellend oder falsch hielt, beschwörte Ida Hofmann auch hier die ursprünglichen Ziele der Reformsiedlung. Sie stimmten ihrem Inhalt nach im Wesentlichen mit dem überein, was Wagner in seinen *Spätschriften* als Bedingung und Ziel der *Regeneration des entarteten Menschengeschlechtes* – so auch seine Formulierung – mehrfach formuliert hatte. Wenn Chamberlain in seiner Wagner-Biographie gemeint hatte, Wagner sei es weder 1849/50 noch später je um Revolution gegangen, weil diese stets nur die politisch-sozialen Institutionen verändern wolle, wohingegen *Regeneration* von entschieden größerer Eingriffstiefe sei, weil sie auf eine komplette Veränderung nicht nur der Institutionen, sondern auch des menschlichen Bewusstseins und Verhaltens abziele[36], so lässt sich dieses Verständnis von *Regeneration* auch bei Ida Hofmann finden; sie selbst gebraucht es mit Bezug auf den *Monte Verità* vollkommen im Sinne Wagners bzw. Chamberlains.

Im Laufe der Jahre freilich entwickelte sich der *Monte Verità* mehr und mehr zu einem Kurort, der eine bestimme Klientel anzog. Aus ganz Europa kamen Gäste – die Mehrheit stammte aus Deutschland, doch Schweizer, Russen, Franzosen, Italiener und Österreicher waren ebenfalls stark vertreten[37] –, welche die auf dem Berg angebotenen Möglichkeiten eher im Sinne von Kuraufenthalten nutzten und das dahinterstehende Reformkonzept nicht allzu sehr beachteten, auch wenn sie mit ihm sympathisieren mochten. „In den achtzehn Saisons, in denen Hofmann und Oedenkoven Gäste aufnahmen", heißt es in einer Darstellung zum *Monte Verità*, „wurde der Monte Verità zum Anziehungspunkt einer Gruppe von

---

35 Ebenda.

36 Houston Stewart Chamberlain, *Richard Wagner*, München 1896, S. 212ff. Ebenso Udo Bermbach, *Houston Stewart Chamberlain*, S. 81ff.

37 Genaue Zahlen Andreas Schwab, *Monte Verità*, S. 142f.

selbstbewussten Bürgerinnen und Bürgern, welche eine alternative Erfahrung abseits der Konventionen suchten. Als frühe europäische Kosmopoliten besaßen sie genug finanzielle Mittel, um sich die Reise und einen mehrwöchigen Aufenthalt im Sanatorium zu leisten. Für eine spezifische Gruppe von Personen, die dem ‚selbstverwirklichenden Milieu' zugezählt werden kann, war der Monte Verità ein attraktives Reiseziel, wo sich außerdem ab und zu ein prominenter Schriftsteller einfand. Die allermeisten der Gäste begaben sich nach einigen Wochen Aufenthalt wieder in ihre gewohnten Lebensumstände zurück."[38]

Diese Kommerzialisierung, die mehr und mehr um sich griff, um die Siedlung finanziell halten zu können, stand nicht ganz im Einklang mit den ursprünglichen Gründungsabsichten. Das Auseinandertreten von Ideal und Praxis führte deshalb zu internen Auseinandersetzungen unter den Bewohnern und spaltete die Kolonie. Wer auf den radikalen Imperativen des Anfangs bestand – wie etwa der Hermann Hesse Freund Gusto Gräser – , verließ Ascona, so dass die Pragmatiker, welche die wichtigsten Imperative der Lebensreform mit den außerhalb des *Monte Verità* herrschenden Lebensbedingungen harmonisieren wollten, zurückblieben. Diese Phase der Weiterentwicklung braucht hier nicht mehr betrachtet zu werden, weil er für das Thema dieses Buches unerheblich ist. Bedeutsam bleibt, dass der *Monte Verità* für viele Reformgesinnte nach wie vor seine Anziehungskraft behielt. Es fanden sich immer wieder Menschen, die für die Reformsiedlung höchste Sympathie zeigten, es fanden sich mehrfach neue Geldgeber. Andere Aufgaben traten hinzu, so etwa die durch Olga Froebe-Kapteyn 1933 begründeten Eranos-Tagungen, deren Ziel es war, zwischen Ost und West eine intellektuelle Brücke zu bauen und die mit dem Thema „Joga und Meditation im Osten und Westen" begannen. Diese Eranos-Tagungen, die noch nach dem Ende des zweiten Weltkrieges stattfanden, versammelten prominente Wissenschaftler, Künstler und Philosophen wie etwa C.G. Jung, Martin Buber, Leo Baeck, Gershom Scholem, Karl Kerényi, W.F. Otto, Adolf Portmann – um nur einige Namen zu nennen.[39]

---

[38] Ebenda, S. 147.

[39] Robert Landmann, *Ascona. Monte Verità*, S. 231ff. Vgl. auch Hans Thomas Hakl, *Eranos. Nabel der Welt. Glied der goldenen Kette. Die alternative*

Für Ida Hofmann und Henri Oedenkoven wurde die konfliktbehaftete Entwicklung der Reformsiedlung zunehmend zu einer psychischen Belastung. Sie gaben deshalb, wie schon erwähnt, 1920 ihre leitenden Positionen auf und verließen Ascona. Zunächst gingen sie nach Spanien (auch einer Erkrankung Ida Hofmanns wegen), versuchten dort eine Neugründung, zogen jedoch sehr bald weiter nach Brasilien, wo sie ebenfalls erneut den Versuch unternahmen, ihr ursprüngliches Konzept einer grundlegenden Veränderungen des menschlichen Lebens zu realisieren – freilich ohne Erfolg.

Gleichwohl bleibt der *Monte Verità* unter allen praktizierten Formen neuer Lebensgemeinschaften, die durch die Intentionen der Lebensreformbewegung stimuliert worden waren, die bedeutendste und historisch den nachfolgenden Generationen am nachhaltigsten im Gedächtnis. Nicht nur, weil die Siedlung von allen am längsten bestand und ihre Existenz gegen alle internen wie externen Konflikte, Angriffe, Schwierigkeiten verteidigen konnte – was alleine schon eine mehr als beachtliche Leistung ist –, sondern auch, weil sie das größte und beeindruckendste Sozialexperiment innerhalb der Lebensreformbewegung gewesen war, mit einer ungeheuren und wirkungsmächtigen öffentlichen Beachtung. Der *Monte Verità* hatte zu seiner Zeit gezeigt, was möglich war und wo die Grenzen des Machbaren für politische, soziale, ästhetische und ökonomische Experimente lagen. Auf den Wunsch, dem Leben selbst neue Inhalte zu geben und dieses Leben substantiell mit der Kunst zu verbinden, gaben die Siedler des *Monte Verità* Antworten, die über den engen Kreis Asconas hinaus Gültigkeit hatten und nebenbei, *cum grano salis*, auch für jene utopischen Zielperspektiven galten, die den Wagner'schen *Spätschriften* eingeschrieben sind.

Geistesgeschichte, Gaggenau 2015, sowie Elisabetta/Matthias Riedl/Alexandra Tischel (Hrsg.), *Pioniere, Poeten, Professoren*, Würzburg 2004.

Die Kunststätte Bossard

Zur Ausgangslage

Etwa 38 km südlich von Hamburg, in der Nordheide bei Jesteburg, liegt ein rund drei Hektar großes Waldgrundstück, das der aus der Schweiz stammende Bildhauer, Maler und Grafiker Johann Bossard 1911 erwarb, um dort ein Wohn- und Atelierhaus und einen Kunsttempel zu bauen und auf der Anlage einen Skulpturen- und Klostergarten, einen Baumtempel mit Steinkreis sowie eine Monolithenallee plus ausreichender Fläche für landwirtschaftliche Nutzung einzurichten. Die großzügig geplante Anlage abseits aller Wohngebiete war nach dem Selbstverständnis ihres Gründers ganz und gar im Geiste Richard Wagners geplant und, wie Bossard glaubte, an dessen Konzept des Gesamtkunstwerks ideell ausgerichtet.[1] Im Unterschied zu *Hellerau* und dem *Monte Verità*, die beide politisch eher im links-liberalen bis radikal-linken, ja anarchistischen Spektrum angesiedelt waren, ist die heute so genannten *Kunststätte Bossard* ein Beispiel für jene völkisch-nationale Strömung, die innerhalb der Lebensreform ebenfalls einen beachtlichen Anteil hatte.

Johann Bossard, 1874 geboren, verlebte eine schwere und durch finanzielle Not geprägte Kindheit und Jugend.[2] Mit elf Jahren verlor er nach einer Scharlach-Infektion die Sehkraft auf seinem rechten Auge. 1890 begann er eine Lehre in einer Hafnerwerkstatt, wo er den Bau von Brennöfen und den Umgang mit Keramik lernte, was für seine spätere künstlerische Arbeit von höchster Bedeutung war.

---

1 Vgl. dazu Gudula Mayr (Hrsg.), *100 Jahre Kunststätte Bossard. Ein expressionistisches Gesamtkunstwerk am Rande der Lüneburger Heide*, Jesteburg 2011; für die hier vorgetragenen Überlegungen ist grundlegend: Gudula Mayr, *„Licht und Dunkel" – „Schall und Stille". Johann Bossard und Richard Wagner*, in: wagnerspectrum 2/2014, S. 133ff. Vgl. auch Oliver Fok, *Die Kunststätte Bossard. Das Gesamtkunstwerk in Jesteburg*, in: *Die Lebensreform*, Bd. II, S. 139ff.

2 Ein ausführlicher Lebenslauf von Bossard findet sich in: Magdalena Schulz-Ohm, *Vom Künstlerhaus zum Gesamtkunstwerk. Eine exemplarische Untersuchung von Johann Michael Bossards expressionistischer Kunststätte*, Diss. Phil. Manuskript Hamburg 2017, Bd. I, S. 74ff. Diese Dissertation, aus der die folgenden Angaben stammen, ist die bisher ausführlichste Darstellung und Wertung der Kunststätte Bossard.

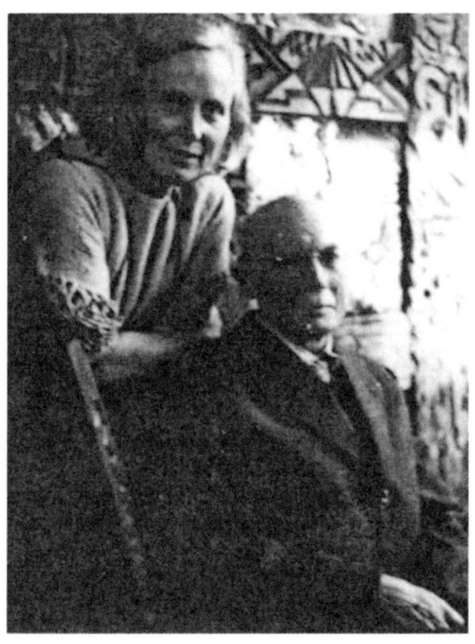

Jutta und Johann Bossard im Jahr 1949

Von 1894 bis 1903 studierte er zunächst an der Münchner Kunstgewerbeschule und an der Bayerischen Akademie der bildenden Künste, wechselte später nach Berlin, wo er seine künstlerische Ausbildung abschloss, aber als Künstler keinen durchschlagenden Erfolg hatte. Seit 1897 stellte er als freier Künstler in Verkaufsausstellungen aus und begann, die Kunst als Lebensunterhalt zu betrachten. Zwischen 1899 und 1903 absolvierte er ein Studium der Malerei. 1905 hatte er die Gelegenheit, für ein Jahr nach Rom zu gehen und dort, wie so viele deutsche Künstler, sich mit der römischen und italienischen Kunst vertraut zu machen. Nach diesem Jahr kehrte er nach Berlin zurück und begann, mit eigenen Arbeiten erste Erfolge zu haben. Während seiner Studienjahre beschäftigte er sich als Autodidakt mit Philosophie, Mythologie, Religionen und Weltanschauungen und hatte Kontakte zu anthroposophischen wie theosophischen Gesellschaften. Sein Bildungsdrang führte ihn allmählich zu der Auffassung, die Einzelkünste, die er studiert hatte, sollten synthetisiert werden – und damit näherte er sich dem Gedanken des *Gesamtkunstwerks* an. 1907 wurde Bossard als Lehrer für Bildhauerei an die Kunsthochschule in Hamburg berufen, doch die häufigen Auseinandersetzungen mit der Hochschulleitung verleideten ihm die Arbeit und ließen ihn kaum zu eigenen Arbeiten kommen. Gleichwohl schuf er eine Reihe von Plastiken, die bis heute im öffentlichen Raum Hamburgs präsent sind, so etwa Steinreliefs an der 1909 bis 1911 im Stil des Historismus gebauten U-Bahnstation Kellinghusen (Hamburg-Eppendorf).

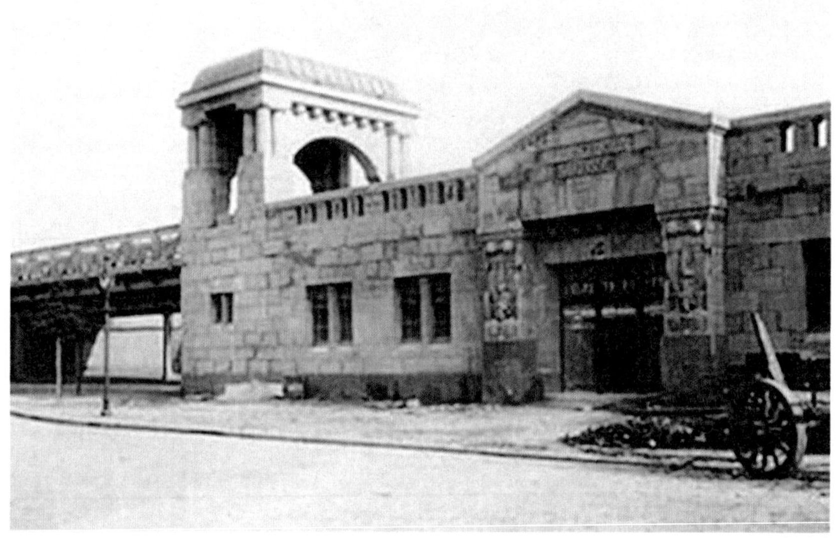

U-Bahn-Station Kellinghusenstraße, Hamburg 1912
mit Steinreliefs Bossards an den Eingangspfeilern

Hinsichtlich seiner Weltanschauung ist eine Beurteilung seiner Haltung nicht einfach. Bossard sympathisierte einerseits mit Ideen, die klassischerweise dem linken politischen Spektrum zugeordnet werden, nahm aber auch Gedanken und Vorstellungen auf, die eine katalogisierende Bemühung eher dem rechten Lager zuweisen würde. Nimmt man alles zusammen, was sich aus seinen Schriften, vor allem auch den unveröffentlichten ergibt, so stand er noch am ehesten den Deutschnationalen nahe, nicht im Sinne der lückenlosen Übernahme deutschnationaler Überzeugungen, sondern im Sinne einer generellen unspezifischen Nähe, die durch eigenwillige, kaum passende Versatzstücke relativiert wurde. In einem Brief an einen Freund schrieb er 1908: „Deutschtum ist für mich ein idealer Begriff der zum höchsten verpflichtet. Immer wieder hat dieses Volk Männer hervorgebracht, deren tiefer Instinkt Missionen erkannte, deren Erfüllung zu den edelsten Taten der Menschheit gehören werden & auch in der Breite herrscht doch ein Trieb zu etwas Werdendem.“[3] Das ist einerseits national konnotiert, greift aber über einen bloß politischen Bezug hinaus und stimmt insoweit mit der für das deutsche Nationalbewusstsein charakteristischen Tradition, die in Wagner einen Höhepunkt findet, überein, die stets in der Kunst das entscheidende Medium der ‚nationalen' Verbindung unter den Deutschen gesehen hat.[4] Dass diese Tradition, in der auch Wagner stand, von Bayreuth nach dessen Tod in einen völkisch-nationalistischen Kontext eingepasst wurde, hatte für Wagnerianer wie Bayreuthianer Konsequenzen. Insoweit Bossard sich von Wagner und Bayreuth hat beeinflussen lassen, mag dies seine weltanschauliche Haltung erklären. Dass ein solcher Einfluss gegeben war, belegt die Tatsache, dass Bossard sich bereits während seiner Studienjahre mit Wagners Werken und Schriften beschäftigt hat. Nicht zuletzt die Lektüre der Wagnerschen Dramentexte eröffnete ihm den Zugang zur nordischen Dichtung, mit deren Figuren er seine Kunststätte später ausgemalt hat. Bossard besaß die Texte der Musikdramen Wagners in preiswerten Heften, so den *Parsifal* in einer Reclam-Ausgabe, den *Ring des Nibelungen*, *Meistersinger* und *Tristan* in Ausgaben des Schott-Verlags.[5] Während seiner Studienzeit las er sich in die nordische Sagenwelt ein und erwarb eine Übersetzung der *Edda* von Hans von Wolzogen, dem Herausgeber der *Bayreuther Blätter*.[6] Diese Lieder, die auch Wagner als Vorlage zu seiner *Ring*-Dichtung gedient hatten, lösten eine so große Begeisterung und Faszination bei Bossard aus, dass sie ihm später Grundlage zur Umgestaltung seines Künstlerateliers in der Nordheide zum sogenannten *Eddasaal* waren. Zuvor schon hatte er Wagners Tetralogie als Anstoß für Zeichnungen genommen, die *Siegfried*, *Götterdämmerung* und *Parsifal* illustrierten. Wobei das *Parsifal*-Bild ganz offensichtlich dem Vorbild von Fidus folgte.

---

3 Zitiert nach Magdalena Schulz-Ohm, *Vom Künstlerhaus zum Gesamtkunstwerk*, S. 74.

4 Vgl. dazu Dieter Borchmeyer, *Was ist deutsch? Die Suche einer Nation nach sich selbst*, Berlin 2017.

5 Gudula Mayr, „Licht und Dunkel“, S. 135f.

6 *Die Edda. Götterlieder und Heldenlieder*, aus dem Altnordischen von Hans von Wolzogen, Leipzig o.J.

Aus unveröffentlichten Schriften[7] ergeben sich Splitter von Vorstellungen, die Bossard über Politik und Gesellschaft hatte und die zugleich eingingen in seine Arbeit an der Kunststätte in der Heide. Sicher ist seine Nähe zur völkischen Bewegung, die ja ihrerseits ein bestimmender Teil der Lebensreformbewegung gewesen ist.[8] Der Briefwechsel mit Emil Hegg, einem Schweizer Freund, Publizisten und Förderer,[9] wie auch andere, bisher unveröffentlichte Schriften belegen die Sympathie, die Bossard der nationalen Bewegung seit dem Ersten Weltkrieg entgegenbrachte. Den Krieg hatte er zunächst, wie viel Künstler, Intellektuelle und Wissenschaftler, begrüßt, war aber, nachdem er als Soldat die Realitäten der modernen Vernichtungsschlachten kennengelernt hatte, zunehmend skeptischer und kriegsunwilliger geworden.[10] Trotz dieser Distanz empfand er die militärische Niederlage des Kaiserreiches als Schmach und warf den Politikern vor, nicht wahrheitsgemäß das Volk informiert zu haben. „Politik ist der Inbegriff der Lüge & wer nicht schon durch & durch vergaunert ist, dass er seine eigenen Lügen glaubt, ist nicht zum Politiker geeignet", notierte er in einem Brief vom Januar 1919.[11] Die Rückkehr in eine von Not gezeichnete zivile Existenz – „An den leitenden Stellen scheint man von allen guten Geistern verlassen zu sein"[12] – scheint eine neue Perspektive des eigenen künstlerischen Schaffens eröffnet zu haben; etwa um 1921 mag sich die Idee, das Heidegrundstück als ein ‚Gesamtkunstwerk' im Geiste Wagners zu gestalten, herausgebildet und verfestigt haben.[13]

---

7 Gudula Mayr stellte mir einige unveröffentlichte Manuskripte Bossards zur Verfügung, die Grundlage der folgenden Ausführungen sind.

8 Vgl. die entsprechenden Kapitel in Diethart Krebs/Jürgen Reulecke (Hrsg.), *Handbuch der deutschen Reformbewegungen*, passim.

9 Emil Hegg war ein Schweizer Augenarzt, enger Freund und Förderer Bossards. Mit ihm existiert eine umfangreicher Biefwechsel und von ihm das Buch: *Ferdinand Hodler und Johann Bossard. Eine Konfrontation*, Zürich 1923.

10 Vgl. dazu Gudula Mayr, *„Bildhauern ist aber überhaupt ausgeschlossen." Johann Bossard und der Erste Weltkrieg*, in: Ursel Berger/Gudula Mayr/Veronika Wiegartz (Hrsg.), *Bildhauer sehen den Ersten Weltkrieg*, Bd. 3 der Reihe „Bildhauerei im 20. Jahrhundert", Bremen 2014, S. 58ff.

11 Brief an Emil Hegg vom 7. Januar 1919, zitiert nach Gudula Mayr, *Licht und Dunkel*, S. 141.

12 Gudula Mayr, *„Bildhauern ist aber überhaupt ausgeschlossen"*, S. 67.

13 Ebenda, S. 71.

Vermutlich bereits im Kaiserreich, deutlich aber in den Jahren der Weimarer Republik bildeten sich gewisse Sympathien für einen autoritären Führerstaat heraus, wie er in Kreisen der „konservativen Revolution“ gepflegt wurde, denen er, zieht man die vereinzelten Äußerungen in Briefen, Denkschriften und sonstiger Selbstverständigung zusammen, in seinem Denken nahegestanden hat und denen er in einem weiten Sinne zuzurechnen ist.[14]

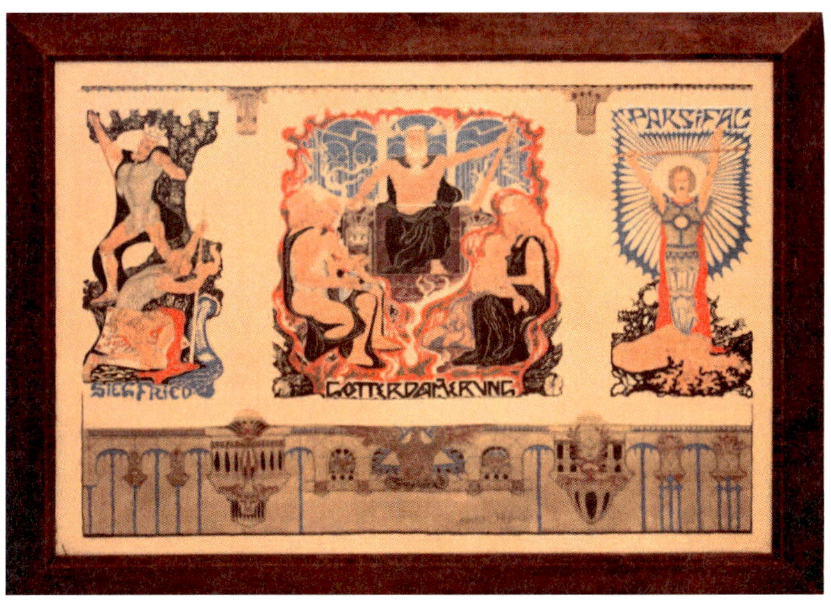

Johann Bossard, *Aus deutscher Sage*, 1899
Links *Siegfried*, in der Mitte *Götterdämmerung*, rechts *Parsifal*

Privat werden Vorbehalte gegen politische Parteien formuliert, „die wohl teilweise gute und nützliche Ideale als Ziele aufstellen, aber in Feindschaft gegen Teile des Volkes gehetzt, dem Ganzen nicht fördernd sind.“ Kritik übt Bossard auch an „sinnbetörendem, überfeinertem Luxus“; am Kapitalismus, der stets in „Geld und nicht in Werten“ denkt; an einer Erziehung, die auf bloße Nützlichkeit und Verwertbarkeit angelegt ist; am Materialismus, den er als Basis der Nachkriegsgesellschaft empfindet; am Verlust des Geistes und der Religion. Kurz: bereits das Kaiserreich, soweit es durch Industriali-

---

14 Vgl. Armin Mohler/Karlheinz Weissmann, *Die konservative Revolution in Deutschland 1918 – 1932, Ein Handbuch*, Graz 2005. Hier werden die bedeutendsten Autoren und die zentralen Inhalte der Konservativen Revolution vorgestellt.

sierung die Modernisierung der Gesellschaft zu bewirken suchte, erst recht aber die Weimarer Republik mit ihrem konsensunfähigen Parteiensystem, der Straßenradikalisierung durch die linken wie rechten Extreme und ihren generellen politischen und wirtschaftlichen Schwierigkeiten verfallen weitgehender Ablehnung

Johann Bossards Utopie

Dem allem setzt er eine eigene Utopie entgegen, keine durchstrukturierte und gründlich durchdachte – aber wer wollte das von einem Künstler auch schon verlangen – , sondern eher eine, deren eklektische Teile erkennen lassen, in welche Richtung gedacht wird und aus welchem Weltverständnis er das Heidegrundstück in Lüllau-Wiedenhof – so der damalige Namen – als positiven Gegenentwurf bauen will. Ähnlich dem Wagner des Züricher Exils, der mit *Eine Mittheilung an meine Freunde* 1851 eine Werbeschrift zu eigenen Gunsten verfaßt, formuliert Bossard in einer „Werbeschrift“[15] von 1925 Grundsätze seiner Arbeit und Weltanschauung, die allen Freunden und Sympathisanten zugesandt wurde, um Geldspenden zu sammeln. Hier schreibt er von der Notwendigkeit einer „religiösen, künstlerischen, sozialen und wirtschaftlichen Erneuerung des deutschen Volkes“. Als künftige Organisation dieses Volkes schwebt ihm ein „Orden“ vor, als eine „Kulturzelle“, in der alle Kräfte zusammengefasst werden sollten, um „die uns nottuende Kultur“ hervorzubringen. Unter dem Stichwort „Werdegang einer Kulturzelle“ formuliert er abbreviativ: „Kriegersiedlungen, Ödlandkulturen und Ödlandgegenden aus privatem oder Staatsbesitz erworben, sind der Ort. Pionier-, Feld- und Gartenbau Erziehungsarbeit, Tempelbau, Barackenlager verwandeln sich in Ortschaften. Für Einzelzwecke, Privatbauten werden Aufträge angenommen. Stifterehrungen am Tempel geben Mittel. Spartanischer Verzicht auf Grabmalsluxus und statt dessen Tempelpfennig. Meister, Gesellen, Lehrlinge. Reorganisation des Fachausbildungs-

---

[15] Johann Bossard, *Werbeschrift an meine Freunde*, Weihnachten 1925, Manuskript AJB1. Das Manuskript hat keine Seitenzählung, daher kann hier nicht nach Seiten zitiert werden. Das Gesellschaftsmodell und die Parallelen zwischen Wagner und Bossard arbeitet Magdalena Schulz-Ohm, *Vom Künstler zum Gesamtkunstwerk* eingehend heraus, ab S. 122ff.

wesens und der Kunsterziehung. Geistige Richtlinien überkonfessioneller Art, Materialismus das verkehrte Ende."

Dies alles ist ziemlich assoziativ, nicht unbedingt stringent zusammenhängend, wird aber eingebettet in einen religiösen Kontext, der die Einheit stiften soll. „Kunst und Religion müssen sich einen", heißt es, „ins Leben hinunter trete die Religion und durchdringe die ganze Erziehung, vergeistige jede Tat"[16] – eine Formulierung, die an Gedankengänge Wagners in *Kunst und Religion* erinnert. Wie Wagner meint auch Bossard hier keine konfessionell gebundene Religion; vielmehr sehr viel allgemeiner einen „unbesiegbaren Gott: Lernet ihn erkennen in Euch". Und auch dies eine Vorstellung, die der von Hans von Wolzogen vom „Himmelreich in uns", womit der Kern des Christentums nach Bayreuther Auffassung charakterisiert ist, nicht unähnlich ist: „Immer ist das Göttliche des Glaubens Inhalt und Kraft. Inhalt und Kraft des christlichen Glaubens ist das Himmelreich in uns."[17] Die Parallele zu einem der theoretischen Kerne des *Bayreuther Gedankens* ist hier spürbar, auch wenn nicht eindeutig ist, ob Bossards Religionsverständnis in einem christlichen Sinne verstanden werden kann. Immerhin gibt es den Satz: „Kein stärkerer Gott ist, als der der Liebe, der ewig Unwandelbare." Und spätestens hier besteht ein unzweifelhafter Berührungspunkt mit der *Bayreuther Theologie*,[18] die in ihrem Kern ebenfalls eine Liebesreligion ist.

Die starke Betonung des religiösen (Liebes-)Gedankens als Grundlage praktischen Handelns verbindet Bossard mit den beiden Chefideologen Bayreuths, mit Houston Stewart Chamberlain und Hans von Wolzogen, ohne dass er diese ausdrücklich zitiert.[19] Doch seine allgemeine Wagner-Sympathie lässt vermuten, dass er auch mit diesen beiden Repräsentanten Bayreuths vertraut war. Gegen Materialismus und Historismus bringt er religiöse Spiritualität in Stellung und meint, „Erkenntnis quillt aus anderen Bronnen"[20]: „Die Worte der Religiösen und Weisen werden euch klar und das Leben erhält Richtung. [...] Was nicht von innen begriffen, wem nicht

16 Ebenda.

17 Hans von Wolzogen, *Das Himmelreich in uns. Christliche Festgedanken*, Berlin 1909, S. 17. Vgl. auch Udo Bermbach, *Richard Wagner in Deutschland*, S. 275f.

18 Zum Begriff: Udo Bermbach, ebenda, S. 231ff.

19 Zu Chamberlain vgl. Udo Bermbach, *Houston Stewart Chamberlain*, S. 453ff.

20 Johann Bossard, *Werbeschrift an meine Freunde*.

eigene Lebensnotwendigkeit den Weg weist, der begreift in allen Daten der Vergangenheit nur das ewig Gestrige, in dem wir ersticken, das an den wichtigsten Wendepunkten uns die Hand lähmt." Das berührt sich zweifelsohne mit Wolzogens mysthischem und spirituellem Glaubensverständnis, verharrt aber hier wie dort in theologischer Unschärfe und ist in dieser Allgemeinheit zur dieser Zeit in der Lebensreformbewegung weit verbreitet.

Jenseits solcher eher sporadisch-spärlichen Hinweise auf kommende Hoffnungen gibt es wenig konkrete Organisationsvorstellungen – Bossard verbleibt, wo er Beispiele nennt, weitgehend in seinem unmittelbaren Erfahrungsumfeld und mit seinen Forderungen zumeist im Ungefähren. So glaubt er beispielsweise „unter gänzlicher Ausschaltung kapitalistischer Schuldenmacherei"[21], die „Lehranstalten des Staates für Landwirtschaft und Handwerk, Technik, Wissenschaft und Kunst können jetzt noch der Ausgangspunkt für die höheren Aufgaben der Arbeitsdienstpflicht werden."[22] Es schwebt ihm vor, „im Anschluss an Siedlungstätigkeit, also in der Verbindung von Land-, Garten- und Bautätigkeit [...] ganz zwanglos die rein berufliche Weiterbildung [zu] erreichen." Das Ideal ist offenbar eine kleinteilig aufgebaute Gesellschaft, für welche der „Gedanke der Autarkie [...] für dieses ganze Tätigkeitsgebiet eine, wenn nicht ausschließliche, so doch hauptsächliche Voraussetzung"[23] ist. Sobald diese materielle Grundlage gesichert ist, erfolgt der ‚Überbau': „Hat die Siedlung sozusagen für die lebenswichtigen Bedürfnisse das Notwendigste erhalten, so erfolgt der Ausbau aller Teile, welche zum Bedürfnis der kulturellen Seite des deutschen Menschen gehören: Kirche, Rathaus, Schule geben die Aufgaben, zu deren Bewältigung die entsprechend gebildete zweite Hilfsdiensttruppe herangezogen wird."[24] Entworfen wird im Anschluss daran ein System subsidiär gesteigerter Planung von Produktion und Verteilung, die über einen einzurichtenden Arbeitsdienst abgewickelt werden.

In der Grundkonstruktion erinnert das von Ferne an jene „freien Genossenschaften", die Wagner in seinem *Kunstwerk der Zukunft* als zukünftige Gemeinschaftsorganisationen skizziert hat-

---

[21] Johann Bossard, *Brief an K.C.H. Manuskript vom 16. März 1933*, S. 3

[22] Ebenda, S. 2. Hier auch das folgende Zitat.

[23] Ebenda, S. 3.

[24] Ebenda, S. 2.

te.[25] Bossard schaltet allerdings einen ‚Arbeitsdienst' als Vermittlung zwischen Produktion und Verteilung ein – alles andere als ein ‚genossenschaftliches, gar demokratisches Element' –, wo Wagner dies den Kompetenzen der „gemeinschaftlichen Vereinigung der Menschen der Zukunft" zuspricht, aber die gestufte, an der Befriedigung der Bedürfnisse durch die Verwertung der eigenen Arbeit orientierte Organisationsidee ist in beiden Fällen gleich. Deutlich – und völlig außerhalb der Gedanken Wagners – dagegen steht Bossards Vorschlag, die mittelalterliche Tradition des Allmende-Gedankens wieder einzuführen, von dem er sich erhofft, die allgemeine Arbeitslosigkeit beheben zu können und die Einheit der Nation zu stärken: „Möge die Neueinführung des zeitgemäß abgewandelten Urvätererbes der ‚Allmende' der so nötigen sozialen Behebung der Arbeitslosigkeit als selbstverständliche Frucht recht bald die Verfestigung der inneren Einheit des deutschen Volkes folgen."[26] Eine wohlwollende und genossenschaftliche Interpretation dieses Gedankens könnte vielleicht in jenen Bemühungen in *Hellerau* und auf dem *Monte Verità* eine Parallele sehen, die durch gemeinschaftliche Bodenbearbeitung möglichst autark zu werden suchten, und so Bossards Überlegung hier in den Kontext der Reformbewegung einfügen.

Überraschenderweise schreibt Bossard in seiner *Werbeschrift*: „Der Gedanke des Kommunismus wird vom Erneuerungsorden aufgenommen", überraschend deshalb, weil sich zuvor nichts findet, was auf eine Sympathie für den Kommunismus hindeutet und alles eher auf die national-völkischen Vorstellungswelten hinweist. Etwa auch die folgende Überlegung: „Der Erneuerungsorden schafft Elitetruppen, für alle Dinge menschlicher Fähigkeit wird Höchst-, wird Adelsleistung erstrebt; aber nicht in seelenlosem Virtuosentum hat man sich auszugeben, Vielseitigkeit, Harmonie wird die Leitung und Leistung der Kulturerneuerungszellen auszeichnen." Auf den ersten Blick geht eine solche Vorstellung mit der Idee des Kommunismus kaum zusammen. Solche vermeintlichen Widersprüche finden sich häufiger in Bossards unveröffentlichten Schriften, wobei zu bedenken ist, dass Künstler keine systematischen Denker sind. Gleichwohl bleibt die Frage, wie ein

---

[25] Richard Wagner, *Das Kunstwerk der Zukunft*, in: GSD, Bd. 3, S. 166ff. Das folgende Zitat S. 167.

[26] Johann Bossard, *Brief an K.C.H.*, S. 13.

solcher Widerspruch aufzulösen ist. Unterstellt man, Kommunismus werde hier, wie auch andere Stellen nahelegen, als ein Prinzip kameradschaftlicher Solidarität verstanden, das der allgemeinen Organisation einer autarken, auf Allmende sich gründenden Genossenschaft inhärent ist und zugleich auch als eine Verbindung von Theorie und Praxis, dann löst sich der Widerspruch. Dass eine solche Interpretation nicht willkürlich ist, belegt eine Stelle, an der Bossard über die Berufsausbildung von Ärzten schreibt: „Krankheit zu verhüten, wenn der Arzt wäre, wo er hingehörte, nämlich nicht in die Flicksäle der Krankenhäuser, sondern in die Werkstätten, die Gärten, Schulen und Felder [...] als Mitarbeiter, der am eigenen Leib erprobt, wie gesund der Schweiss ist und der die Schwachen und Einsichtslosen dank seiner Ausbildung belehrend anleiten kann.“ Das erinnert an die alte anarchistische Forderung der Einheit von Kopf- und Handarbeit, die aber nicht nur im Anarchismus populär war, sondern auch in anderen gesellschaftspolitischen Richtungen.

Die ‚Utopie' von Johann Bossard ist nichts weniger als ein geschlossenes Modell. Die vereinzelten Hinweise auf Arbeits- und Lebenswelten und deren neue ‚Organisation‘ lassen aber doch ahnen, aus welchem Geist diese Utopie hervortritt: als ein Gegenentwurf zur Gegenwart, als ein Antidot zur modernen Industrialisierung mit ihren Folgen, als spirituelle Quelle für ein durch äußeren Zwang entfremdetes Leben.

Wagner und Bayreuth in der Lüneburger Heide

Die Bruchstückhaftigkeit der politischen Vision hat Bossard mit Wagner gemeinsam. Zwar war Wagner in seiner Analyse der Missstände vor 1848/49 umfänglicher und auch genauer, in seiner Zukunftsutopie ebenfalls wesentlich detailreicher, aber dennoch fehlten auch ihm entscheidende Komponenten für ein durchdachtes Konzept. Letzteres von einem Künstler einfordern zu wollen, würde allerdings auch dessen primäres Interesse völlig verkennen: die Kunst nämlich, für die lästigerweise soziale und politische Bedingungen geschaffen werden müssen, weil sie anders nicht frei ausgeübt werden kann. Alles gesellschaftlich-politische Denken ist daher nur erzwungen, ist gegenüber dem ästhetischen sekundär, verursacht durch die vermeintlich einengende Realität, die aufgebrochen und verändert werden muss, damit die Freiheit für die Kunst wieder hergestellt werden kann.

In dieser Überzeugung stimmt Bossard mit seinem großen Bayreuther Vorbild bruchlos überein. Auch seine ästhetischen Vorstellungen und Intentionen sind in ihren Grundzügen denen Wagners ähnlich. Ein Kernsatz, der sinngemäß häufig wiederkehrt, wonach der „Einheit von Kunst und Leben nachgestrebt werden muß", scheint direkt von Wagner übernommen, und was daraus folgt, liegt ganz in dessen Intention: „Hier liegt die Wurzel der Erneuerung, denn Kunst ist keine Angelegenheit der Schwätzer, keine Angelegenheit derer, die Oberflächen immer noch einmal anders polieren, eine Kurve immer noch einmal verbrämen, glaubend, Seele sei ein Wort und nicht ein Befehl heiliger Hingabe."[27]

Wenn es darum ging, die „Einheit des Lebens", wie Wagner immer wieder formuliert hatte, sinnfällig darzustellen, so lag es für einen bildenden Künstler wie Bossard auf der Hand, zu versuchen, durch die Gestaltung eines größeren Areals dieser Idee ein konkretes Gesicht zu geben.[28] Gewiss, die Forderung nach möglicher ‚Einheit des Lebens' war innerhalb der Lebensreformbewegung sehr weit verbreitet, weil es deren Impuls war, wie oben schon ausgeführt, die vorherrschende individualisierte und partikularisierte Existenz der Menschen aufzuheben und in ihr ganzheitliches Gegenteil zu verkehren. Zwar hatte Wagners Vision einer wiederherzustellenden ‚Einheit des Lebens" eine in der Romantik wurzelnde Vorgeschichte, aber niemand hatte dieses Postulat wirksamer und nachhaltiger formuliert und in seinen Werken auf die Bühne gestellt als er. So wundert es nicht, dass diejenigen, die sich der Lebensreform verbunden fühlten, auf diese Vorstellung zurückgriffen. Bossard notierte in den frühen zwanziger Jahren: „Bei Betrachtung des Gesamtkunstwerkes Wagners fällt als sehr wichtig auf das Tempo der Darstellung, die Wichtigkeit von Gruppierungen der Darsteller zu einem Bild von architekturaler Eindringlichkeit & symbolischer Bedeutung. Bei einem rein bildnerischen Gesamtkunstwerk wird auch die Zeit insofern von Bedeutung sein als der Beschauer zu einer aktiven Gliederung der Anschauung gelangen

---

27 Johann Bossard, *Werbeschrift an meine Freunde.*

28 Dazu eingehend Magdalena Schulz-Ohm, *Vom Künstlerhaus zum Gesamtkunstwerk*, S. 85ff.

muss. Die monumentale Wand z. Bspl. wirkt erst räumlich, als Ausdehnung, dann als Aufteilung in Farbe & Linie, Linie & Farbe leiten in die Bedeutung der Inhalte [...].[29]

Es ist der Versuch, die aus dem Geist des Musiktheaters formulierte Gesamtkunstkonzeption bei Wagner in die Bedingungen der bildenden Kunst wie der Architektur zu übersetzen und damit dem im Prozess des Baus befindlichen Heideareal eine kunsttheoretische Grundlage zu geben. In gewisser Weise war Wagner das Idol von Bossard und 1934 schreibt er in einem Brief an einen hochgestellten NS-Führer von den „unausgeschöpften Ideen Richard Wagners", die für ihn beispielsweise in den „erneut so lebensträchtig gewordenen Gestalten der Edda, der nordischen und deutschen Sagen und Märchen" liegen.[30] Im selben Brief folgt die Bemerkung, Richard Wagner habe erläutert, „dass Kunst ohne geistige Verankerung, ohne Beziehung zum Rasseerbe der Mythologie zur Afterkunst werden muss." Wagner wird hier zwar zur NS-Ideologie hin verbogen, denn ein solcher Zusammenhang zwischen Kunst und Rasse findet sich bei ihm nicht; aber Bossard macht mit solchen Sätzen klar, wo seine Ursprungsintentionen herkommen.

Das gebaute Gesamtkunstwerk

Nach dem Erwerb des Heidegrundstücks gestaltete Bossard über Jahrzehnte die geplante Anlage weitgehend allein, unterstützt lediglich von seiner Frau und gelegentlich von einigen Freunden. Zunächst entstanden das Wohn- und Atelierhaus, dessen Innenräume mit Holz verkleidet und alle anschließend mit farbigen Bildern ausgemalt wurden.

[29] Zitiert nach Gudula Mayr, *Licht und Dunkel*, S. 151 mit Nachweis im Archiv der Kunststätte Bossard.

[30] Johann Bossard, Brief an den *Leiter der Gau-Führerschule*, *Herrn Gundlach* vom 27. Mai 1934, Archiv Kunststätte Bossard, AJB8. Das Zitat lautet vollständig: „Haben nicht Lagarde und Möller von dem Bruck hohen Sinnes geordert und prophezeit, hat man kein Gefühl für die unausgeschöpften Ideen Richard Wagners, kennt man nicht die erneut so lebensträchtig gewordenen Gestalten der Edda, der nordischen und deutschen Sagen und Märchen, die in den Kämpfen der S.A. erstanden zu sein scheinen?" Bossard zeigt hier Nähe zur NS-Bewegung und Ideologie, doch er selbst war nie Mitglied der NSDAP und die hier einschlägigen Formulierungen dürften eher einem opportunistischen Impuls folgen, um Geld für seine Kunststätte erhalten zu können. Letzteres gilt auch für das folgende Zitat.

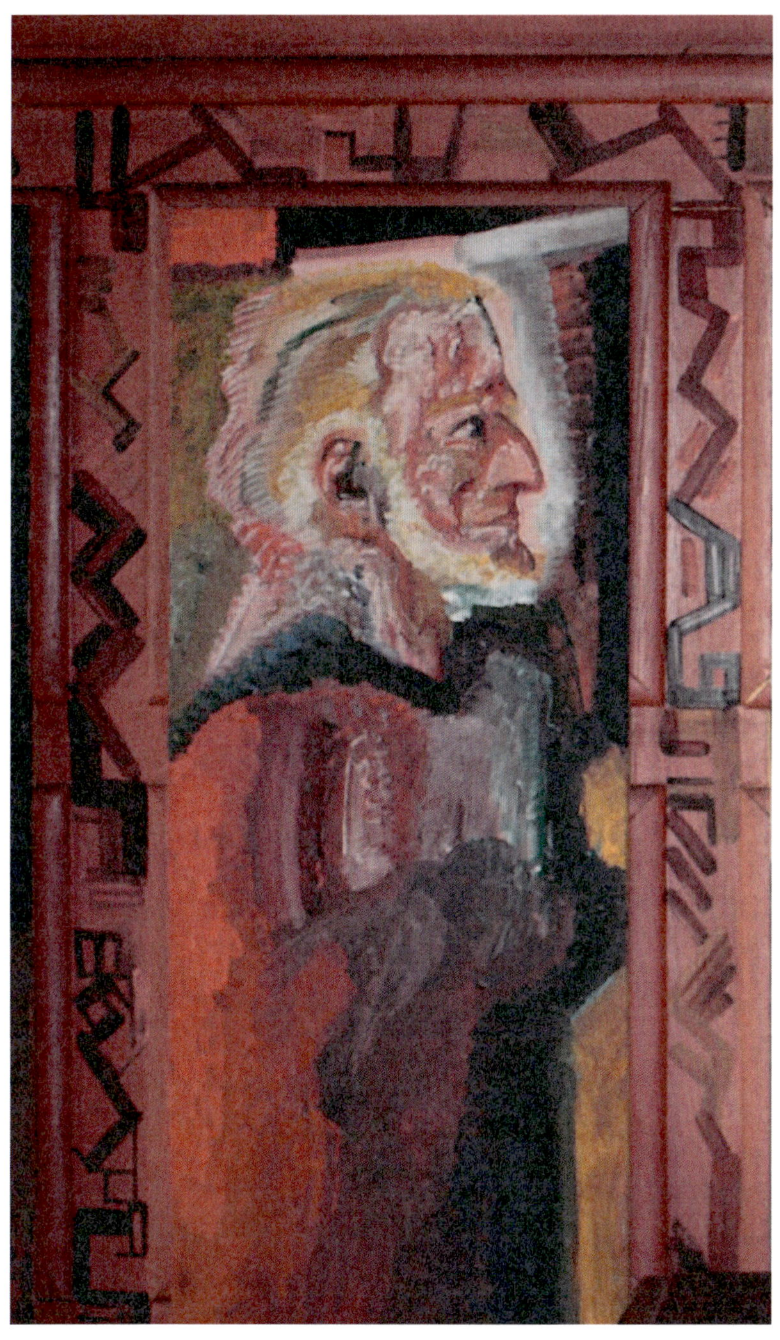

Johann Bossard, *Richard Wagner*
Portrait aus einem Fries von Musikern und Philosophen
im Musikzimmer

In einem der Zimmer, dem Musikzimmer, in dem ein Flügel stand, auf dem regelmäßig gespielt wurde, malte Bossard in einer Reihe berühmter Geistesgrößen ein stilisiertes großes Wagner-Bild als Hinweis darauf, wem er sich musikalisch-geistig verbunden fühlte. Wagner schaut auf diesem Bild streng, mit visionärem Blick in die Zukunft, körperlich konzentriert, als habe er eine große Aufgabe zu erfüllen. Sein Haupt ist umflort von einem hellen Schein, der ihn fast zu einem Propheten, vielleicht zu einem Heiligen macht, und auch das härene, sackartige Gewand, das er trägt, rückt ihn in die Nähe eines Lebensreformers, macht ihn damit aber zugleich auch zum Zeitgenossen. Wären da nicht der Bart und die charakteristische Nase, man könnte glauben, es handele sich um einen Eremiten. Was wohl unter anderem auch darin seine Erklärung finden könnte, dass Bossard, der mit dem Bau seiner Anlage noch am Anfang stand, die Herstellung seines ‚Gesamtkunstwerks' als eine höchste, als quasi-religiöse Aufgabe verstand und dies vielleicht durch die missionarische Haltung des Meisters unterstreichen wollte.

Die Fertigstellung der Anlage reichte bis in die Zeit nach dem Zweiten Weltkrieg. Seine Frau Jutta, die Bildhauerin war, führte das Unternehmen nach seinem Tod im Jahre 1950 weiter, suchte die noch fehlenden Teile des ursprünglichen Plans zu realisieren.

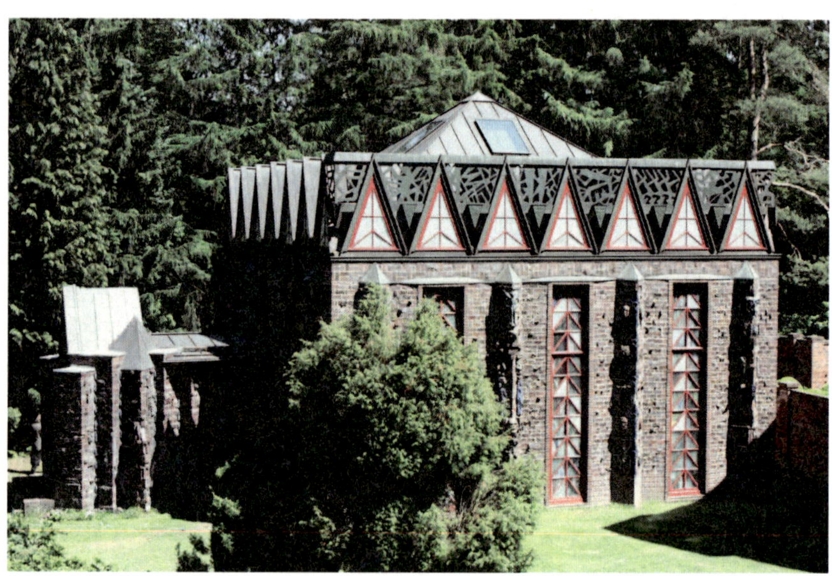

Johann Bossard: *Kunsttempel, Außenansicht von Westen*

Zwischen 1926 und 1928 entstand der Hauptteil der Anlage, der sogenannte *Kunsttempel*, der als meditativer Raum gedacht war.[31] Architektonisch ist der Bau eine Mischung aus verschiedenen Stilelementen. Durch ein Tor und eine Vorhalle sollte der Besucher in einen mit Szenen aus dem nordischen Sagenkreis ausgemalten Innenraum eintreten. Als eine Art Altar gab es ein neunteiliges Polyptichon, bestehend aus drei Tempelzyklen, die abwechselnd an die Wände montiert werden konnten[32], ähnlich, wie dies von mittelalterlichen Klapp-Altären bekannt ist. Das Tempelinnere ist übersät mit symbolischen, vorzeitlichen, religiösen, esoterischen oder auch mythischen Figuren, mit Anspielungen aus der Edda und anderen nordischen Sagen. Die Ausmalung des Inneren erfolgte zwischen 1926 und 1942/43 und bestand in drei *Tempelzyklen* auf Leinwand respektive Sperrholzplatten. Vier als Figurengruppen gestaltete Säulen, Glasfenster und eine farbige Glasdecke sowie ein Mosaikfußboden sorgen für einen tiefen Eindruck. Die Bilder und Bildzyklen haben Motive, von der Mythologie bis hin zur Garten- und Erntearbeit, die für autarke Selbstversorgung stehen. Es gibt christliche Szenen wie den ‚Konzilsstreit', den unter der Last des Kreuzes zusammenbrechenden Christus, aber auch Kampf- und Kriegsszenen und einen Gott, der die Wanderer empfängt. Bossard hat seine eigene Mythologie gemalt, die aus unterschiedlichen Elementen und Inhalten zusammengesetzt ist.

Vor allem auch der für den eintretenden Betrachter sichtbar und fühlbar werdende Anspruch, mit einer Kunstreligion konfrontiert zu sein, die ihn ikonographisch in ihren Bann ziehen will, schafft assoziativ die Verbindung zu dem späten Wagner und dessen Idee einer Kunstreligion. Der Bau, in dem eine Vielzahl von unterschiedlichen künstlerischen Elementen – Stein- und Keramik-Plastik, Malerei, Glasmalerei usw. – miteinander zu einem einheitlichen Ganzen synthetisiert sind, evoziert eine quasi-sakrale Atmosphäre, die Bossard bewusst gewollt hat. In seiner *Werbeschrift an meine Freunde* schrieb er unter anderem, der Kunsttempel solle „Heidewanderern", allen „sehnsüchtigen jungen Menschen der Großstadt" als „eine schönheitliche Quelle, eine Stätte der inneren Einkehr" offenstehen, in der sie die vielzitierte „Einheit von Kunst

---

[31] Für die Details siehe Magdalena Schulz-Ohm, *Vom Künstlerhaus zum Gesamtkunstwerk,* S. 130ff.

[32] Gudula Mayr, *Licht und Dunkel*, S. 145.

und Leben“, auch von „Kunst und Religion“ erleben und damit eine neue moralische Grundlage für ein erneuertes Leben gewinnen könnten. Dem dient die vielfarbige Ausgestaltung des Kunsttempels. „Durch ein Broncetor“, so heißt es in dieser Schrift, „das übersprudelnde Gestalten die verwirrende Fülle des auf und absteigenden Lebens, schwarz und blitzlichtüberfunkelnd, dem Eintretenden zeigen, gefasst von feuergeglühten Blöcken, tritt der Wanderer in eine Vorhalle. Eine thronende Madonna ist die Linde, mütterliche Herrscherin des [...] Raumes.“ Der Weg in den Hauptraum des Tempels präsentiert dann das erwähnte Polytichon inmitten einer „lichtdurchfluteten, von allen Seiten lichtwiderspiegelnden Halle, deren Lichtquellen und der Pfeilerträger den Sinn kristallischer, kraftstrebiger und konstructiver Formen zeigen.“

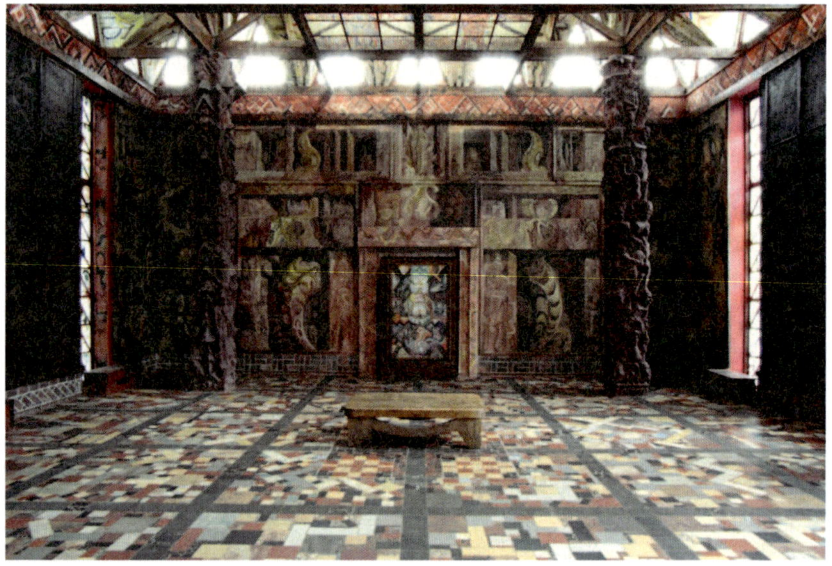

Innenansicht des *Kunsttempels* mit geschlossenem Polyptichon, 1928

Es ist eine schwer zu beschreibende Atmosphäre, gespeist aus der überwältigenden Fülle der Malerei, die alles bedeckt, auch Streben und letzte Ecken, die sich dem Betrachter hier mitteilt, ein Staunen über so viele Einfälle und Auskleidung, die Erfahrung eines Ganzen, dem nichts Vergleichbares an die Seite gestellt werden kann.

Mit der künstlerischen Ausgestaltung seines Ateliers zum sogenannten *Eddasaal* steigerte Bossard noch den drängenden künstlerischen Raumeindruck des Kunsttempels. Neben Figuren und

Szenen aus der Edda tauchen hier auch Wieland der Schmied, Gudrun und Siegfried auf.

Neben dem Wohn- und Atelierhaus und dem Kunsttempel gab es auf der einhundert Meter breiten und dreihundert Meter langen Anlage noch einen Klostergarten und eine Skulpturenreihe, einen Baumtempel und eine Monolithenallee, ganz im Sinne der Lebensreformbewegung auch einen Gemüse- und Obstgarten, das Vorhalten von Ackerflächen, um etwa Kartoffeln anbauen zu können, sowie einen von Fichten gesäumten Baumkreis, für den eine spirituelle Intention wie etwa Versammlung und kollektive Kontemplation anzunehmen ist.[33] Die Gesamtanlage war so konzipiert, dass Lebensunterhalt und Kunstproduktion organisch miteinander verbunden werden und damit die beiden entscheidenden Komponenten des ‚ganzheitlichen Lebens' zusammenwirken konnten.

Sowohl die Anlage des ganzen Areals mit den verschiedenen Gebäuden, den Alleen, Versammlungsstätten und Gärten für die eigene Ernährung belegt, dass „die Kunststätte Bossard nicht nur in ästhetischer, sondern auch in theoretischer Hinsicht als Gesamtkunstwerk konzipiert war, dass Bossard sich nicht nur formal, sondern auch inhaltlich am Ideal des Gesamtkunstwerks im Wagner'schen Sinne orientierte."[34]

Bossard war innerhalb der Lebensreformbewegung ein Einzelgänger und mehr noch: ein Eigenbrötler. Im Unterschied zu jenen Künstlern, die *Hellerau* entwarfen und am Aufbau des *Monte Verità* beteiligt waren, politisch mehrheitlich eher ‚links' standen, tendierte er in die national-völkische Richtung und stand, wie schon erwähnt, den Deutschnationalen nahe. Doch war er weder deren Mitglied noch Mitglied irgendeiner Gruppe, die sich politisch diesem Kreis zuordnete. Das gilt auch für die NSDAP. Obgleich sich in seinen privaten Schriften Äußerungen etwa zur Bedeutung der Rasse finden, stand er manchen Ideen der NS-Bewegung zwar nahe, dies aber ohne Mitglied in der Partei zu sein. Auch wenn er wohl eine gewisse Sympathie für den „aus der Tiefe des notleidenden Volkes aufgestiegenen" Führer hegte und 1933 meinte, man solle ihm doch „Glauben und Vertrauen entgegenbringen, den of-

---

[33] Eingehend Gudula Mayr, *Zur Geschichte der Gartenanlage der Kunststätte Bossard*, in: *Kunst und Kultur im Landkreis Harburg*, (in Druckvorbereitung).

[34] Gudula Mayr, *Licht und Dunkel*, S. 148.

fenen Blick für Notwendigkeiten zutrauen"[35], so führte ihn solche Überzeugungen doch nicht in die NSDAP. Da er Einzelgänger blieb, stets äußerst auf seine Unabhängigkeit und Freiheit bedacht, wurde er von der Partei allenfalls toleriert, kaum aber gefördert.

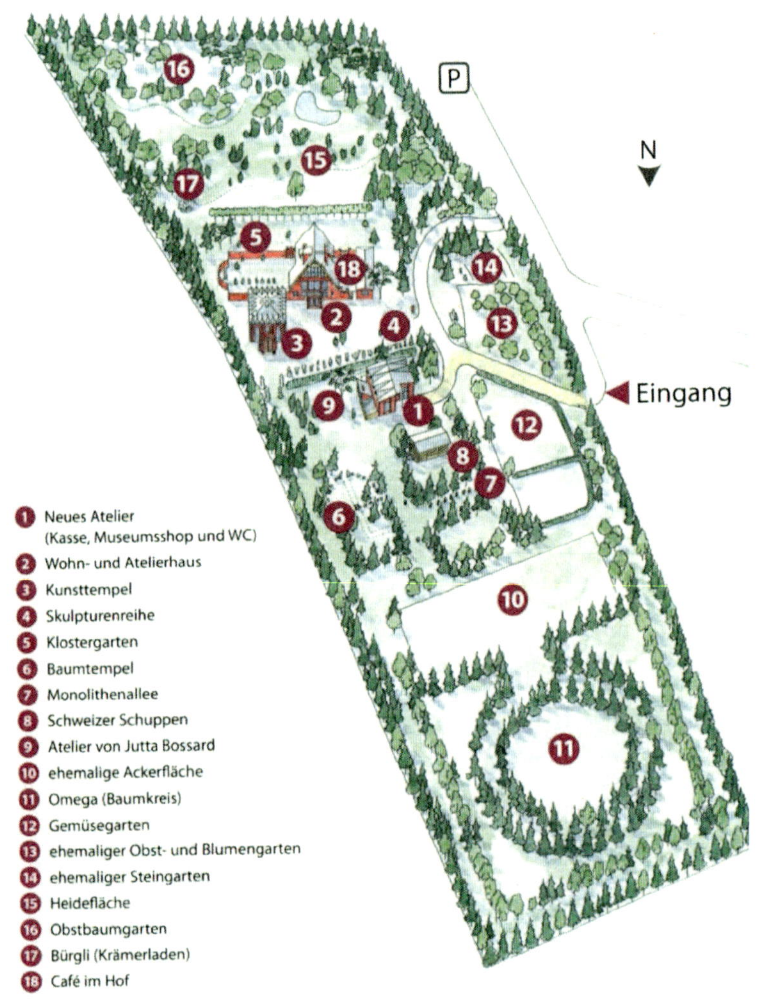

Lageplan der Kunststätte Bossard

---

35 Johann Bossard, *Arbeitsdienst und Allmende*, S. 9.

Das macht etwa die vergebliche Bewerbung um das Tannenberg-Denkmal in Ostpreußen deutlich. Er war keineswegs ein geschäftlich besonders erfolgreicher Künstler, sondern hatte oft zu kämpfen, um an Aufträge zu kommen und überlebte auch deshalb, weil es Mäzene gab, die ihn und seine Arbeit schätzten. Als Nichtmitglied der NSDAP und Einzelgänger war er überregional nicht besonders vernetzt. Umso mehr ist der außerordentliche, über Jahrzehnte nicht nachlassende Einsatz zu bewundern, mit dem er sein Heide-Projekt betrieb, Gelder dafür von Sponsoren eintrieb – so konsequent wie kaum ein anderer Lebensreformer seine Vision von einer neuen Welt umgesetzt hat, sie auf dem Areal der Kunststätte realisierte und über Jahrzehnte bei gleichbleibender, unbeirrbarer Missionsüberzeugung als sein höchstes künstlerisches Ziel verfolgte.

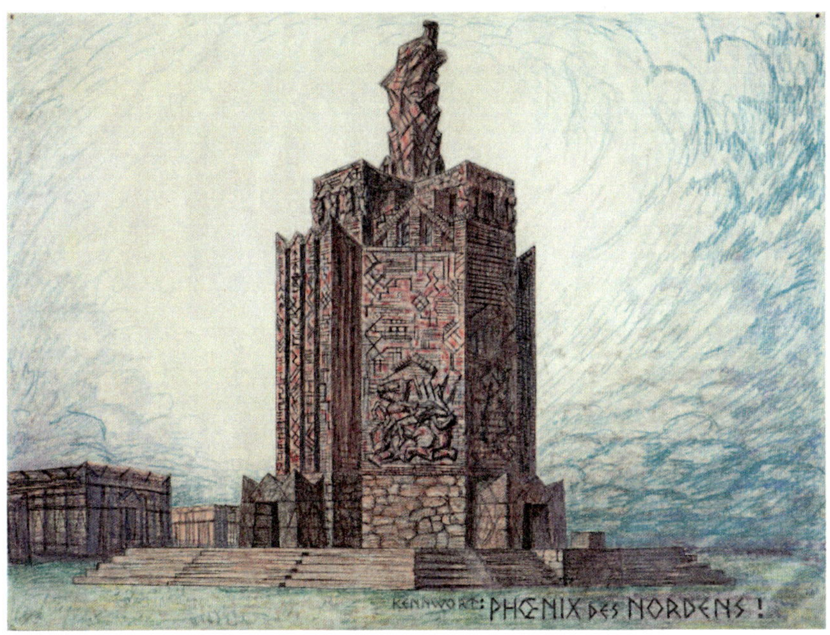

Johann Bossard, *Phönix des Nordens!*,
Entwurf des Tannenberg-Denkmals 1924/25

In diesem Missionswillen war er durch die Schriften Wagners, so wie er sie verstand und interpretierte, und dessen musikdramatische Werke nachhaltig beeinflusst. Sein Versuch, in der Nordheide eine von allen zivilisatorischen ‚Errungenschaften' der Großstadt abgegrenzte eigene Welt zu schaffen, in der das Konzept des Gesamtkunstwerks möglichst ‚rein' realisiert werden sollte, ist tief von der Gedankenwelt des Bayreuther Meisters bestimmt. Bossards frühe Lektüre der Wagner-Schriften hatte für seine Arbeiten inspirierende Kraft und prägte auch seinen Entschluss, allen Schwierigkeiten und allem Geldmangel zum Trotz über vierzig Jahre dem einmal gefassten Plan treu zu bleiben und sein Werk zu vollenden. Dieses Werk war zwar nicht so wirkungsmächtig wie das, was zuvor in Darmstadt, Hellerau und auf dem *Monte Verità* entstanden war, weil es in der Nordheide gleichsam ‚versteckt' lag, aber es war – und ist bis auf den heutigen Tag – auf seine Art überaus eindrucksvoll, zumal es allein auf dem Willen und der Kraft eines einzigen Künstlers und – nach seinem Tod – dem seiner Ehefrau beruhte.

Teil VI

Reformpropheten

Propheten

Wanderheilige und Kohlrabi-Apostel

Innerhalb der verschiedenen Strömungen der Lebensreformbewegung gab es ein merkwürdiges Phänomen: Menschen, die sich – wie etwa die Maler Diefenbach und Fidus, der Post- und Lebensradikale Gusto Gäser – zunächst beim Aufbau von Reformsiedlungen engagierten, mit den dortigen Entwicklungen aber sehr bald aus unterschiedlichen Gründen nicht mehr einverstanden waren, sich in ihrer Weltsicht und Lebensführung radikalisierten und aus der Gemeinschaft der Siedler ausschieden, um als Einzelpersonen durch die Lande zu ziehen, ihr eigenes ‚Reformprogramm' zu verkünden und die Normalbevölkerung durch ihr unkonventionelles Auftreten zu provozieren. „Wanderheilige" und „Kohlrabi-Apostel" nennt Ulrich Linse diese Figuren in seiner noch immer maßgeblichen Untersuchung über *Barfüßige Propheten*, die als Erlöser von allen Übeln der modernen Zivilisation auftraten und gelegentlich eine beträchtliche Anhängerschar um sich versammeln konnten.[1] Gelegentlich bedachte man sie auch mi Namen wie „Inflationsheilige" oder „Naturpropheten", wobei diese Namen unterschiedliche Akzente der jeweiligen Weltsicht bezeichneten. Während Inflationsheilige das gegebene Wirtschafts- und Finanzsystem kompromißlos ablehnten und manche Vertreter wie etwa Ludwig Christian Häusser und seine erhebliche Anhängerschar hofften, durch religiöse Aufladung der Politik eine Besserung der allgemeinen Zustände und danach die Schaffung vollkommener Menschen erreichen zu können[2], ging es Kohlrabi-Aposteln wie Karl Wilhelm Diefenbach eher um die Abkehr von einer falschen, ins Desaster führenden Lebensweise, und in ihrer Lehre, wenn es denn so etwa gab, verbanden sich lebensreformerische Kulturkritik mit den Untergangs- und Heilserwartungen des europäischen *Fin des siècle* und seinen

---

1 Ulrich Linse, *Barfüßige Propheten. Erlöser der zwanziger Jahre*, Berlin 1983, S. 28.

2 Ebenda, S. 37; vgl. auch Pamela Kort/Max Hollein (Hrsg.), *Künstler und Propheten*, S. 259ff.

Erlösungsvisionen.[3] Waren die Reformsiedlungen darauf aus, durch praktisches Vorbild den Weg zu einer „Regeneration der Menschheit" (Wagner/Chamberlain) zu zeigen, so wollten die Propheten jeden Einzelnen ihrer Zuhörer zur individuellen Umkehr bewegen. Das ideologische Spektrum dieser Propheten war so breit wie das der Lebensreform insgesamt: es reichte vom Anarchismus bis zu neuen Formen gemeinschaftlich-völkischen Lebens, von den Hauptforderungen der Lebensreform bis zur Anthroprosophie, von der Erneuerung aller Lebensbereiche bis zu einer (auf Lautbasis) veränderten Rechtschreibung, vom Geschlechterverhältnis und der Liebe zwischen Mann und Frau bis zur freien Liebe, zur Mehrehe und freien Sexualität, von der Ablehnung industrieller Produktion bis zur Handarbeit bei der Herstellung aller lebensnotwendigen Produkte, von der Abschaffung des Geldes bis zu neuen Formen der Naturalwirtschaft und vom Tanz, von der Musik bis zu neuen Formen des Musiktheaters – um nur einiges zu nennen.

Es wäre eine umfangreiche, kaum bewältigbare Aufgabe, all die verschiedenen Prophetengestalten, von denen es einige Dutzend gab, daraufhin zu untersuchen, inwieweit sie in ihrem Denken und Verhalten von Wagners ästhetisch-politischem Konzept des Gesamtkunstwerks oder gar seinen *Spätschriften*, der Bayreuther Ideologie generell beeinflusst waren. Vielmehr soll am Beispiel dreier Repräsentanten der *barfüßigen Propheten* der generelle Einfluss Bayreuths nachgezeichnet werden, ohne dabei zu behaupten, solcher Einfluss gelte auch für alle anderen. Was immer die hier ausgewählten Propheten predigten, war zunächst einmal Ausfluss der zentralen Forderungen der Lebensreformbewegung, allerdings stets in eigenwilliger individueller Umformung. Und diese stand nicht selten unter dem Einfluss des ‚Meisters'. Das rechtfertigt es, diesen Personen ein eigenes Kapitel zu widmen.

---

[3] Ebenda, S. 29.

Karl Wilhelm Diefenbach

Kurze biographische Daten eines malenden Propheten

Unter den Künstlern, die sich als Propheten gerierten, nimmt Karl Wilhelm Diefenbach eine herausragende Stellung ein. Er wurde am 21. Februar 1851 in Hadamar im ehemaligen Herzogtum Nassau in ärmlichen Verhältnissen geboren und war das dritte von sechs Kindern.[1] Die künstlerische Begabung zeigte sich schon früh, er zog nach München, arbeitete dort zunächst für einen Photographen, später für das bekannte Unternehmen Hanfstaengel, immatrikulierte sich 1872 an der Münchner Kunstakademie und studierte bis 1879, unter anderem bei Wilhelm von Kaulbach. Seinen Unterhalt verdiente er überwiegend mit Porträtbildern. Eine schwere Krankheit und schwierige Lebenswege hinderten ihn für einige Zeit daran, den Beruf des Malers auszuüben. Während einer seiner Krankheiten lernte er seine spätere Frau Magdalena kennen, die er 1882, zwei Jahre nach Geburt seines Sohnes Helios, heiratete. Nach der Trauung flüchtete Diefenbach zu einer „alleinigen Hochzeitsreise“[2] auf den Hohenpeißberg in Oberbayern, wo er ein ‚Erweckungserlebnis‘ hatte, das er in einer Schrift *Sonnen-Aufgang* festhielt: beim Aufgang der Sonne und dem Blick auf die schneebedeckten Berge überkam ihn die Vision einer neuen Menschheit, die ohne Gott in Einheit mit der Natur leben sollte: „Erkenne, Menschheit, deine Mutter, die NATUR, die rein und frei als höchstes Wesen dich geboren und nicht befleckt mit Erbsünde, Fluch und Schande dich in ihr blühendes Eden setzte. Dass alle Herrlichkeit des Erdballs, des Weltalls Unermesslichkeit als Keim verborgen liegt in jedes Menschen Brust! Erkenne dich, Mensch, in Dir ist Gott!. Frei bin

---

1 Die folgenden Angaben aus: Michael Buhrs (Hrsg.), *Karl Wilhelm Diefenbach (1851–1913), Lieber Sterben, als meine Ideale verleugnen!*, Katalog zur Ausstellung 2009/2010 in der Villa Stuck, München 2009, S. 14ff. Eine ausführliche Biographie findet sich in: Claudia Wagner, *Der Künstler Karl Wilhelm Diefenbach (1851–1913) – Meister und Mission*, Diss. maschinenschriftlich, Berlin 2007, S. 10ff. (http://www.diss.fu-berlin.de/diss/receive/FUDISS_thesis_000000003200).

2 Michael Buhrs (Hrsg.), *Karl Wilhelm Diefenbach*, S. 19.

ich jetzt! Frei trotz der Ketten, welche Wahn und Niedrigkeit der Zeit noch um mich legen, frei in mir selbst! Dieser Augenblick – es war der höchste meines Lebens."[3] Spätestens in diesem Moment war der kommende Lebensreformer geboren, der nunmehr eine härene Kutte trug und in Sandalen ohne Strümpfe herumlief. Wenig später wurde er Mitglied der Freireligiösen Gemeinde Münchens und nahm Kontakte zu lebensreformerisch und esoterisch gesinnten Menschen auf. Unter anderem mit Arnold Rikli (1823–1904), dem ‚Sonnen-Doktor', der in Veldes – wo sich Ida Hofmann und Henri Oedenkoven kennengelernt hatten und Anregungen zur Gründung des *Monte Verità* erhielten – die Heilmethode des Sonnenbadens eingeführt hatte und Licht-Luft-Bäder für verschiedene Erkrankungen empfahl.[4] 1882 gründete Diefenbach den Verein *Menschheit*, der Vegetarismus und naturgemäße Lebensweise verkündete und die Erlösung der Menschen durch Versöhnung mit der Natur propagierte: Bewegung in freier Natur, naturgemäße Kleidung und Ernährung sowie Freikörperkultur.[5] Obwohl er mit seiner Kutte und seinen Sandalen schon äußerlich in schroffem Gegensatz zu seinen akademischen Malerkollegen stand, erhielt er im November 1882 vom Hof in München den Auftrag, für Ludwig II. ein Bild Richard Wagners zu malen. Diefenbach nahm diesen Auftrag an, weil er sich „demselben Menschheitsideal, welches Richard Wagner vorschwebte"[6], verpflichtet fühlte – und er malte dieses Bild noch mehrfach, auch im Todesjahr Wagners 1883.

Diefenbach geriet immer stärker in eine radikal-reformerische und zivilisationsabgewandte Haltung, hielt selbst zunehmend sonntags Vorträge, in denen er seine Ziele einer Umkehr des Menschen zu einem natürlichen Leben als „Erlösung" ausgab und wetterte unter dem Titel „Über die Quellen des menschlichen Elends, Krankheit, Armut und Verbrechen und deren Beseitigung durch naturgemäße Lebensweise"[7] gegen die moderne Zivilisation. Es gab Anfeindungen, aber auch erste ‚Jünger'. Krankheiten und seine

[3] Ebenda, S. 19.

[4] Claudia Wagner, *Der Künstler Karl Wilhelm Diefenbach*, S. 21.

[5] Michael Buhrs (Hrsg.), *Karl Wilhelm Diefenbach*, S. 22.

[6] Ebenda, S. 151.

[7] Pamela Kort/Max Hollein (Hrsg.), *Künstler und Propheten. Eine geheime Geschichte der Moderne 1872–1972*, Frankfurt/M. 2015 (Ausstellungskatalog der Kunsthalle Schirn), S. 18.

zerbrechende Ehe setzten ihm ebenso zu wie die Verfolgung der Behörden, die seine Vorträge als unsittlich verboten oder zu verbieten suchten.

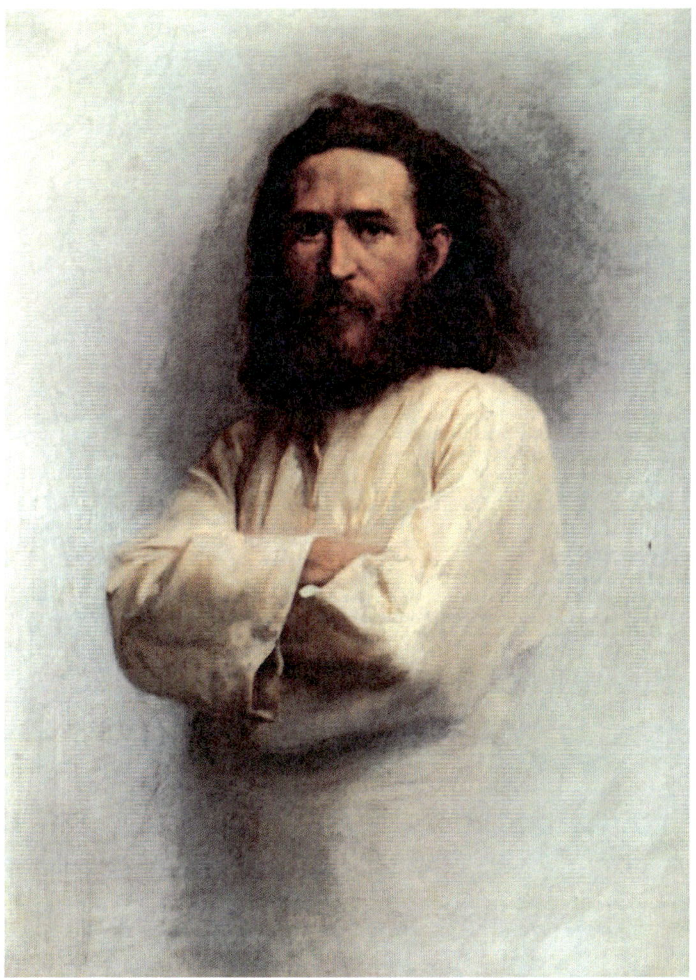

Karl Wilhelm Diefenbach, *Selbstbildnis* 1882[8]

1885 zog er sich mit einigen Anhängern in einen aufgelassenen Steinbruch, Höllenriegelkreut, in der Nähe von Pullach bei München, wohnte dort mit seiner zurückgekehrten Frau und zwei Kindern in einem leer stehenden Arbeiterhaus und praktizierte die

---

8 Michael Buhrs (Hrsg.), Karl Wilhelm Diefenbach, S. 193.

Lebensform einer Kommune, die er ‚Humanitas' nannte. Er wollte, vollkommen der Natur verpflichtet, ein seiner Kunst gewidmetes Leben führen, vollständig bedürfnislos und umgeben von einer Schar Gleichgesinnter. Nun galt er als „Apostel des Vegetarismus", als „Kohlrabi-Apostel", wie ihn die Presse ironisch titulierte, als „folkloristischer Wunderling wie als pathologisches Genie."[9]

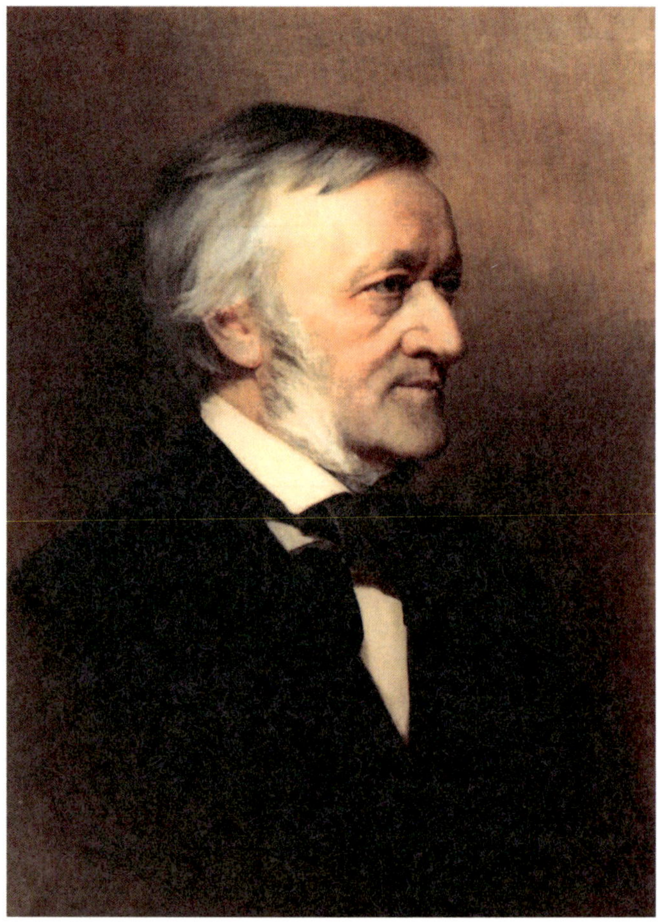

Karl Wilhelm Diefenbach, *Richard Wagner*, (1882) 1883[10]

---

[9] Ebenda, S. 28 mit Nachweisen.

[10] Ebenda. Das Bild wurde vom Königlichen Hofsekretariat in Auftrag gegeben und war als Weihnachtsgeschenk für Ludwig II. gedacht. Es entstand nach einer Fotografie des Münchner Fotostudios Albert.

Davon unbeschädigt blieb sein Ansehen als Maler und seine Bilder hatten viele Bewunderer. Die Spende eines Mäzens erlaubte es ihm, sich in seinem Steinbruch-Haus etwas bequemer einzurichten und die Werkstätte der Kommune aufzubessern. Er wollte überdies ein antiken Vorbildern nachempfundenes Theater bauen und unter einem riesigen Kreuz die erlösende Lehre des Gottmenschen von Nazareth predigen.[11] In dieser Zeit arbeitete er an zwei umfangreichen Mappen, zum einen der *Kindermusik*, zum anderen der *Göttlichen Jugend*, die beide als Vorläufer zu dem monumentalen, 68 Meter langen Fries *Per aspera ad astra* von 1892 gelten können, der die wohl bedeutendste künstlerische Leistung Diefenbachs darstellt.[12] Dieser Fries mit dem Titel *Ein Lebenstraum auf rauher Bahn zu den Sternen hinan*[13], an dem Fidus mitgemalt hatte, war wie ein Scherenschnitt in schwarz-weiß gehalten und dementsprechend tauchen alle Figuren als Silhouetten auf. Es gibt naturgemäß verschiedene Bildmotive, die sich nur schwer auf ein einziges Motiv bringen lassen. Sie alle stellten eine Hommage an wichtige Themen der Lebensreform dar, die auch die der *Spätschriften* Wagners waren, wie Bilder gegen Tiermord, für Vegetarismus, für Pazifismus, für ein harmonisches Leben von Mensch und Tier, die Einheit der Natur mit dem Menschen. Allen Bildern ist eine spürbare Leichtigkeit und ein spielerisches Moment gemeinsam. „Die Leichtigkeit der tanzenden und musizierenden Figuren", schreibt die Interpretin Claudia Wagner, „die sich, gepaart mit allerlei Tieren, von Löwen und Vogelstrauß bis hin zur Schar drolliger Affen, dem Betrachter in szenischer Reihung offenbaren, weisen eben nicht auf den verheißenen ‚steinigen Weg zu den Sternen' hin, im Gegenteil, sie scheinen bereits in einem Paradies der Harmonie angekommen zu sein und demonstrieren dabei einen Zustand fröhlicher Nacktheit in unverbildeter Natur, den Diefenbach lediglich erträumte."[14] Anders formuliert: der Fries in seiner Leichtigkeit von Mensch und Tier, in deren Nacktheit sich die Einheit mit der Natur symbolisiert, ist das gemalte Ziel jener Lebensreform, die Diefenbach – und mit ihm andere – sich erhofften und anstrebten.

---

[11] Claudia Wagner, *Der Künstler Karl Wilhelm Diefenbach*, S. 27.

[12] Zur genaueren Interpretation dieses Frieses vgl. ebenda, S. 82ff.

[13] Michael Buhrs, *Karl Wilhelm Diefenbach*, S. 67ff.

[14] Claudia Wagner, *Der Künstler Karl Wilhelm Diefenbach*, S. 87.

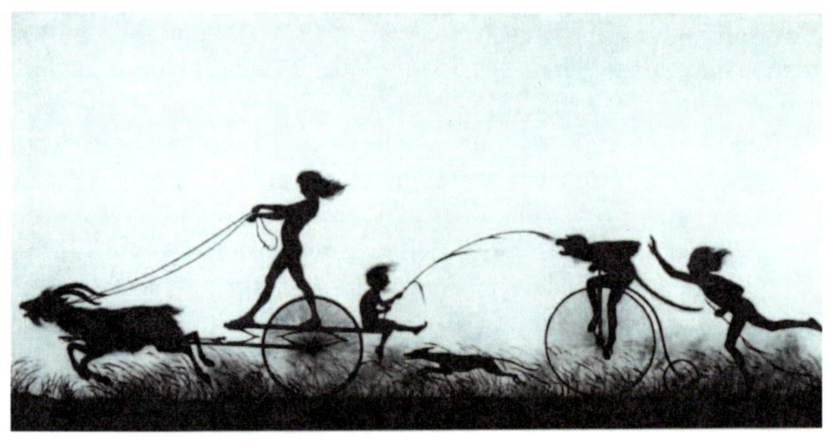

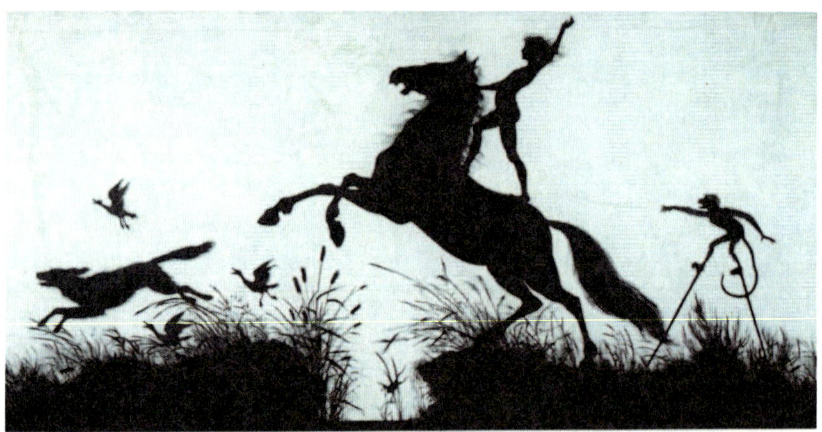

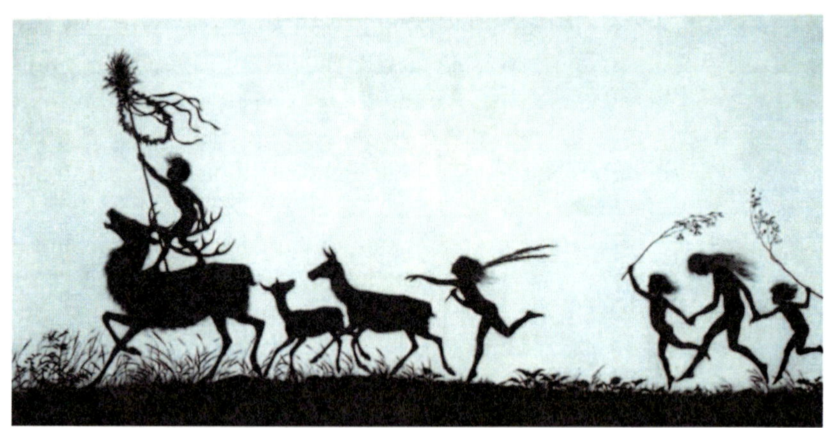

Karl Wilhelm Diefenbach, *Per aspera ad astra*, 1892 –
Drei Beispiele von insgesamt 34 Bildern

Er ist ein „gemaltes Manifest“[15], das der Vision eines alternativen und besseren Lebens Ausdruck verleiht, in dem die Sonne aufgeht und ein Paradiesvogel den Naturmenschen ihren Weg in eine in jeder Hinsicht glückliche Zukunft zeigt. „In einem Zug der Lebensfreude und Spiellust“, fährt die Interpretin fort, „ziehen Kinder und Tiere vereint zu einer glücklichen Schar vorbei. Pauken, Pfeifen und Trompeten künden den Frühling der Menschheit an. Harfen und Glocken spielen zum Tanz, locken zum Ringelrein. Mit diesen Kindern zieht ein neues Zeitalter herauf, und einer Prozession vergleichbar wandelt der Künstler wie ein glückseliger Pilger an den Stationen von naturverbundenem Leben und fröhlicher Demonstration von Nacktheit vorüber.“[16] Von mühseliger Arbeit und dem Kampf um das tägliche Leben ist in diesem Zyklus keine Rede. Offenbar schenkt die Natur dem Menschen alles, was er zum Leben braucht. Wollte man ein Stichwort für diesen eindrucksvollen Zyklus finden, so ließe der sich charakterisieren als Erlösung des Menschen hin zu seiner wahren Natur.

Obgleich Diefenbach in seiner Weltanschauung als nicht ganz ernst zu nehmender Kohlrabi-Apostel galt, konnte er als Maler doch Bilder ausstellen und kleinere Einnahmen daraus ziehen. Gleichwohl lebte er mit seiner Frau und den inzwischen drei Kindern in Armut, galt vielen als verrückt und sollte als geisteskrank erklärt werden, was ein Münchner Gericht allerdings ablehnte. 1886 hatte sich Hugo Höppener ihm angeschlossen, dem Diefenbach den Künstlernamen Fidus gab, weil er von allen Anhängern der treueste und ihm nahestehendste war, der nicht nur mit ihm über lange Zeit lebte, sondern ihn auch immer wieder gegen Anwürfe von außen verteidigte. Anfang September 1890 verstarb Diefenbachs Frau, und er selbst musste den Steinbruch verlassen, bezog ein kleines Haus in Dorfen/Oberbayern, wo er, zusammen mit Fidus, an seinem auf über sechzig Meter angelegten Fries arbeitete. Im August 1891 konnte er in München erneut einige Arbeiten ausstellen, allerdings mit wenig kommerziellem Erfolg. Noch im selben Jahr, im Dezember 1891, stellte er in Wien im dortigen Kunstverein elf großformatige Bilder aus und erregte damit Aufsehen. In der Presse hieß es: „Die grösste künstlerische Zugkraft Wiens ist gegenwärtig Meister Diefenbach mit seinen Werken im Kunstver-

---

15 Ebenda.

16 Ebenda, S. 88.

ein. Und das interessanteste Ausstellungsobject in diesen Räumen ist ohne Zweifel der ‚Meister' selbst. [...] Auf seinem ‚Christuskopfe' wächst das Haar in ungestörter Wildheit und fällt mit der Ungezähmtheit der Löwenmähne auf die weite graue Kutte herab. [...] Christus und Diefenbach, das sind überhaupt jene zwei Erscheinungen, welche den Maler am meisten beschäftigen: ihre Köpfe, mit absichtlicher Aehnlichkeit nebeneinander gestellt, kehren immer wieder; [...] Das effectvollste Ereignis in den Ausstellungssälen aber ist es, wenn sich die Thür des Ateliers öffnet und Diefenbach's langbehaartes Haupt selbst sichtbar ist. Gern erzählt der Dulder dem staunenden Publikum die Leidensgeschichte seiner Bekehrung zum Paradieszustand."[17] Die Ausstellung selbst war zwar durch die öffentliche Beachtung ein Erfolg, sie blieb über neun Monate geöffnet und Diefenbach malte in dieser Zeit neue Bilder, die er in die Ausstellung brachte. Aber finanziell hatte er einen Vertrag unterschrieben, der ihn in den Ruin trieb.[18]

Diefenbach, dem eine starke charismatische Ausstrahlung eignete, zog nach Baden bei Wien und stellte dort im Kurhaus seine Werke erneut aus. Die Ausstellung wurde als „ein *Gesamtkunstwerk*" organisiert: „Der Saal wurde zu einer Felsengrotte umgestaltet, Föhren und Tannen installiert, Steine und Moosteppiche geleiteten den Besucher durch die Räumlichkeiten, in deren Zentrum sich eine von Fidus aus Marmor gemeißelte Büste Diefenbachs befand. Mit goldenen Buchstaben machte der Künstler den Besucher auf das zentrale Thema der Präsentation aufmerksam: Per aspera ad astra."[19]

Im Sommer 1895 wanderte der Prophet mit einigen Anhängern über die Alpen mit dem Ziel Ägypten. Adlige Gönner finanzierten die Überfahrt nach Alexandria und von dort ging die Reise nach Kairo, wo er zunächst seine malerischen Arbeiten fortsetzte. Im Mai 1896 besuchte er mit seiner Familie erstmals die Pyramiden und die Sphinx von Gizeh. Danach entstand die Idee eines riesigen Gemeindetempels *Humanitas* in der Form einer Sphinx, der nahe der lybischen Wüste gebaut werden und alle Werke des ‚Meisters' aufnehmen sollte. Im Kopf der Sphinx gedachte Diefenbach seine eigenen Arbeitsräume unterzubringen. Der Tempel sollte ein „Ge-

[17] Ebenda, S. 30.

[18] Claudia Wagner, *Der Künstler Karl Wilhelm Diefenbach*, S. 42f.

[19] Ebenda, S. 43.

samtkunstwerk aus vegetarisch-pazifistischer Lebensweise und künstlerischer Umsetzung in der Wüste Ägyptens“[20] werden. Es war ein so maßlos geplantes Projekt, dass es sich von selbst erledigte.

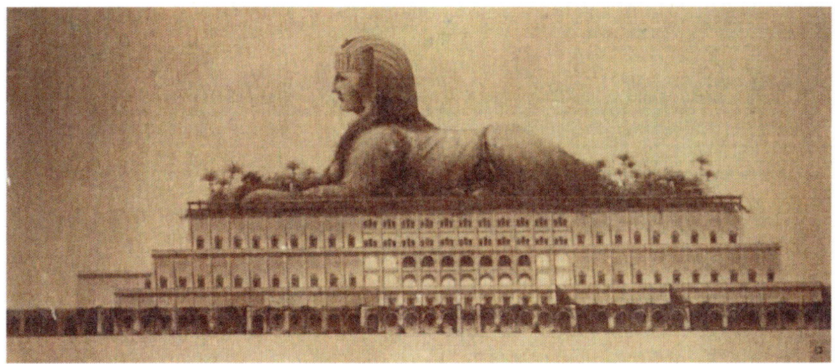

Karl Wilhelm Diefenbach, Entwurf *Humanitas*-Heim, 1896

Zurück in Wien, gründete Diefenbach eine neue Kommune mit dem Namen ‚Himmelhof‘, die etwa 24 Mitglieder umfasste, darunter Gusto Gräser, der später Mitbegründer der Siedlung auf dem *Monte Verità* wurde. Diese Kommune war eine alternative Lebensgemeinschaft, ökologisch und spirituell ausgerichtet und patriarchal durch Diefenbach geführt

Grundlage war eine rein vegetarische Ernährung, das Tragen von Reformkleidung, das Leben in gesunder Luft und im Licht. Bereits morgens wurden Sonnenbäder genommen und der Tag war streng geregelt. Diefenbach gab alles vor, auch die Erziehung der Kinder, er kontrollierte, wer die Kommune zu einem Spaziergang verließ, wer Briefe schrieb und welchen Inhalts, was gearbeitet wurde usw. Sein Ziel war die Heranbildung des idealen „Gottmenschen“, wie ihn Nietzsche im *Zarathustra* entworfen hatte – so glaubte er jedenfalls selbst. Abends wurde musiziert – nicht selten Wagner.

Die autoritäre Struktur dieser genossenschaftlichen Gemeinschaft war ein Widerspruch in sich selbst und führte zu ungeahnten Komplikationen. Die Sonderstellung, die Diefenbach sich selbst und seiner Familie vorbehalten hatte, gab sehr bald Anlass zu mas-

---

[20] Ebenda, S. 54.

siven Auseinandersetzungen. Nach etwa 12 Monaten entschloss sich Diefenbach, diese Gemeinschaft zu verlassen, über Triest, wo er Ausstellungen seiner Werke organisierte, ging er nach Capri, wo er von 1900 bis 1913 lebte und hoffte, einige seiner Arbeiten an prominente Inselbewohner wie Alfred Krupp, Axel Munthe oder auch Maxim Gorki und Rainer Maria Rilke, die sich zeitweilig in Capri aufhielten, verkaufen zu können. Ungeachtet seines geringen Erfolges arbeitete er weiterhin als Maler, stellte seine Bilder aus, fand bescheidene Anerkennung, gründete schließlich in seiner Villa auf Capri ein Diefenbach-Museum und galt auch dort als ein Sonderling, den die Aura eines visionären Künstlers umgab.

Berührungen Diefenbachs mit Wagner

Diefenbach begann als ein konventioneller Maler, dessen Malerei sich in der Tradition des Historismus bewegte. Wohl mitbedingt durch immer wieder auftretende schwere Krankheiten beschäftigte er sich sehr bald mit den Fragen einer natürlichen Heilkunst und kam über diesen Weg zur Überzeugung, dass die moderne industrielle Zivilisation den Menschen auf Dauer krank mache. Durch Eduard Baltzer[21], einen der ersten und erfolgreichsten Propagandisten des Vegetarismus, kam Diefenbach mit dieser Bewegung in Berührung und wurde selbst Vegetarier, der sich eine prophetische Aufgabe zuschrieb. Unter anderem in seinem Vegetarismus lag eine

---

[21] Eduard Baltzer (1814–1887) war Theologe und als Demokrat politisch aktiv. Er war Mitglied des Vorparlamentes der Deutschen Nationalversammlung in Frankfurt und später der Preußischen Nationalversammlung in Berlin. Nach Schwierigkeiten mit der Evangelischen Kirche gründete er 1847 die *Freie Protestantische Gemeinde* in Nordhausen, die dann in die *Freireligiöse Bewegung* überging. Er wurde 1859 zum ersten Präsidenten des Bundes *Freireligiöser Gemeinden* in Deutschland gewählt. Durch Theodor Hahn, einen Kollegen, bekam er Kenntnis von der vegetarischen Bewegung, wurde selbst Vegetarier und gründete in Nordhausen den *Verein für natürliche Lebensweise*, später *Deutscher Verein für naturgemäße Lebensweise*. 1867–1872 schrieb er vier Bände über *Die natürliche Lebensweise*, die er religiös, moralisch, politisch und ökonomisch begründete und als Voraussetzung für eine Höherentwicklung der Menschheit ansah. Ab 1868 gab er das *Vereinsblatt für Freunde der natürlichen Lebensweise* heraus.

entscheidende Übereinstimmung mit dem späten Wagner, der ihm auch sonst ein Vorbild war. Wie Wagner war er strikt gegen die Vivisektion und sah in Tieren die Mitwesen des Menschen. Mit der Selbstzuschreibung der Prophetenqualität radikalisierte Diefenbach seine Weltsicht hinsichtlich des praktischen Lebens. Wagner wäre wohl trotz aller Forderungen nach vegetarischer Lebensweise, Verzicht auf Alkohol und Befürwortung eines Lebens in Einklang mit der Natur nicht auf die Idee gekommen, als anspruchs- und bedürfnisloser Prophet im härenen Gewand und strumpflosen Sandalen durch die Welt zu ziehen, um seine Vorstellungen zu verkünden. Wenn Diefenbach dies tat, so war dies seiner Überzeugung geschuldet, einem religiös-metaphysischen Auftrag zu folgen, den er durch sein Beispiel konkretisieren wollte. Er bezog seine Kraft einerseits aus synkretistischen religiösen Überzeugungen, die sich –wie Wagner – am Erlöser Jesu, am Heiland, der sein Blut für alle vergossen hatte, orientierten, aber auch aus Symbolen germanischer Religiosität wie dem Sonnenrad, aus der Ikonographie alter ägyptischer Kulte und der damals aufkommenden Theosophie. Dieser im weitesten Sinne Mystizismus war ein ‚Glaube' ohne den christlichen Gott, denn er trat als Pantheismus auf. Gott war in allen Dingen, vor allem auch in den Menschen, und die Bayreuther Formel vom „Himmelreich in uns" gilt auch in einem weiten Sinne für Diefenbach.

So schimmert das Vorbild Wagner selbst in diesem säkularmystischen Verständnis einer neuen Welt durch. Wagner gehörte, wie unveröffentlichte Briefe zeigen, zu den großen und maßgeblichen Vorbildern Diefenbachs, und insbesondere dessen Schriften *Das Kunstwerk der Zukunft* wie *Religion und Kunst* gaben den geistigen Nährboden ab für Diefenbachs Zukunftsperspektiven. Es ist kein Zufall, dass er den Bayreuther Meister mehrfach malte. In seinem Lebensbericht, in dem er von sich selbst in der dritten Person spricht, heißt es unter anderem: „So paradox es dem oberflächlichen Denken erscheine: das Künstlerthum allein trieb und befähigte den Menschen Diefenbach zu diesem Riesenkampfe. Die Kunst betrachtet Diefenbach im Geiste eines Shelley, Schiller und Richard Wagner, um nur einige der nächsten Geistesverwandten zu nennen, als das wesentlichste Veredlungsmittel vom ‚Thiermenschen' zum

‚Gottmenschen'."[22] Diefenbachs Ziel, durch die Kunst zur ‚Erlösung' des Menschen zu kommen, was heißt, einen neuen, postmodernen Menschen zu schaffen mit neuer Moral, freier Spiritualität, selbstbestimmten Lebensformen und ökonomischer Unabhängigkeit stimmte nicht nur mit den Kernforderungen der *Lebensreformbewegung* überein, sondern auch, zumindest in Teilen, mit Wagners politisch-ästhetischer Utopie. Wagners „Einheit alles Lebenden" deckt das, was Diefenbach als naturgemäße Lebensweise ansah, vollständig ab; Wagners Vorstellungen von den künstlerischen Genossenschaften als anzustrebendes Strukturmodell, wie er es in *Das Kunstwerk der Zukunft* entworfen hatte, fand in Diefenbachs immer wieder gegründeten Kommunen eine strukturelle Entsprechung, auch wenn, im Unterschied zu Wagner, Diefenbach als unhinterfragbare Autorität auftrat. Und wenn Diefenbach davon überzeugt war, dass die Kunst der Grund für die „Erlösungsmacht des Schönen"[23] sei, so sprach er dieser Kunst eben jene gemeinschaftskonstituierende Kraft zu, von der Wagner in seinen sämtlichen Essays handelte. „Ich betrachte die Kunst als eine Religion", erklärte Diefenbach, „welche die Geister zum Schönen und Guten erheben soll."[24] Der ästhetisch-politische Rahmen dafür war das „Gesamtkunstwerk", dessen Idee Diefenbach von Wagner bezog. Wie bei diesem sollten über die Kunst die Grenzen von ästhetischer Erfahrung und lebenswirklicher Realität aufgehoben werden – das war die utopische Perspektive, die Diefenbach mit Wagner teilte. Für Diefenbach war, wie für sein großes Vorbild, die Kunst, natürlich vor allem seine Kunst, jenes Medium der Erlösung, hinter dem alles andere zurückzutreten hatte – eine Haltung, die mit der von Wagner völlig konform ging. So wundert es nicht, dass Diefenbach auch der Musik Wagners hohen Respekt entgegenbrachte. Eine Fotographie aus dem Jahre 1898 zeigt ihn am Flügel mit seinem Sohn Lucius, der ihm zuhört, und dem von ihm gemalten Wagner-Bild im Hintergrund – vermutlich spielt er Wagner, möglicherweise *Parsifal*, in dem es bekanntlich auch um Erlösung geht.

In diesem Zusammenhang muss erwähnt werden, dass Diefenbach um 1893 Berta von Suttner kennengelernt hatte. Deren Frie-

---

22 Michael Buhrs, *Karl Wilhelm Diefenbach*, S. 151. Claudia Wagner, *Der Künstler Karl Wilhelm Diefenbach*, S. 151ff.

23 Ebenda.

24 Claudia Wagner, *Der Künstler Karl Wilhelm Diefenbach*, S. 152.

densidee teilte er vollständig, sie ergab sich für ihn zwangsläufig aus dem Vegetarismus. „Ich erkenne, verabscheue und bekämpfe jeden Mord nicht nur als ein Verbrechen an einzelnen Menschen", schrieb er in einem Brief an Berta von Suttner, „sondern an der Menschheit und an dem Begriffe der ‚Gottheit', insbesondere erkenne, verabscheue und bekämpfe ich jeden Krieg als zum Himmel schreienden Massenmord, dessen Fluch der bösen Tat forterzeugend nur Böses kann gebären! [...] In meinem Ringen nach der Lösung der Frage, wie der Mensch, das ‚vernunftbegabte' höchste Lebewesen auf Erden, das ‚Ebenbild' Gottes, zum Verbrecher an der Heiligkeit des Lebens, zum grausamsten Vernichter des Lebens werden konnte, bin ich zu der Erkenntnis gelangt, dass der Menschenmord nur die natürliche Folge ist des Tiermordes [...]. Das Morden der Tiere und das Verzehren von deren Leichen stumpft alle feineren Gefühle und Sinne ab, erzeugt unbezähmbare Leidenschaften, Einzelreichtum und Massenelend und allgemeine Verrohung, und ist vom Kannibalismus nur dem Grade nach verschieden."[25] Diese Einstellung ist mit der des späten Wagner weitgehend identisch, sie ist überdies eine Einstellung, die große Teile der Lebensreformbewegung charakterisiert und auch erklärt, weshalb der *Parsifal* unter allen Wagner-Werken hier das beliebteste war: denn neben der Tierliebe und der Heiligkeit der Tiere im Gralsbezirk, die Gurnemanz im ersten Aufzug dem überraschten Parsifal erklärt, nachdem der den Schwan abgeschossen hat, ist der Friede in diesem Werk ein zentraler Wert: „Schnell ab die Waffen!/ Kränke nicht den Herrn, der heute,/ bar jeder Wehr, sein heilig Blut/ der sündigen Welt zur Sühne bot!" sagt Gurnemanz am Karfreitag dem zurückkehrenden Parsifal im dritten Aufzug.

Die einzelnen weltanschaulichen Elemente, denen Diefenbach in seinem Leben wie Schaffen folgte, fasst seine Biographin Claudia Wagner wie folgt zusammen: „Er hatte den Atheismus Darwins und Goethes sowie die Übermenschenkultur Nietzsches, den säkularen Glauben der Kunstreligion und die außerkirchliche Religion der Theosophen rezipiert und Bruchstücke davon auf seine individuelle Philosophie und den ganz persönlichen Ansatz des naturverbundenen Lebensreformers, seines Ernährungs-, Körper- und Bewegungskultes übertragen. Man könnte demnach von einem

[25] Claudia Wagner, *Der Künstler Karl Wilhelm Diefenbach*, S. 46 (Brief vom 13. Februar 1893).

philosophischen Synkretismus sprechen, der Heil und Rettung in der Hand des autonomen Individuums sah und Erlösung am diesseitigen Ende des Geschichtsprozesses. Damit ging Diefenbach konform mit der formulierten religiösen ‚Lebenslehre' der Lebensreformer."[26] Nicht alles davon stimmt mit dem späten Wagner überein, aber doch ein Großteil und, vor allem, die Zielsetzung: einen moralisch wie ästhetisch, politisch wie ökonomisch neuen Menschen zu schaffen.

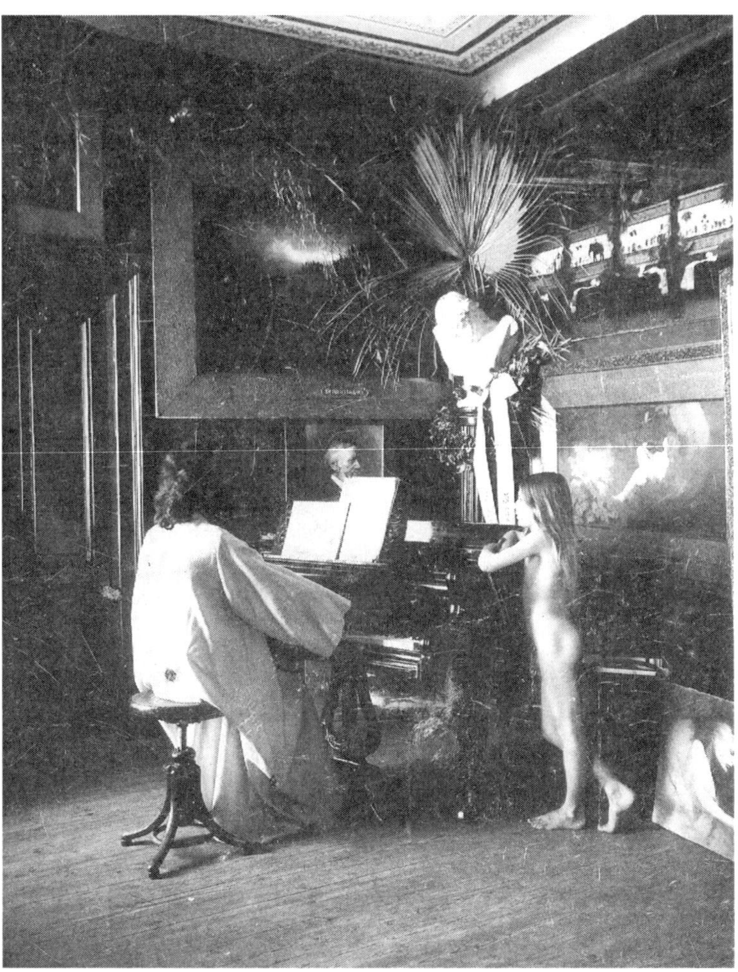

Karl Wilhelm Diefenbach und sein Sohn Lucius –
mit Bild Wagners 1898

[26] Ebenda, S. 158.

Hugo Höppener, genannt Fidus

Einige biographische Daten eines malenden Jüngers

Hugo Höppener wurde 1868 in Lübeck als Sohn eines Konditors geboren und nahm zunächst den üblichen Weg schulischer Ausbildung.[1] Aber schon bald legte er sich eine antibürgerliche Attitüde zu, trat in Kutte und langem Gewand auf und löste, als er sich 1887 in der Vorschule der Münchner Akademie der Künste einschrieb, den Schreckensruf „Jesses, a Diefenbacher!"[2] aus. Höppener, der von Diefenbach zu diesem Zeitpunkt noch nichts wusste, wurde neugierig, verließ nach nur drei Monaten die Akademie, um sich zu Diefenbach in den Steinbruch von Hollenriegelskreut aufzumachen. Dort wurde er von dem Kohlrabi-Apostel freudig aufgenommen, weil dieser, durch eine Operation in seiner Fähigkeit zu malen eingeschränkt, dringend Hilfe brauchte. Die wurde ihm gewährt. *Fidus*, wie er bald von Diefenbach genannt wurde und sich dann auch selbst nannte, half bei der Fertigstellung der Zeichnungsmappe *Kindermusik* und später auch bei dem Monumentalfries *Per aspera ad astra.* Diefenbachs Einfluss machte den ohnehin bereits empfänglichen Fidus zu einem entschiedenen Lebensreformer, der die Ideen des Vegetarismus, einer naturgemäßen Lebensweise sowie der Freikörperkultur aufnahm, sie lebte, aber auch zu Motiven seiner Malerei machte. Im Sommer 1888 sah die Polizei, wie Diefenbach und Fidus nackt im Steinbruch saßen und an der *Kindermusik* arbeiteten, während Diefenbachs Sohn Helios ebenfalls nackt in deren Nähe spielte. Es kam zu einem Prozess, dem vermutlich ersten Nudistenprozess in Deutschland, der mit dem Urteil zu einer mehrmonatigen Haft endete. Insgesamt etwa zwei Jahre lebte Fidus bei Diefenbach und dessen Anhängern, teilte dessen einfaches Leben und wesentliche Elemente seiner Weltan-

1 Zum Lebenslauf vgl. Marina Schuster, *Fidus*, in: Uwe Puschner/Walter Schmitz/Justus H. Ulbricht (Hrsg.), *Handbuch zur ‚Völkischen Bewegung' 1871–1918*, München et. al, 1996, S. 634ff.; ebenso Wolfgang de Bruyn (Hrsg.), *Fidus. Künstler allen Lichtbaren*, Berlin 1998; Pamela Kort/Max Holbein (Hrsg.), *Künstler und Propheten*, S. 56ff.

2 Pamela Kort/Max Hollein (Hrsg.), *Künstler und Propheten*, S. 22.

schauung, bevor er 1889 in München sein Studium an der Akademie der Künste fortsetzte.

In dieser Zeit lernte Fidus den Theosophen Wilhelm Hübbe-Schleiden[3] kennen und begann, unter dessen Einfluss, sich für Theosophie zu interessieren und an der von diesem herausgegebenen Zeitschrift *Sphinx* als Illustrator mitzuarbeiten, eine Zeitschrift, in der bekannte Autoren wie Max Dessoir oder auch Carl Kiesewetter schrieben.[4] Diefenbachs Reformideologie, Hübbe-Schleidens The-

---

[3] Wilhelm Hübbe-Schleiden (1846–1916) machte in Hamburg Abitur, studierte Volks- und Rechtswissenschaft und wurde nach der Promotion in Leipzig Anwalt in Hamburg. Zwischenzeitlich war er Attaché am deutschen Generalkonsulat in London. Nach Reisen durch Westeuropa und Afrika war er einer der Befürworter einer deutschen Kolonialpolitik und propagierte diese in mehreren Büchern. 1883 lernte er die Lehre der Theosophie kennen und wurde 1884 zum Präsidenten der neugegründeten *Theosophischen Sozietät Germania* gewählt. Seit 1886 gab er die Monatszeitschrift *Sphinx* heraus, die sich der Metaphysik und der Theosophie widmete. Aus zwei zuvor gegründeten theosophischen Vereinen ging dann 1894 die *Deutsche Theosophische Gesellschaft* hervor. Nach einem wechselvollen Leben musste er erleben, dass Rudolf Steiner, der Generalsekretär der Gesellschaft, 1912/13 eine *Anthroposophische Gesellschaft* gründete und die Theosophische Gesellschaft dadurch ausblutete. Deren Ende kam mit dem Tod Hübbe-Schleidens, der u.a. vermutlich Mitglied im *Rosenkreuzerorden* und im *Alldeutschen Verband* gewesen ist.

[4] Max Dessoir (1867–1947) studierte in Berlin Philosophie, u.a. bei Wilhelm Dilthey. Er interessierte sich früh für Messmerismus, Somnambulismus, Spiritismus und Telepathie und schrieb in *Sphinx*. 1889 wurde er für Philosophie in Berlin habilitiert und dort, auf Betreiben Diltheys, zum außerordentlichen Professor berufen. 1908 gründete er die *Vereinigung für ästhetische Forschung* und 1909 die *Gesellschaft für Ästhetik und allgemeine Kunstwissenschaft*. Als getaufter Jude überlebte er das Dritte Reich nur mit Schwierigkeiten. Sein Leben lang war er am Okkultismus interessiert, pflegte Umgang u.a. mit Gerhart Hauptmann, Max Halbe, Richard Dehmel, Friedrich Gundolf, Paul Ernst und Stefan George. Er prägte den Begriff *Parapsychologie* und setzte dieses Fach durch, schrieb ein mehrfach aufgelegtes Werk *Vom Jenseits der Seele* (1917), setzte sich für die Trennung von Ästhetik und Kunstwissenschaft ein, weil er Ästhetik für den umfassenderen Gegenstand hielt.
Carl Kiesewetter (1854–1895) war einflussreicher Okkultist und Theosoph. Er schrieb mehrere Bücher über diese Gegenstandsbereiche, ebenso Artikel für *Sphinx*, und galt als führender Kopf der Geschichte des Okkultismus. Er experimentierte mit Drogen und starb bei einem Selbstversuch mit Bilsenkraut.

osophie sowie Haeckels Monismus waren die literarisch-philosophischen Einflüsse, die Fidus aufnahm und die mehr und mehr seine Bildsprache beeinflussten. Er versuchte, in seinen Darstellungen die Spiritualität des Menschen einzufangen und zugleich in einem Stil zu malen, der Elemente des sich herausbildenden Jugendstils vorwegnahm. Hermann Hesse, der zeit seines Lebens bestimmten Strömungen der Lebensreform zugetan blieb, schrieb als Zwanzigjähriger an Fidus: „Ich kenne all diese (Ihre) zarten Gestalten gut wie Freunde. [...] wie zart und rein diese Kinder, diese Jünglinge, diese Himmel und Wasser und Gebüsche sind, und wie sehr ich sie lieb habe."[5]

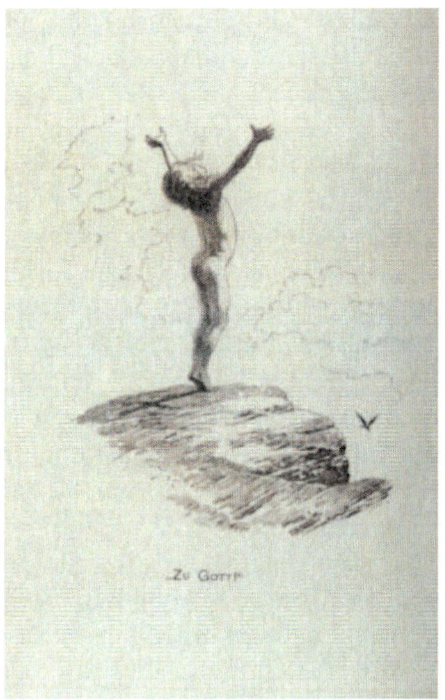

Fidus, *Zu Gott!*
in: *Sphinx*, Zeitschrift, März 1892[6]

Unter Diefenbachs Einfluss und aufgrund seiner schlechten Gesundheit wurde Fidus zum Vegetarier, Antialkoholiker und Lebens-

---

5 Zitiert nach Pamela Kort/Max Hollein, *Künstler und Propheten*, S. 59.
6 Ebenda, S. 60.

reformer. Unter anderem durch die Lektüre Nietzsches kam er zu der Überzeugung, Gott sei tot, und in einer Illustration für *Sphinx* übersetzte er diese Überzeugung durch einen die Sonne anbetenden Knaben – Vorläufer jenes späteren berühmten *Lichtgebetes*, auf das noch zu sprechen kommen sein wird.

Zu diesem Bild schrieb Fidus später: „Es war die Ahnung von einem neuen Lebensgefühl und der Wille zu einer neuen Lebensart! Das gab es aber damals noch nicht in der Kunst, nur in schüchternen Lebensversuchen. Und die ersten Versuche, allen voran mein Meister Diefenbach, wollten mit ihrer ‚Kunst' nur dies neue Lebensgefühl bekennen und zu ihm aufrufen."[7]

Fidus löste sich, sowohl in seiner ‚Philosophie' wie in seinem künstlerischen Werk, mehr und mehr von Diefenbach, den er gleichwohl immer bewunderte und als ‚Apostel' eines grundlegend reformierten Lebens respektierte. Seine Zeichnungen wurden gleichsam theosophisch aufgeladen und junge Menschen, Knaben, die er malte, als Mittler zwischen Mensch und Gott verstanden. Das kommt in den Titeln, die er ihnen gab, unmissverständlich zum Ausdruck: *Stimme der Stille* oder *Vom Himmel*; später *Am strahlenden Quell*, *Der Tempel ohne Thor*, weisen auf die Transzendenz hin, die er einzufangen suchte.

Zwischen 1890 und 1892 unternahm Fidus Reisen nach Norwegen und Italien, nahm danach seinen Wohnsitz in Berlin. Er wurde Mitarbeiter der Zeitschriften *Pan*, *Simplicissimus* und *Jugend*, hatte Verbindungen zu Dichtern und Schriftstellern, unter anderem zu Hermann Bahr, dem Wiener Kritiker, der bei der Gründung und programmatischen Ausrichtung der *Darmstädter Künstlerkolonie* eine wichtige Rolle spielte. Er wurde aktives Mitglied in unterschiedlichen okkulten Gesellschaften und freidenkerischen Gesellschaften, kam mit Rudolf Steiner in Kontakt, illustrierte Bücher, die in solchen Gesellschaften erschienen – und wurde um die Jahrhundertwende zu einem der bekanntesten Maler.

1900 heiratete Fidus und wurde bald Vater eines Sohnes und einer Tochter. Einfluss auf seine esoterisch-okkulte Weltsicht hatte dies nicht. Er war kurz nach der Jahrhundertwende Mitglied in verschiedenen reformerischen und völkischen Vereinen, und im Gründungsjahr 1905 der *Richard-Wagner–Gesellschaft für germani-*

---

[7] Ebenda, S. 63.

sche Kunst und Kultur trat er auch dieser bei. Unter anderem angeregt durch Wagners Konzept des *Gesamtkunstwerks* entwarf er eine Reihe monumentaler theosophischer Tempelbauten, die einem ins ‚Nichtmusikalisch' gewandelten Gesamtkunstwerk dienen sollten. Sie waren der Anlass, dass Walter Gropius den Künstler 1919 zu einer Ausstellung über ‚unbekannte Architekten' einlud, wo drei seiner Tempelentwürfe gezeigt wurden. Doch war dies für ihn kein Erfolg. Da Fidus wusste, dass er seine Monumentalbauten nie würde realisieren können, begann er Lichtbildvorträge zu halten, um seine Werke zu verbreiten. Ein Vortrag trug den Titel: *Das sichtbare Gesamtkunstwerk bei Fidus als Erweiterung des Bayreuther Gedankens.*[8] Er war, wie der Vortrag zeigt, mit der Gedankenwelt Wagners und vor allem mit dessen politisch-ästhetischen Zukunftsperspektiven vertraut.

Weltanschaulich ist Fidus zur Zeit des Ersten Weltkrieges und kurz danach nicht eindeutig einzuordnen: er pflegte einerseits Kontakte zu Moeller van den Bruck, andererseits zu Gustav Landauer, war mit Hermann Hesse befreundet und sympathisierte mit der lebensreformerischen Gartenstadt-Bewegung, mit den Gedanken einer Bodenreform und dem Wandervogel, dem völkischen *Werdandi*-Bund und war Mitglied der *Germanischen Glaubensgemeinschaft.* Er selbst sah sich als „Offenbarungsmensch" zur Regeneration der Menschheit und verfasste auch entsprechende Schreiben.[9] Das Kriegsende brachte ihn finanziell in starke Bedrängnis, seine deshalb erfolgte Bewerbung ans Bauhaus in Weimar wurde von Gropius, der ihn 1919 zu einer Ausstellung eingeladen hatte, nun aber abgelehnt.

1932, nach Gesprächen mit Goebbels, trat Fidus in die NSDAP ein, erhielt aber nicht die erhoffte Unterstützung für die Realisierung eines Tempelbaus. Bittbriefe an Hitler und Goebbels hatten keine Wirkung, weil vermutlich in der NSDAP bekannt war, dass sich Fidus noch Jahre zuvor gegen die Rassentheorie gewandt hatte mit dem Argument, die Deutschen seien ein Mischvolk und demnach komme es weniger auf die Reinheit der Rasse als auf die „seelische Durchsonntheit" des Menschen an. Überdies traf auch seine Kunst auf ästhetische Ablehnung, man sah in ihr eine „Verkitschung" nordischer Kunst. Eine zum Reichsparteitag 1936 geplante

8 Marina Schuster, *Fidus*, S. 640.

9 Ebenda, S. 639 mit Belegen.

Ausstellung seiner Werke wurde aufgrund des Einspruchs Hitlers abgesagt, 1937 wurde der Verkauf seiner Bilder verboten. Fidus ging auf Distanz zum System, blieb aber seiner Variante des Jugendstils malerisch treu. Auch nach dem Ende des Krieges malte er weiter, sogar Porträts von Lenin und Stalin, um sich finanziell über Wasser zu halten, machte sich aber mit dem SED-Regime nicht gemein. 1946 trat er der freireligiösen Gemeinde in Berlin bei, 1948 verstarb er an einem Schlaganfall.

Bezüge zu Wagner

Im Unterschied zu vielen anderen Reformern der Jahrhundertwende, auch zu Diefenbach, lassen sich direkte Einflüsse Wagners auf Fidus nicht nachweisen. Er war weder der Musik insgesamt noch der von Wagner stark verbunden, und er spielte auch, soweit ersichtlich, kein Instrument. Jedenfalls finden sich keine einschlägigen Hinweise in seiner Biographie.

Gleichwohl ist der Einfluss Wagners indirekt vielfach spürbar. Das wohl berühmteste Bild von ihm, das 1910 entstandene *Lichtgebet*, zeigt einen nackten Knaben, der auf einem Felsen steht. Der Betrachter sieht den Knaben von hinten, der beide Arme weit gespreizt in den Himmel streckt, der Sonne entgegen, die noch nicht sichtbar ist, aber zwischen den Wolken durchzubrechen scheint, was sich an den unteren Wolken zeigt, die bereits hell gefärbt sind. Dieses von Fidus mehrfach kopierte und als Postkarte erfolgreich in Umlauf gebrachte Bild war nicht nur eine gemalte Metapher für viele Ziele der Lebensreform wie: der Mensch in inniger und freier Verbindung mit der Natur, Suche nach dem Licht und Anbetung der Sonne als Lebensspenderin wie auch als Urquell einer regenerierten Menschheit und ähnliches mehr; es war zugleich auch eine Bildmetapher für die Figur des Parsifal, der als ‚reiner Tor' durch die Welt geht und den erlösenden Gral sucht und findet. Der abgebildete Jüngling ist einerseits eine kraftvolle Person, mit einem athletisch durchtrainierten Körper, andererseits aber auch von einer gewissen Zartheit und Verletzlichkeit, die aus seiner Nacktheit herrührt. Dass er die Hände nach oben streckt und die Finger spreizt, ohne alle Waffen, macht ihn wehrlos und könnte für den lebensreformerischen Pazifismus stehen.

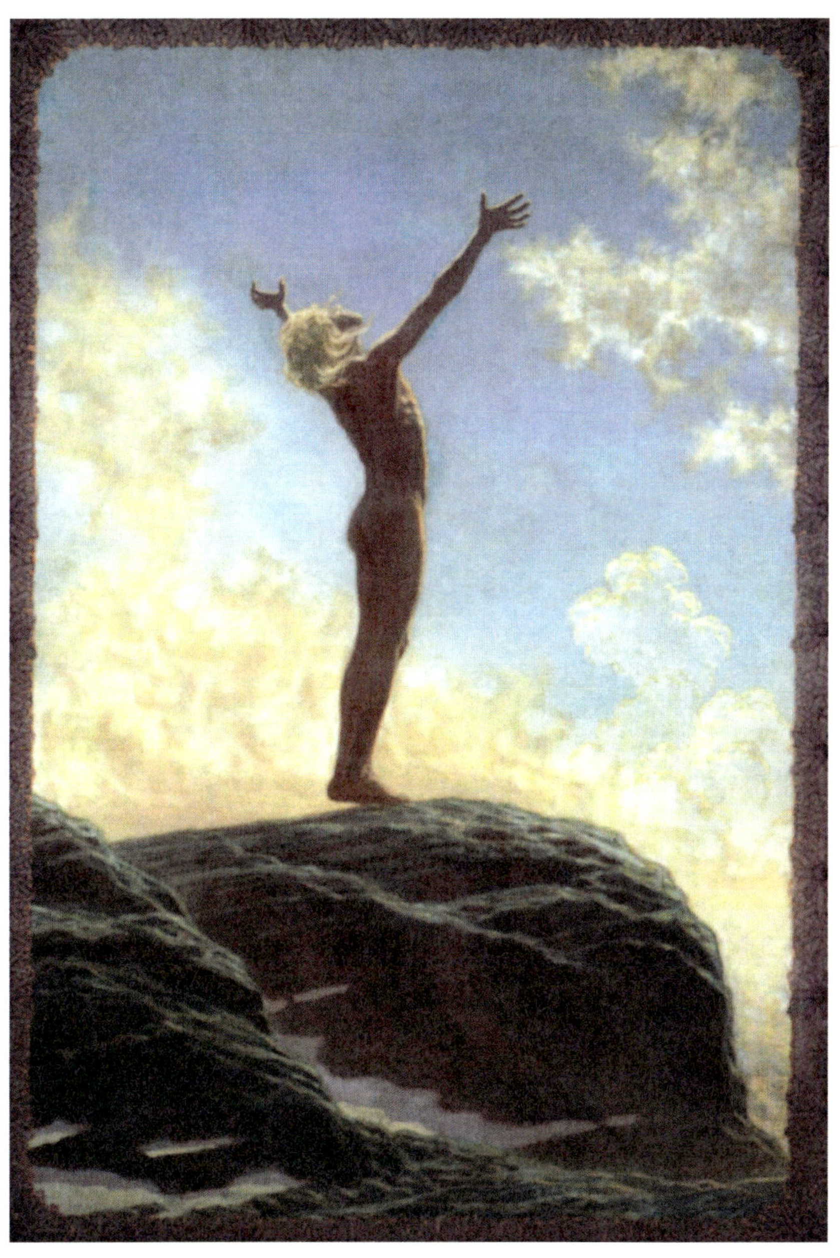

Fidus, *Lichtgebet*, 1910

Die Parallele zu Parsifal ist nicht erzwungen hergeholt; Fidus hat diesen komplexesten Helden Wagners zweimal gemalt, allerdings in sehr anderer Art als den Jüngling in seinem *Lichtgebet*.

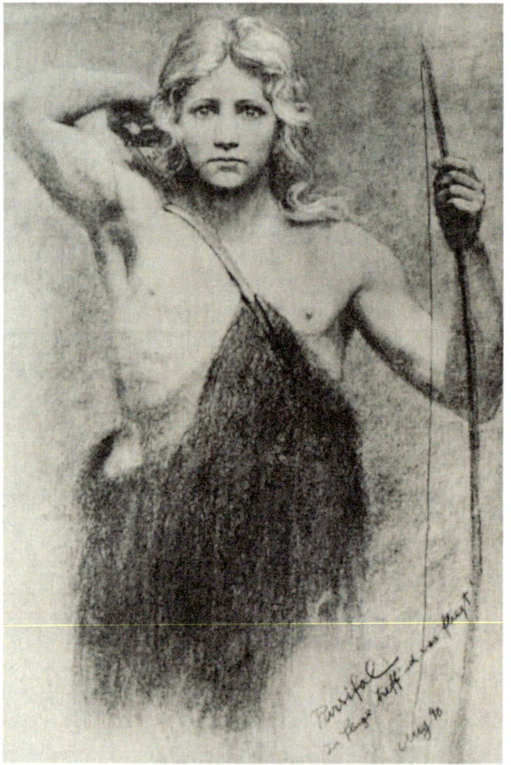

Fidus, *Parsifal*, o.J. (1890)[10]

Mit dem Aufbau des *Lichtgebets* hat dieses Bild von Parsifal nichts zu tun. Parsifal ist hier von vorne gesehen, er schaut seinerseits den Betrachter frontal an. Mit dem Jüngling des *Lichtgebetes* aber hat er immerhin den athletischen Körper, aber auch die Verletzlichkeit seiner Person gemein. Denn das Fell, das er trägt, kann kaum Schutz bieten und lässt überdies den Oberkörper frei. So steht er imgrunde ohne Schirm und Wehr da, jedem Angreifer preisgegeben. Sein Blick ist zwar entschieden zielgerichtet, aber doch eher sanft. Wohin er sieht, bleibt dem Betrachter verborgen. Denkt man an Wagner, mag es ein Schwan sein, den er beobachtet; denn die

---

[10] Pamela Kort/Max Hollein, *Künstler und Propheten*, S. 70.

rechte Hand greift nach hinten und man darf dort einen Köcher mit Pfeilen vermuten. Doch macht dieser Parsifal nicht den Eindruck, dass er wirklich schießen will oder schießen kann; seinem Gesichtsausdruck nach ist es eher Angst als Entschlossenheit und Aggression, die den Griff nach hinten bewirkt.

Noch weniger angriffsfreudig erscheint der 1926 gemalte Parsifal, der zwar den von Klingsor gewonnenen Speer vor sich hält, aber doch ohne schützenden Panzer oder Schild dasteht. Es ist der Parsifal, der durch den Kuss Kundrys ‚wissend' geworden ist.

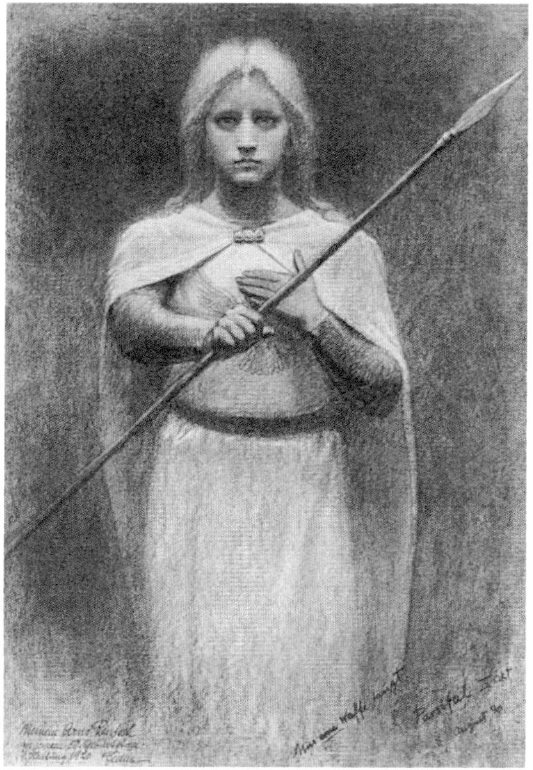

Fidus, *Nur eine Waffe taugt*, 1926[11]

Wie Kundry ihm sagt: „So war es mein Kuss, der Welt hellsichtig Dich machte"[12], woraufhin Parsifal seine Mission für die Gralsritter zu verstehen beginnt. Es ist ein pazifistisch gesinnter Parsifal, eben

11 Ebenda.

12 Richard Wagner, *Parsifal*, 2. Aufzug.

jener, den Wagner im dritten Aufzug seines ,Bühnenweihfestspiels' auftreten lässt, der darauf verzichtet, im ,heiligen Bezirk' Tiere zu jagen, statt dessen Amfortas wie den dahinsiechenden Gralsrittern die Erlösung bringen will. Er öffnet den Gral, vollzieht jene „rettende Tat", die laut Wagner in der „im Mitleiden bis zur vollen Brechung des Eigenwillens sich betätigenden Liebe"[13] besteht. Der Speer, der alles Unheil für die Gralsgemeinschaft verursacht hat, wird zum Mittel der Heilung, der Gral zur Quelle einer ständigen Regeneration dieser Gralsgemeinschaft, einer Erneuerung und Kräftigung, die – wenn man Wagner folgt – aus der Kunst kommt.[14] Regeneration und Erneuerung durch Kunst – das ist das Thema auch der Künstler, die der Lebensreformbewegung sich zuzählen, und es ist das zentrale Thema auch von Fidus. So wundert es kaum, dass er Wagners *Parsifal* aufnimmt und zeichnet, weil mit diesen Bildern eine Botschaft verbunden ist: die einer friedlichen Regeneration der Menschheit.

Eine indirekte Verbindung zwischen Fidus und Wagner gibt es auch in dessen vielen Tempel-Entwürfen. Vordergründig darin, dass für die Wagnerianer das Bayreuther Festspielhaus ein „Tempel" war[15], in dem sich das Gesamtkunstwerk vor einer ergriffenen Gemeinde ereignen sollte. In einem vergleichbaren Sinne hat Fidus, durchaus angeregt durch Wagners Konzept des Gesamtkunstwerks, eine Vielzahl theosophischer Tempel entworfen, insgesamt fünfundsiebzig, in denen die in den *Spätschriften* Wagners propagierte ,Einheit des Lebens' gefeiert werden sollte. Das zeigt der Grundriss des *Tempels der Erde* von 1901 sehr deutlich.

Über eine ,schiefe Ebene', die einen Wassergraben überspannt, betritt der Besucher durch einen großzügig gestalteten Eingang den eigentlichen Tempel. Über dem Eingang hängt ein Kreuz, das auf christliche Elemente der Theosophie hinweist, und auf dem das Wort „Tat" steht, in einer runenähnlichen Schrift. Dieses Kreuz ist vor einem rosettenartigen Portal angebracht, in dessen unterer

---

[13] Richard Wagner, *Was nützt diese Erkenntnis?*, in: GSD, Bd. 10, S. 260.

[14] Vgl. dazu meine ausführliche Interpretation in: Udo Bermbach, *,Blühendes Leid'. Politik und Gesellschaft in Richard Wagners Musikdramen*, Stuttgart/Weimar 2003, S. 305ff.

[15] Vgl. beispielsweise die Ausführungen Hermann Bahrs im Festspielführer 1912, abgedruckt in: Udo Bermbach, *Opernsplitter. Aufsätze. Essays*, Würzburg 2005, S. 307.

Hälfte auf einer Querleiste zweimal je fünf halbnackte bzw. nackte Jünglinge stehen, unterhalb derer, an beiden Seiten des Eingangs, Teufelsdrachen bedrohlich brüllen.

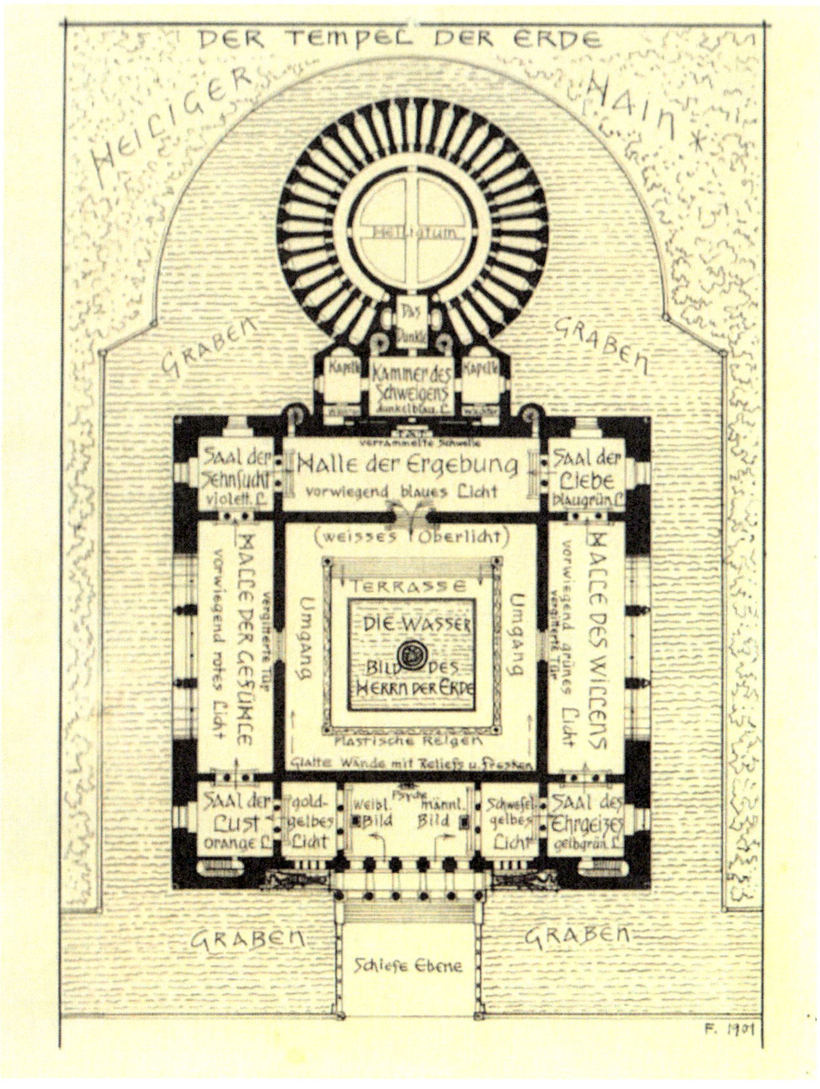

Fidus, *Grundriss des Tempels der Erde*, 1901[16]

[16] Pamela Kort/Max Hollein, *Künstler und Propheten*, S. 86.

Nach dem Eintritt steht der Besucher vor einer weiblichen und männlichen Figur, zu beiden Seiten davon befindet sich ein ‚Saal der Lust' und ein ‚Saal des Ehrgeizes'. Das Zentrum des Tempels, ein riesiges Wasserbecken mit dem Standbild des ‚Herrn der Erde' (Gott im pantheistischen Sinne), ist eine monumentale Halle, erhellt durch weißes Oberlicht, an deren Seiten sich linkerhand die ‚Halle der Gefühle', rechterhand die ‚Halle des Wissens' ausdehnen. Im hinteren Teil tritt der Besucher in die ‚Halle der Ergebung' ein, zu deren Seite links der ‚Saal der Sehnsüchte', rechts der ‚Saal der Liebe' liegen. Durch die sich anschließende, bereits außerhalb des Tempelkubus gelegene ‚Kammer des Schweigens' betritt der Besucher dann durch einen schmalen Gang, genannt ‚das Dunkel', das ‚Heiligtum', das in einem Rundbau gelegen ist, der Form der Vollendung; denn der Kreis gilt seit jeher als schlechthin perfekte Form.

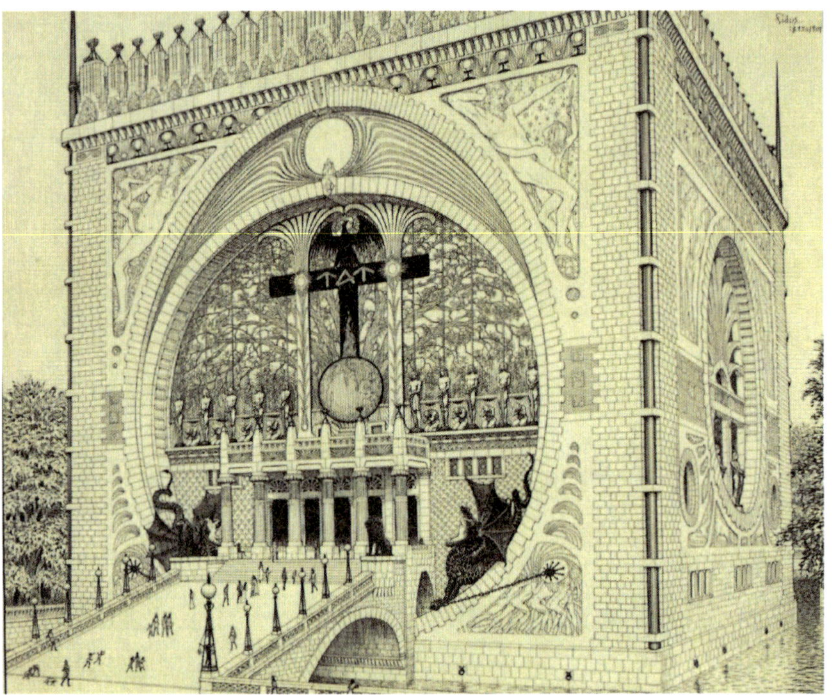

Fidus, *Der Tempel der Erde*, 1901[17]

[17] Ebenda, S. 87.

Außen ist der Tempel mit überdimensionalen nackten männlichen und weiblichen Figuren geschmückt, die in den Ecken der auf allen Seiten rosettenartigen Rundfenster stehen bzw. liegen. Das Flachdach des Tempels ist mit einem umlaufenden Fries von zinnenartigen Steinen gekrönt, die dem Ganzen einen burgartigen Charakter verleihen.

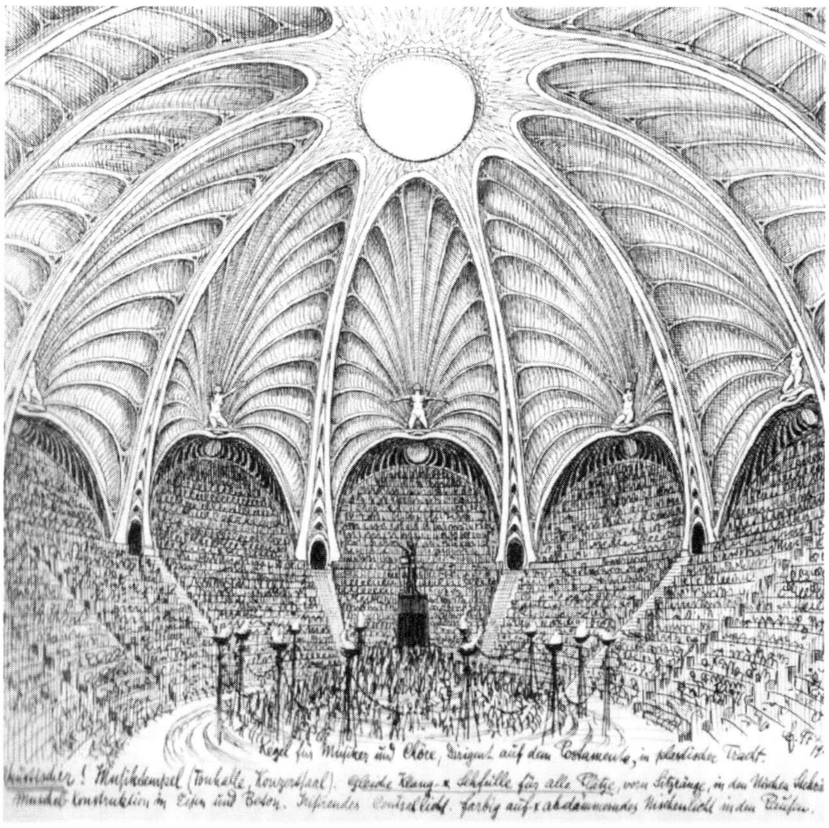

Fidus, *Akustischer Musiktempel*, 1902

Die Frage stellt sich, was dieser Tempel mit Wagner und dem Bayreuther Festspielhaus zu tun hat. Auf den ersten Blick anscheinend nichts und auch die Innenaufteilung lässt zunächst keine Verbindung zu dem Komponisten erkennen. Und doch gibt es einen untergründigen Zusammenhang, der in der schon erwähnten Intention besteht, im Bau selbst die Idee, welcher der Tempel gewidmet ist und dienen soll, sichtbar zu machen. Der Grundriss lässt nämlich erkennen, dass der Besucher durch alle Momente des Wissens und der Emotionen hindurch muss, einen Gang der Erkenntnis und der Läuterung hinter sich bringen muss, bevor er am Ende im ‚Heiligtum' ankommt. Es ist ein Gang, auf dem alles, was den Menschen im Laufe seines Lebens zum Menschen macht, gleichsam symbolisch gesammelt wird, bevor dieser am Ende als ein ‚ganzer Mensch' in jenen Teil der Anlage gelangt, in dem ihm, frei von aller skulpturalen Verdeutlichung, in reiner Abstraktion die Idee des ‚Heiligen' als Repräsentation der „Einheit des Lebens" (Wagner) zuteil wird. Es ist keineswegs eine gewaltsam herbeigeredete Parallele, die hier zwischen dem Entwurf von Fidus und der grundlegenden Idee des Bayreuther Festspielhauses gezogen wird, sondern die innere Verwandtschaft beider Intentionen ist offensichtlich, auch wenn sie zu zwei völlig verschiedenen architektonischen Verwirklichungen findet. Das ergibt sich folgerichtig aus den unterschiedlichen Ausgangspunkten: im einen Falle soll das Musikdrama jene moralisch-ästhetische Läuterung unter speziellen Bedingungen seiner Aufführung bei einem entsprechend aufnahmebereiten Publikum erzielen, im anderen Falle geht es um den konkreten Nachvollzug einer aus unterschiedlichen Elementen zusammengesetzten holistischen Lehre. Doch der Zweck ist in beiden Fällen derselbe: Menschen sollen die Erfahrung machen, dass es zu einer als desaströs empfundenen Moderne eine politisch-ästhetische bzw. spirituelle Alternative gibt, die das Prinzip der *restitutio in integrum* einzulösen verspricht. Beides befindet sich in völligem Einklang mit den Absichten der Lebensreformbewegung.

Schließlich gibt es eine dritte Berührung zwischen Fidus und den Bayreuthianern: Die Hinwendung des ‚Propheten' zum völkischen Gedanken. In Bayreuth brachten Weltanschauungsideologen wie Hans von Wolzogen und Houston Stewart Chamberlain das Werk und Denken Wagners mit ihren monopolisierenden Auslegungen in nationalistisch-völkische Bahnen[18], in die auch Fidus gegen Ende des Ersten Weltkriegs und während der Weimarer Jahre mehr und mehr einschwenkte. Das zeigen auch einige seiner Arbeiten, die bereits nach dem Krieg entstanden sind. Sie sind nach Motiv wie im Malstil denen von Franz Stassen sehr ähnlich. Stassen, dessen Malerei wie die von Fidus viel Jugendstil absorbiert

[18] Vgl. Udo Bermbach, *Richard Wagner in Deutschland* und derselbe, *Houston Stewart Chamberlain*, passim.

hatte, war der in Bayreuth dominierende Maler und dem Bayreuther Kreis ideologisch wie künstlerisch auf das engste verbunden.[19] 1899 hatte er sehr erfolgreich eine umfangreiche Mappe zu *Tristan und Isolde* herausgebracht, 1901 folgte eine ebensolche Mappe mit Arbeiten zum *Parsifal.* 1914 illustrierte er den *Ring des Nibelungen* mit insgesamt 119 Lithografien, die als sein Hauptwerk betrachtet wurden. Zahllose Illustrationen finden sich in Büchern von Hans von Wolzogen, Ausgaben mit den germanischen Sagen und zur Edda. Das hier abgebildete Titelbild zum Festspielführer von 1924 zeigt das Festspielhaus mit einem davor hochgereckten Schwert, dem Schwert Nothung, das – wie die Umschrift besagt – „neu und verjüngt zum Leben wiedererweckt“ werden soll. Das deutsche Schwert, das Stärke und Sieg garantiert! Ähnlich garantiert auch bei Fidus das deutsche Schwert den Frieden des Ostens – freilich zu deutschen Bedingungen, wie die deutlich ins Heldenhafte gesteigerte Figur Germanias zeigt, der sich alle Verbündeten Deutschlands zuwenden, indem sie das mit Eichenlaub umwundene Schwert anfassen.

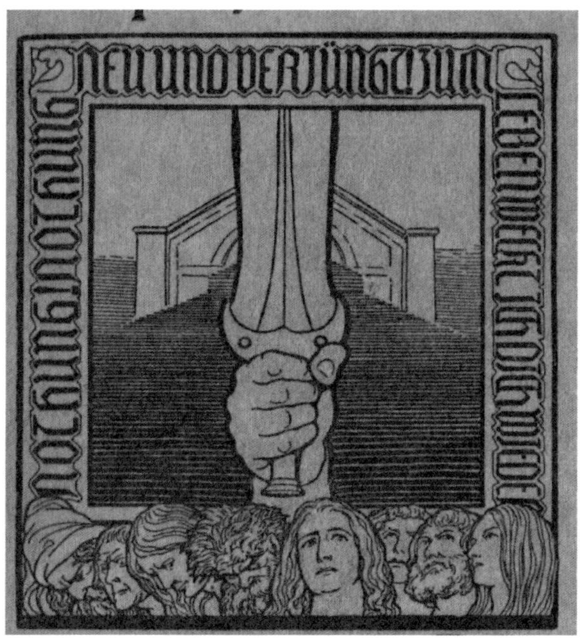

Franz Stassen, *Titelbild des Festspielführers 1924*

[19] Vgl. eingehend Udo Bermbach, *Richard Wagner in Deutschland*, S. 351ff.

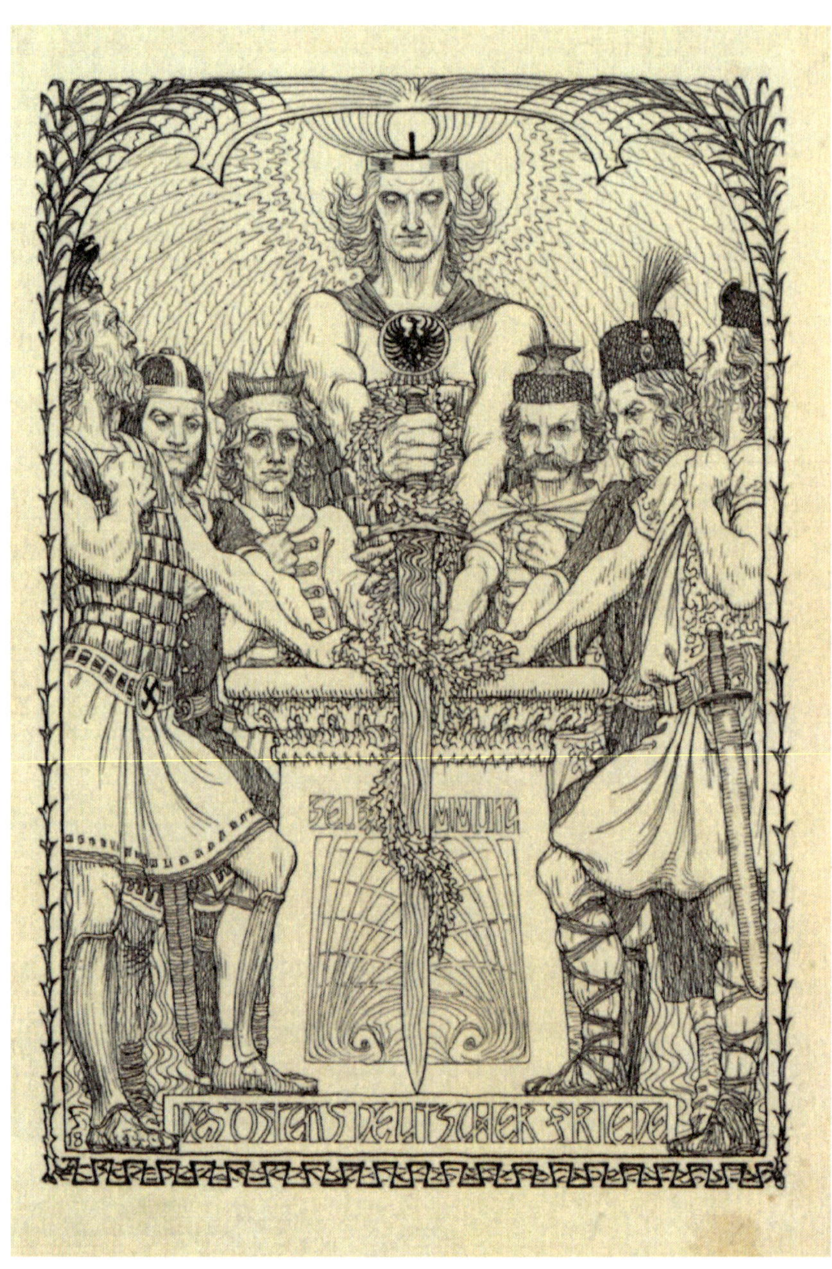

Fidus, Des Ostens Deutscher Friede, 1918[20]

[20] Pamela Kort/Max Hollein, *Künstler und Propheten*, S. 89.

Gusto Gräser

Zur Biographie eines Rudiment-Wagnerianers

Im Umfeld Diefenbachs gab es eine Reihe von ‚Künstlerpropheten', die einerseits den ‚Meister' bewunderten und ihn nachahmten, andererseits sich doch zu eigenen Künstlerpersönlichkeiten entwickelten. Neben Fidus, den Diefenbach als seinen treuesten Jünger betrachtete und der seinerseits diesem auch lange die Treue hielt, gab es František Kupka (1871–1957), der aus Prag stammte, sich in der Wiener Akademie für bildende Künste einschrieb und dann zu Diefenbach weiterwanderte. Wo er es allerdings nicht lange aushielt, obgleich er wie dieser einer allgemeinen, pantheistischen Spiritualität anhing. „Ich habe schon vor zwei Jahren für ihn geschwärmt", schrieb er über Diefenbach 1894, „bei ihm ist jedes Denken, jede Idee eine That und sein Prinzip ist nur das zu thuen, was gut ist, ob es andere thuen oder nicht, seine Ansichten über Glückseeligkeit, Individualität über's Weltall und das Wesen Gottes beweisen, dass er Raum und Zeit (ein Parsifal-Zitat, U.B.) in sich selbst überwunden hat [...].[1]

Obgleich Kupka in einem weiten Sinne die okkultisch-spirituelle Weltanschauung Diefenbachs teilte, war er kein Wagnerianer. Seine Bilder, die er um die Jahrhundertwende malte, wurden sowohl durch Diefenbach wie durch den Jugendstil beeinflusst, gingen aber mehr und mehr zu einem symbolistisch aufgeladenen Malstil über, der zwischen Impressionismus und Expressionismus anzusiedeln ist. Typisch für seine Jugendstil-Phase war das Bild *Elfenliebe*, das 1896 als Illustration für die Zeitschrift *Jugend* entstand.

Kupka, der 1900 an der Pariser Weltanschauung teilnahm, siedelte nach Paris über und geriet dort unter den Einfluss der großen französischen Maler. Aber er kopierte diese nicht, sondern suchte einen eigenen Weg, der seine Bilder in theosophischen Motiven symbolisch verankerte.

---

1 Pamela Kort/Max Hollein (Hrsg.), *Künstler und Propheten*, S. 90.

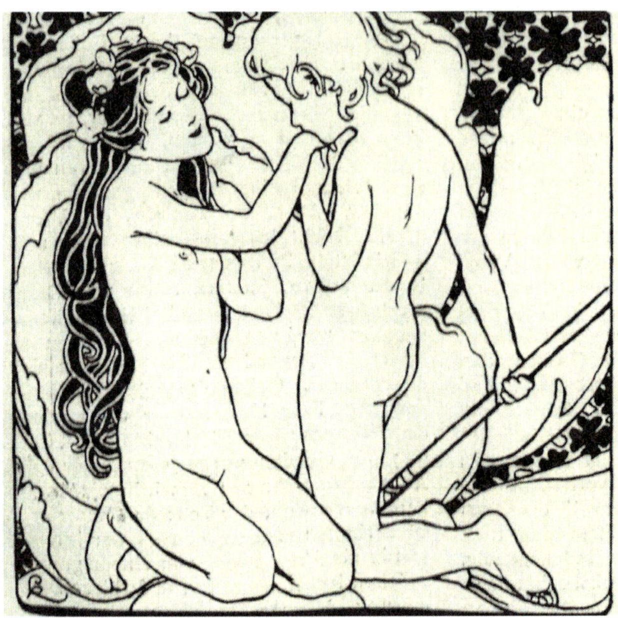

František Kupka, *Elfenliebe*, 1896[2]

Ägyptische Motive dominierten seine Malerei um die Jahrhundertwende, bevor mehr und mehr Motive auftauchten, in denen die Welt der Natur und Naturwissenschaft thematisch wurde. Am Ende seiner Entwicklung standen abstrakte Bilder, die rein aus den Farben lebten, und es ist nicht zu viel gesagt, wenn man ihn etwa neben Wassily Kandinski zu den Mitbegründern der modernen abstrakten Malerei zählt. 1931 bis 1934 war er Mitglied der französischen Gruppe *Abstraction-Création*, 1955 war er auf der ersten Documenta in Kassel mitvertreten, 1957 starb er vereinsamt im französischen Puteaux. Obwohl er von Beginn seiner Karriere an von ‚Wagnerianern' umgeben war, kam er ganz ohne Wagner aus. Dies galt auch für andere ‚Genossen' Diefenbachs, etwa den Maler Paul Scheerbart oder Hugo Taut, die zwar vor allem durch Fidus ästhetisch durch das Konzept des Gesamtkunstwerks beeinflusst waren, aber dennoch sich nicht direkt auf Wagner bezogen.[3]

Dieser Wagner-Verzicht galt so radikal nicht für Gusto Gräser, einen der Mitbegründer des *Monte Verità* und einen der radikalsten

---

2 Ebenda, S. 95.

3 Ebenda, S. 821ff.

Reformer überhaupt. Gustav Arthur Gräser, wie er ursprünglich hieß, dessen Bruder Karl Gräser Maler und Grafiker wie er war und ebenfalls die Siedlung auf dem *Monte Verità* mit aufgebaut hatte, wurde 1879 in Kronstadt/Siebenbürgen geboren, entstammte einer frommen Familie und versuchte sich schon früh in Malerei und Schnitzerei. 1898 verließ er die Schule, um sich Diefenbachs Kommune *Himmelhof* anzuschließen, wo er zunächst alle seine Hoffnungen erfüllt sah: „Ich bin in große Verhältnisse eingetreten", schrieb er an seine Mutter, „ich finde in meinem Meister einen Menschen, den ich zu finden gehofft hätte, einen Überwinder, wie ihn die Natur noch nicht oft gezeugt. Er hat erkannt, was ich erkennen wollte, dass nur ein gänzliches Lossagen von der heutigen Gesellschaft uns die Möglichkeit bietet, ein menschenwürdiges Dasein zu führen."[4] Es waren nur fünf Monate, die Gräser bei Diefenbach verbrachte, weil dessen autoritärer Führungsstil ihn abstieß, aber diese Zeit hatte ihn doch nachhaltig geprägt. Seine Lebensauffassung hatte sich unter dem Eindruck des Kommune-Lebens radikalisiert, er stand nun für völlige Bedürfnislosigkeit und ein Leben, das auf alles Eigentum, alle Annehmlichkeiten und Komfort verzichtete. Um seinen Lebensunterhalt zu verdienen, verkaufte er Postkarten, selbstverfasste Gedichte und Zeichnungen. Durch seinen Bruder Karl kam er dann mit Ida Hofmann und Henri Oedenkoven in Kontakt, gehörte – wie oben geschildert – gegen deren Willen zum Gründungsteam der Reformsiedlung bei Ascona, wo er sich bald als Außenseiter unbeliebt machte. Er beteiligte sich weniger an den körperlichen Arbeiten, die zum Aufbau der Siedlung nötig waren, sondern wollte eher den Mitmenschen durch die Vermittlung lebensreformerischer Grundsätze helfen. Nach einem vorrübergehenden Aufenthalt in seiner siebenbürgischen Heimat kam er zurück auf den *Monte Verità*, wurde aber bald von Oedenkoven ausgeschlossen und bezog daraufhin eine abgelegene Höhle, die wie folgt beschrieben wurde: „Die Höhlung liegt zwischen zwei hausgrossen, gegeneinander geneigten Blöcken, knapp neben einer grossen Felswand, in einer vegetationsarmen, rauhen Gegend [...]. Ein paar dicke, alte, verwitterte Edelkastanien mit ausgehöhlten Stämmen, nichts Lebendes als höchstens gelegentlich eine Ziege, die das spärliche Gras absucht. [...] Der unbe-

[4] Ebenda, S. 117.

queme Zugang ins Gebirge wird ihn vor eine grösseren Zahl Neugieriger bewahren."[5] Ab 1903 wohnte er in dieser Höhle mit einer dazugehörenden Wiese, auf der er, bei Vollmond, die sogenannten *Mondscheintänze* vollführte und in gewisser Weise auf eine sehr eigenwillige Art den späteren modernen Ausdruckstanz vorwegnahm bzw. praktizierte, wie ihn dann Isidora Duncan und Mary Wigman zu einer neuen Kunstform entwickelten. Er war eine so sonderbare und singuläre Figur, dass eine Reihe von Künstlern, Gesellschaftsreformern und gelegentlich auch Politikern ihn aufsuchten, so etwa die revolutionären Anarchisten und Dichter Erich Mühsam und Gustav Landauer, der Begründer der Anthroposophie Rudolf Steiner, der sozial engagierte Linksliberale und Reichstagsabgeordnete Friedrich Naumann, vor allem aber der Dichter Hermann Hesse, der sich mit Gusto Gräser regelrecht anfreundete. Er hatte den mittlerweile über die engen Kreise der Lebensreformer hinaus bekannten ‚Guru' Gräser, der inzwischen mit selbstgefertigter Kutte, mit selbstangefertigten Sandalen und mit Prophetenattitude durchs Land zog, in der Nähe von Basel und am Bodensee erstmals getroffen und dessen Konsequenz hinsichtlich seiner Lebenshaltung bewundert. Als Gräser nahe des *Monte Verità* in seiner Höhle lebte, kam Hesse öfter zu ihm und wurde sein bewundernder Jünger. Nachdem er ihn längere Zeit aus der Nähe beobachtet hatte, schrieb er 1906 die Erzählung *Der Weltverbesserer*, in der er die auf dem Berg gepflegten alternativen Lebensformen, für die er große Sympathien hegte, literarisch verarbeitete.[6] Liest man die Erzählung, so begegnet man unterschiedlichen Reform-Typen, liest von Religions- und Kunst-Propheten. Gusto Gräser wird allerdings sehr erkennbar beschrieben als Berthold Reichardt, vierundzwanzig Jahre alt, einer, der „seinen Neigungen gemäß bei guten Lehrern, auf Reisen und aus Büchern Philosophie und Geschichte studiert" hatte[7], auf seinem Berg ein „Martyrium"[8] beginnt, das allerdings anfangs nicht so aussieht. Die Tage beginnen mit Waschen im Brunnentrog, mit Feuermachen, dem Herrichten der Kammer, dem

[5] Ebenda, S. 123.

[6] Hermann Hesse, *Der Weltverbesserer*, in: derselbe, *Sämtliche Werke in 20 Bänden*, Frankfurt/M., Bd. 7 *Die Erzählungen 1907–1910*. Einzelausgabe als Suhrkamp Taschenbuch, Frankfurt/M. 1985.

[7] Einzelausgabe, S. 7.

[8] Ebenda, S. 40.

Milchkochen. Nützliche Gegenstände werden hergestellt, Bücher gelesen, aus denen Kenntnisse für den Anbau von Obst, Weizen, Lauch und Zwiebeln gewonnen werden können. Gelegentlich kommt Besuch und die Lektüre von Tolstoi, Abhandlungen über Heilige wie Franz von Assisi, wider die Laster der Großstadt, den Luxus, den Industrialismus und den Krieg bestätigen den „Weltflüchtigen wieder in allen seinen Prinzipien."[9] Ein „halbnackter Vegetarier, der erste einer langen Reihe, in Sandalen und einer Art von baumwollener Hemdhose" erschien und machte Eindruck; denn „er predigte nicht Haß und Kampf, sondern war in stolzer Demut überzeugt, daß auf dem Grunde seiner Lehre ganz von selbst ein neues paradiesisches Menschendasein erblühen werde, dessen er selbst sich schon teilhaftig fühlte."

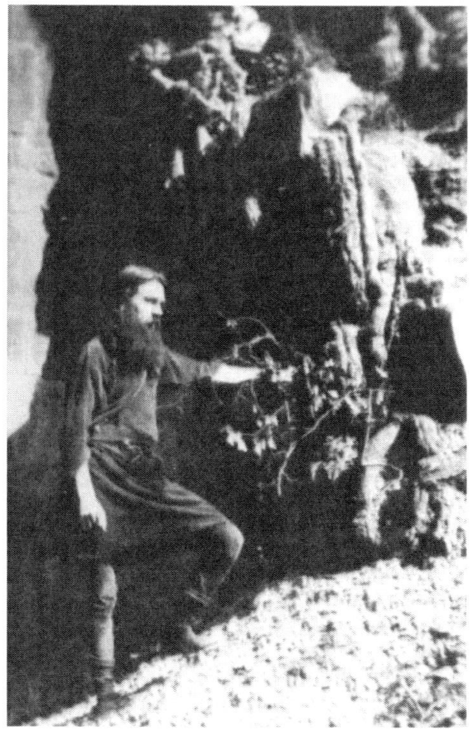

Gusto Gräser vor dem Eingang seiner Wohnhöhle, um 1903[10]

---

[9] Ebenda, S. 48.

[10] Aus Pamela Kort/Max Holbein (Hrsg.), *Künstler und Propheten*, S. 123.

„Sein oberster Grundsatz war: ‚Du sollst nicht töten!', was er nicht nur auf Mitmenschen und Tiere bezog, sondern als eine grenzenlose Verehrung alles Lebendigen auffasste. Ein Tier zu töten schien ihm scheußlich, und er glaubte fest daran, daß nach Ablauf der jetzigen Periode von Entartung und Blindheit die Menschheit von diesem Verbrechen wieder völlig ablassen werde. Er fand es aber auch mörderisch, Blumen abzureißen und Bäume zu fällen. Reichardt wandte ein, daß wir, ohne Bäume zu fällen, ja keine Häuser bauen könnten, worauf der Frugivore eifrig nickte: Ganz recht! Wir sollten ja auch keine Häuser haben, so wenig wie Kleider, das alles trennt uns von der Natur und führt uns weiter zu allen den Bedürfnissen, um derentwillen Mord und Krieg und alle Laster entstanden sind."[11]

Soweit ein knapper Ausschnitt aus Hermann Hesses Schilderung von Gusto Gräsers Leben und Ansichten. Nachdem Hesse im Frühjahr 1907 erneut auf dem *Monte Verità* einige Zeit verbracht hatte, schrieb er die Erzählung *In den Felsen. Notizen eines ‚Naturmenschen'*, in der er das entbehrungsreiche Leben ohne die übliche Kleidung, mit vegetarischer Nahrung und provisorischer Unterkunft schildert, am Ende dann mit der These endete, „daß eine Regeneration unserer Völker und ihres gesamten Lebens möglich wäre, durch Früchteernährung und Annäherung an das Nacktleben."[12] Hesse war selbst ein halber Gräser geworden.

Den größten Teil des Jahres 1910 verbrachte Gusto Gräser in Wien, zusammen mit Elisabeth Dörr und ihren fünf Kindern, zu denen bald eine gemeinsame Tochter kam. Die Familie reiste mit einem Pferdewagen ohne alles sonstige Hab und Gut von Österreich nach Deutschland und dort von Stadt zu Stadt. Gräser tauchte in Weimar auf, in Leipzig, Stuttgart, Karlsruhe, Mannheim, Heidelberg, auch Berlin, hinterließ überall den Eindruck eines Wander-Propheten und Vegetarier-Apostels[13], der auf viele nicht nur lächerlich wirkte, sondern auch in seinem Bemühen, ein radikal anderes Leben zu führen, eine gewissen Eindruck machte.

---

[11] Hermann Hesse, *Der Weltverbesserer*, Einzelausgabe, S. 48ff.

[12] Hermann Hesse, *Sämtliche Werke in 20 Bänden*, Bd. 7, S. 126.

[13] Ebenda, S. 128.

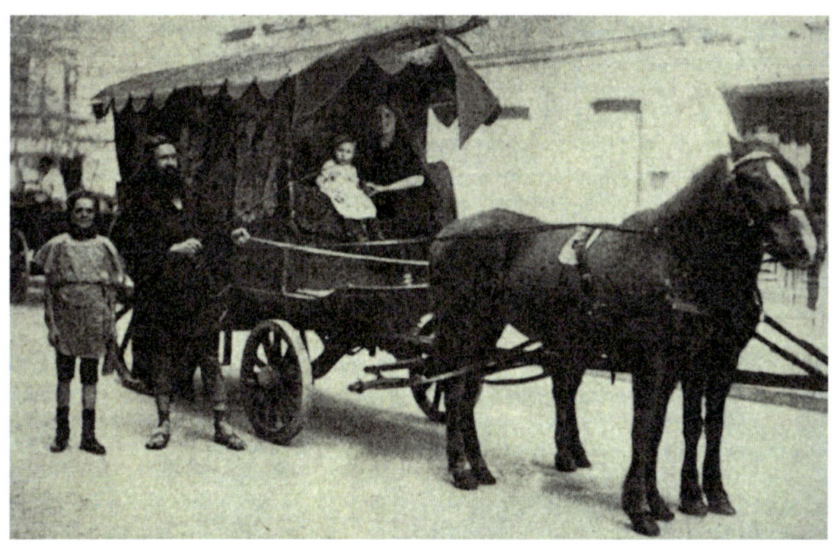

Gusto Gräser mit seiner Familie unterwegs, 1911

An manchen Orten wurde er von der Verwaltung der Stadt verwiesen, an anderen sammelte er eine kleine Gemeinde, vor denen er dann sonntägliche Predigten hielt, in denen er für absolute Besitzlosigkeit, gegen Geld und Materialismus, für ein spirituell erfülltes Leben warb. Er trat als „Naturmensch" auf, sichtbare Verwirklichung seiner Idee, ein Leben als freies Individuum in freier Natur zu führen, außerhalb der Städte und in jener „Einheit alles Lebenden", auf die sich Richard Wagners Weltanschauung stets als Ziel bezog. Wenn Carl Schmitt die These formuliert hat: „Alle prägenden Begriffe der modernen Staatslehre sind säkularisierte theologische Begriffe. Nicht nur ihrer historischen Entwicklung nach, weil sie aus der Theologie auf die Staatslehre übertragen wurden, indem zum Beispiel der allmächtige Gott zum omnipotenten Gesetzgeber wurde, sondern auch in ihrer systematischen Struktur, deren Erkenntnis notwendig ist für eine soziologische Betrachtung dieser Begriffe"[14], so bestätigt der geradezu missionarische Eifer des ‚Apostels' Gräser – und aller anderen ‚Apostel' und Wanderprediger der Lebensreformbewegung – die Richtigkeit dieser These. Hinter dem Programm einer Regeneration der Menschheit, wie Wagner und Chamberlain, also Bayreuth es angedacht hatten, stand

[14] Carl Schmitt, *Politische Theologie*, Berlin 2004, S. 43.

der Wunsch nach Reinigung des Menschen von allen Übeln der modernen Zivilisation. Das „Reinmenschliche“ Wagners impliziert dadurch, dass es als von aller Konvention gelöst gedacht wird und die Voraussetzung dafür ist, zu einer neuen „Einheit allen Lebens“ zu finden, eine neue „Reinheit“, deren Substanz aus der Religion kommt. Parsifal ist nicht nur der „reine Tor“ im Sinne einer kindlich-naiven Haltung des Nichtwissens, sondern auch im Sinne der Unbeflecktheit und Unverdorbenheit durch eine verkommene Zivilisation, vor der ihn eine höhere Macht bewahrt hat. Er ist der ‚reine Tor‘, weil ihm als Mensch Reinheit eignet. Diese ‚Reinheit‘ aber „liegt allen Religionen zugrunde“ und das „Ideal der Reinheit verbindet sich [...] mit dem Kult und dem Priestertum, das durch eine Fülle von Vorschriften körperlicher und moralischer Reinheit aus der alltäglichen Lebenswelt ausgegrenzt wurde.“[15] Dieser Zusammenhang zwischen Regeneration, einer welterlösenden Kunst und der ‚Reinheit‘ ihrer Akteure hebt die Lebensreformbewegung über alltägliche Veränderungswünsche weit hinaus. Er verleiht ihr und ihren Vertretern einen quasi-sakralen Charakter und bürdet ihr quasi-sakrale Aufgaben auf. Gemessen daran, dass die zu regenerierende Gesellschaft rein quantitativ die Regeneratoren bei weitem übertrifft, konnten diese nur scheitern.

15 Jan Assmann, *Totale Religion*, Wien 2016, S. 17f.

Teil VII

Vernetzungen

Vernetzungen

Die bisher behandelten Projekte und Propagandisten der Lebensreformbewegung bilden keineswegs auch nur annähernd das Spektrum dieser *alternativen Moderne* ab. Die Auswahl beschränkt sich vielmehr auf jene besonderen Beispiele, in denen der Einfluss Wagners und Bayreuths insgesamt deutlich nachzuweisen ist. Das gilt in solcher Eindeutigkeit nicht für die zahllosen anderen sozialästhetischen Experimente, die sich alle aus dem Geiste der Lebensreform begründet haben. So ist etwa für die bereits 1893 in der Nähe von Berlin gegründete Obstbaukolonie *Eden*, der ersten deutschen Landkommune überhaupt, festzuhalten, dass sie in ihrem genossenschaftlichen Aufbau zwar Kernvorstellungen Wagners folgte, dass dieser aber nicht der Ideengeber gewesen ist. Denn der Genossenschaftsgedanke war zu jener Zeit ein nicht nur die akademische Debatte beherrschender Gedanke, der sich etwa im bahnbrechenden Werk eines Gelehrten wie Otto von Giercke (1841–1921) über das Genossenschaftsrecht gespiegelt fand[1]; das Modell einer genossenschaftlichen Gesellschaftsordnung hatte auch weite Verbreitung sowohl auf der politischen Rechten wie der Linken gefunden, also von national-völkischen Kreisen bis hinein in linke Gewerkschaften. In *Eden* – deshalb wird diese Siedlung hier erwähnt – lebten eher national und völkisch gesinnte Menschen, unter anderem auch die fanatischen Bayreuthianer Karl Klindworth, ein hervorragender Pianist, Freund Richard Wagners und Leiter eines Berliner Konservatoriums, mit seiner Frau, und beide hatten die elternlose Winifred Williams, eine entfernte Verwandte, aufgenommen, sie später adoptiert und durch ihre Heirat mit Siegfried Wagner 1915 zur ‚Herrin des Hügels' in Wahnfried werden lassen. *Eden* war u.a. inspiriert durch Friedrich Naumann und Eduard Baltzer, auch durch die Ideen Karl Wilhelm Diefenbachs[2]. Die Siedlung war entstanden, weil deren Gründer einen

[1] Otto von Giercke, *Das deutsche Genossenschaftsrecht*, 4 Bde., Berlin 1868–1913.

[2] Dazu Anne Feuchter-Schawelka, *Siedlungs- und Landkommunebewegung*, in: Diethart Krebs/Jürgen Reilecke (Hrsg.), *Handbuch der Deutschen Reformbewegungen*, S. 235ff.

Zulieferbetrieb für die Berliner Vegetarierküchen aufbauen wollte. Sie war eine völkische Siedlung, wie es sie in jenen Jahren zu Dutzenden gab und die weltanschaulich das Ziel hatte, durch Reaktivierung und Revitalisierung des Germanentums einen Beitrag zur Erneuerung Deutschlands zu leisten.[3] Ihrem sozialen wie kommunalen Aufbau nach glichen diese völkischen Reformsiedlungen aber weitgehend den übrigen, die eine andere weltanschauliche Ausrichtung hatten. Für die völkischen Siedlungen galten unter anderem die Ziele: „Bodenreform, Ernährungsreform, Genossenschaftsform, solidarische Arbeitsverteilung, Verzicht auf jeglichen Luxus und Bescheidenheit in den Ansprüchen an das Leben, Erziehungsreform und Körperkultur.[4] Im Unterschied zu den radikal anarchistischen Experimenten, die das Prinzip der ‚freien Liebe' verkündeten und praktizierten, achteten die völkischen Siedlungen aber auf Einhaltung des Familienlebens und orientierten sich am Ideal der Monogamie.[5]

In einem weiten Sinne gehören auch Künstlerkolonien wie etwa Worpswede zur Lebensreformbewegung, wo Heinrich Vogeler (1872–1942) auf seinem Hof die „Siedler- und Arbeitsschule Barkenhof" als Beginn einer „klassenlosen menschlichen Gesellschaft" einrichtete und damit den ideologischen Gegenentwurf zu *Eden* zu realisieren suchte.[6] Vogeler hatte die Vision einer brüderlichen Gemeinschaft, in der sozialistische und gemeinwirtschaftliche Ideale umgesetzt werden und Gleichheit aller Mitglieder herrschen sollte. Worpswede sollte in gewisser Weise – wie alle übrigen Reformsiedlungen auch – für die allgemeinen Lebensverhältnisse ein Modell abgeben, sollte zeigen, wie eine nachkapitalistische Gesellschaft funktionieren könne.

Es gehört nicht zum Thema dieser Arbeit, die zahllosen völkischen, sozialistischen oder auch anarchistischen Reformkommunen hier aufzuführen und auf sie einzugehen, da sie zumeist nichts mit Wagner oder Bayreuth zu tun hatten. Doch waren sie alle trotz

---

3 Ebenda, S. 233.

4 Ebenda, S. 232.

5 Corona Hepp, *Avantgarde*, S. 80.

6 Anne Feuchter-Schawelka, *Siedlungs- und Landkommunenbewegung*, S. 239. Vgl. auch Bernd Küster, *Das Barkenhof-Buch*, Worpswede 1989; Fredericke Schmid-Möbus, *Worpswede. Leben in einer Künstlerkolonie*, Stuttgart 2012.

mancher Differenz im Widerspruch gegen eine industrielle und kapitalistisch organisierte Moderne vereint, die sie als zutiefst menschenfeindlich empfanden. Dass sie in der Praxis dann doch häufig scheiterten, hatte vielfach mehrere Ursachen. Zum einen gab es massive Reibungen zwischen den Siedlern und den staatlichen und kommunalen Behörden, zum anderen arbeiteten die Kommunen nicht so effizient wie ursprünglich geplant, sondern versanken häufig in Misswirtschaft und Inkompetenz ihrer führenden Köpfe. Schließlich gab es dysfunktionale Unstimmigkeiten zwischen den Mitgliedern, Schwierigkeiten der Einzelnen, sich in die geplante Gemeinschaftsstruktur einzufügen, weil zumeist ausgeprägte und sendungsbewusste Individualisten aufeinander trafen, die von sich und ihrer Mission so überzeugt waren, dass sie zu keinerlei Kompromissen bereit waren.

Was in dieser Allgemeinheit für diese Reformkommunen gilt, gilt *mutatis mutandis* auch für die Reform-Propheten. Die hier vorgestellten drei – Diefenbach, Fidus und Gräser – sind nur eine äußerst kleine Auswahl all derjenigen, die durch die Ziele der Lebensreform stimuliert als Propagandisten und Propheten glaubten auftreten zu müssen, die aber nicht mit Wagner, seinem Denken und Werk, auch nicht mit Bayreuth und seiner kulturellen Missionsidee in irgend einer Verbindung standen. Gleichwohl waren diese Nicht-Wagner-Infizierten mindestens so wirkungsvoll wie jene, häufig sogar noch sehr viel meinungsprägender. Männer wie Gustav Nagel, der „Jesus-Apostel“, Friedrich Muck-Lamberty, der „Messias der deutschen Jugendbewegung“ oder auch Ludwig Christian Haeusser, der „Inflationsheilige“[7], um nur besonders herausragende Figuren zu nennen, übten über ihren unmittelbaren Wirkungskreis hinaus auch auf andere eine charismatische Wirkung aus. Die Reformsiedlungen wie diese Reformprediger bildeten mit dem Beginn des neuen Jahrhunderts, besonders mit dem Ende des Ersten Weltkriegs und jenen ersten Jahren der Weimarer Republik, in denen es den Deutschen materiell besonders schlecht ging, ein informelles und

[7] Pamela Korte/Max Hollein (Hrsg.), *Künstler und Propheten*, S. 165ff. Die Frankfurter Ausstellung in der Kunsthalle Schirn, die in diesem Katalog dokumentiert wird, zeigte von all den genannten ‚Propheten‘ künstlerische Werke. Der Katalog gibt biographishe Daten und bildet einen Teil der ausgestellten Bilder und künstlerischen Arbeiten ab. Siehe auch Ulrich Linse, *Barfüßige Propheten*, passim.

eher nicht wahrnehmbares Netz, das sich zunächst über das Kaiserreich, später dann über die Republik legte, ohne dass die hieran Beteiligten untereinander immer in einem engen Kontakt gestanden hätten. Gelegentlich gab es solche Kontakte, wenn etwa Gustav Nagel auf dem *Monte Verità* auftauchte oder Mitglieder der Worpsweder Künstlergemeinschaft dort wegzogen, um sich, wie Rainer Maria Rilke, an andere Reformorte zu begeben, um neue Eindrücke zu sammeln. Aber auch ohne solche intensiven Personalkontakte hatten die Lebensreformbewegung sehr wohl spürbare Nachwirkungen, zum Teil bis in unsere Tage. So lassen sich Künstler wie Friedensreich Hundertwasser, Joseph Beuys, Jörg Immendorf[8] oder der österreichischen Maler und Aktionskünstler Otto Mühl (1925–2013), der 1970 auf dem Friedrichshof im Burgenland eine Kommune gründete, die als „aktionsanalytische Organisation" der Psychoanalyse und Sexuallehre von Wilhelm Reich (1897–1975) folgte, freie Sexualität übte und zeitweise bis zu 600 Mitglieder hatte, durchaus als Nachfahren der Lebensreformer verstehen. Sie knüpfen zum Teil, wie etwa Joseph Beuys, auch direkt an Wagners Projekt des Gesamtkunstwerks an[9], propagieren, wie Wagner und die Lebensreform, die vegetarische Lebensweise, den Antialkoholismus, die Abwendung von der Industriegesellschaft. So kehrten die alten Forderungen der Lebensreformbewegung in der Gegenwart wieder und erwiesen deren Vitalität.

---

[8] Ebenda, S. 306ff.

[9] Vgl. Udo Bermbach, *Richard Wagner und Joseph Beuys. Über die Fortdauer der Idee des Gesamtkunstwerks*, in: derselbe, *Opernsplitter*, S. 283ff.

Teil VIII

Literaturverzeichnis

Literaturverzeichnis

Ich schulde Frau Dr. Gudula Mayr, Leiterin der Kunststätte Bossard, Dank. Sie hat mir unveröffentlichte Manuskripte und Briefe von Johann Bossard zur Verfügung gestellt und erlaubt, daraus zu zitieren.

Im Folgenden werden keine Aufsätze nachgewiesen; sie stehen in den Fußnoten. Wagners Werke werden nach der Ausgabe *Gesammelte Schriften und Dichtungen* zitiert, hier: GSD.

Appia, Adolphe/Elsa Catacuzène, *Die Musik und die Inszenierung*, München 1899; Faksimilenachdruck 2017

Assmann, Jan, *Totale Religion*, Wien 2016

Bahr-Mildenburg, Anna/Bahr, Hermann, *Bayreuth*, Leipzig 1912

Barlösius, Eva, *Naturgemässe Lebensführung. Zur Geschichte der Lebensreform um die Jahrtausendwende*, Frankfurt/M./New York 1997

Barone, Elisabetta/Riedl, Matthias/Tischel, Alexandra (Hrsg.), *Pioniere, Poeten, Professoren. Eranos und der Monte Verità in der Zivilisationsgeschichte des 20. Jahrhunderts*, Würzburg 2004

Bauer, Oswald Georg, *Die Geschichte der Bayreuther Festspiele*, 2 Bde., Berlin/München 2016

Beacham, Richard C., *Adolphe Appia. Künstler und Visionär des modernen Theaters. Mit einem Vorwort von Robert Wilson*, Berlin 2006

Behrens, Peter, *Feste des Lebens und der Kunst. Eine Betrachtung des Theaters als höchstes Kultursymbol*, Darmstadt 1900

Berger, Ursel/Mayr, Gudula/Wiegartz, Veronika (Hrsg.), *Bildhauer sehen den ersten Weltkrieg*, Bd. 3 der Reihe *Bildhauerei im 20. Jahrhundert*, Bremen 2014

Bermbach, Udo ‚*Blühendes Leid*'. *Politik und Gesellschaft in Richard Wagners Musikdramen*, Stuttgart/Weimar 2003

Bermbach, Udo, *Der Wahn des Gesamtkunstwerks. Richard Wagners politisch-ästhetische Utopie*, Stuttgart/Weimar 2004

Bermbach, Udo, *Richard Wagner in Deutschland. Rezeption – Verfälschungen*, Stuttgart/Weimar 2011
Bermbach, Udo, *Opernsplitter. Aufsätze. Essays*; Würzburg 2005
Bermbach, Udo, *Stewart Houston Chamberlain. Wagners Schwiegersohn – Hitlers Vordenker*, Stuttgart/Weimar 2015
Bermbach, Udo, *Kultur, Kunst und Politik, Aufsätze. Essays*, Würzburg 2016
Bernet, Claus, *Jugendstil, Secession, Art Nouveau*, Norderstedt 2013
Bodin, Jean, *Sechs Bücher über den Staat*, hrsg. von P.C. Mayer-Tasch, München 1981, Bd. 1; 1986, Bd. 2
Borchmeyer, Dieter, *Richard Wagner. Ahasvers Wandlungen*, Frankfurt/M. 2002
Borchmeyer, Dieter, *Was ist deutsch? Die Suche einer Nation nach sich selbst*, Berlin 2017
De Bruyn, Wolfgang (Hrsg.), *Fidus. Künstler allen Lichtbaren*, Berlin 1998.
Buchholz, Kai/Latocha, Rita/Peckmann, Hilke/Wolbert, Klaus (Hrsg.), *Die Lebensreform. Entwürfe zur Neugestaltung von Leben und Kunst um 1900*, 2 Bde., Darmstadt 2001 (Ausstellungskatalog zur Ausstellung „Die Lebenreform")
Buhrs, Michael (Hrsg.), *Karl Wilhelm Diefenbach (1851–1913). Lieber sterben, als meine Ideale verleugnen!*, München 2009 (Ausstellungskatalog Villa Stuck)
Chamberlain, Houston Stewart, *Richard Wagner*, München 1936
Curjel, Hans, *Experiment Krolloper 1927–1931*, München 1975
Davrau, Donald G., *Der Mann von Übermorgen. Hermann Bahr 1863–1934*, Wien 1987
Farks, Reinhard (Hrsg.), *Hermann Bahr. Prophet der Moderne. Tagebücher 1888–1904*, Wien 1987.
Fetscher, Iring/Münkler, Herfried (Hrsg.), *Pipers Handbuch der politischen Ideen*, München 1985, Bd. 3
Franz, Eckart G. (Hrsg.), *Vom Hoftheater zum Haus der Geschichte* 1819–1994, *Darmstadt 1994*
Frecot, Jonas, *Fidus 1868–1948. Zur ästhetischen Praxis bürgerlicher Fluchtbewegungen*, München 1972
Feudel, Elfriede (Hrsg.), *In Memoriam Hellerau*, Freiburg 1960
Friedländer, Saul/Rüsen, Jörn (Hrsg.), *Richard Wagner im Dritten Reich*, München 2000

Giertz, Gernot, *Kultus ohne Götter. Emile Jacques-Dalcroze und Adolphe Appia. Der Versuch einer Theaterreform auf der Grundlage der Rhythmischen Gymnastik*, München 1975

Golther, Wolfgang (Hrsg.), *Richard Wagner an Mathilde Wesendonck. Tagebuchblätter und Briefe 1853–1871*, Berlin 1905

Habel, Heinrich, *Festspielhaus und Wahnfried. Geplante und ausgeführte Bauten Richard Wagners*, München 1985

Hakl, Thomas, *Eranos. Nabel der Welt. Glied der goldenen Kette. Die alternative Geistesgeschichte*, Gaggenau 2015

Harnack, Adolf von, *Das Wesen des Christentums*, Berlin 1901

Hepp, Corona, *Avantgarde. Moderne Kunst, Kulturkritik und Reformbewegungen nach der Jahrhundertwende*, München 1992

Herder, Johann Gottfried, *Ideen zur Philosophie der Geschichte der Menschheit*, in: derselbe, Sämtliche Werke, hrsg. von B. Suphan, München 2007, Bd. 13

Hesse, Hermann, *Der Weltverbesserer* und *Doktor Knölges Ende. Zwei Erzählungen*, Suhrkamp Taschenbuch 1197, Frankfurt/M. 1985

Hofmann-Oedenkoven, Ida, *Monte Verità. Wahrheit ohne Dichtung. Aus dem Leben erzählt*, Lorch 1906

Institut Mathildenhöhe Darmstadt (Hrsg.), *Künstlerkolonie Mathildenhöhe Darmstadt 1899–1914*, Darmstadt 1999

Kant, Immanuel, *Gesammelte Schriften*; hrsg. von der Königlich Preußischen Akademie der Wissenschaft, Berlin/Leipzig 1923, Bd. 19

Kerbs, Diethart/Reulecke, Jürgen, *Handbuch der deutschen Reformbewegungen 1880–1933*, Wuppertal 1998

Kienzle, Ulrike, *Das Weltüberwindungswerk. Wagners Parsifal*, Laaber 1992

Kiesel, Helmuth, *Geschichte der literarischen Moderne. Sprache, Ästhetik, Dichtung im zwanzigsten Jahrhundert*, München 2004

Kiesel, Markus (Hrsg.), *Das Richard-Wagner-Festspielhaus Bayreuth*, Köln 2001

Kindermann, Heinz (Hrsg.), *Theater der Jahrhundertwende. Kritiken von Hermann Bahr*, Wien 1963

Koch, Alexander (Hrsg.), *Die Ausstellung der Darmstädter Künstler-Kolonie* (Nachdruck des Original-Katalogs zur ersten Ausstellung), Stuttgart 1989

Kort, Pamela/Hollein, Max, *Künstler und Propheten. Eine geheime Geschichte der Moderne 1872–1972*, Frankfurt/M. o.J. (2015), (Ausstellungskatalog der Schirn Frankfurt/M.)

Landmann, Robert, *Ascona – Monte Verità. Auf der Suche nach dem Paradies*, Frankfurt/M. et. al. 1983

Lieb, Stefanie, *Was ist Jugendstil? Eine Analyse der Jugendstilarchitektur 1890–1910*, Darmstadt 2000

Linse, Ulrich, *Barfüßige Propheten. Erlöser der zwanziger Jahre*, Berlin 1983

Lowenstein, Stehen M./Mendes-Flohr, Paul/Pulzer, Peter/Richarz, Monika (Hrsg.), *Deutsch-Jüdische Geschichte in der Neuzeit*, München 1997, Bd. 3 (1871–1918)

Lucas, Lore, *Die Festspielidee Richard Wagners*, Regensburg 1973

Magistrat der Stadt Darmstadt (Hrsg.), *Die Darmstädter Mathildenhöhe*, Darmstadt 2003

Mayr, Gudula Hrsg.), *100 Jahre Kunststätte Bossard. Ein expressionistisches Gesamtkunstwerk am Rande der Lüneburger Heide*, Jesteburg 2011

Mohler, Armin/Weissmann, Karlheinz, *Die konservative Revolution in Deutschland 1918–1932. Ein Handbuch*, Graz 2005.

Montesquieu, *Vom Geist der Gesetze*, hrsg. von Ernst Forsthoff, Tübingen 1950, 2 Bde.

Mühsam, Erich, *Ascona. Eine Broschüre*, Ascona 1905

Naegele, Verena, *Parsifals Mission. Der Einfluß Richard Wagners auf Ludwig II. und seine Politik*, Köln 1995

Nattiez, Jean-Jaques, *Wagner Androgyne*, Princeton 1993

Nipperdey, Thomas, *Deutsche Geschichte 1866–1918*, München 1993, Bd. 1; München 1992, Bd. 2

Puschner, Uwe/Schmitz, Walter/Ulbricht, Justus H. (Hrsg.), *Handbuch zur ‚Völkischen Bewegung' 1871 – 1918*, München 1996.

Raulf, Ulrich, *Das Jahrhundert der Pferde. Geschichte einer Trennung*, München 1915

Rose, Lawrence, *Richard Wagner und der Antisemitismus*, Zürich/München 1992

Russel, Frank, *Architektur des Jugendstils. Die Überwindung des Historismus in Europa und Nordamerika*, Stuttgart 1982

Safert, Hans-Jürgen, *Hellerau. Die Gartenstadt und Künstlerkolonie*, Dresden 1993

Schmitt, Carl, *Politische Theologie*, Berlin 2004

Schulz-Ohm, Magdalena, *Vom Künstlerhaus zum Gesamtkunstwerk. Eine exemplarische Untersuchung von Johann Michael Bossards expressionistischer Kunststätte*, 2 Bde., Phil. Diss. Hamburg, Maschinenschriftlich 2017

Schwab, Andreas/Lafranchi, Claudia (Hrsg.), *Sinnsuche und Sonnenbad. Experimente in Kunst und Leben auf dem Monte Verità*, Zürich 2002

Schwab, Andreas, *Monte Verità – Sanatorium der Sehnsucht*, Zürich 2003

Seidel, Arthur, *Die Hellerauer Schulfeste und die Bildungsanstalt Jacques-Dalcroze*, Regensburg 1912

Sonntag, Nina, *Raumtheater. Adolphe Appias theaterästhetische Konzeption in Hellerau*, Essen 2011

Sternberger, Dolf, *Vexierbilde des Menschen*, in: *Schriften*, Frankfurt/M. 1981, Bd. VI

Sternberger, Dolf, *Über den Jugendstil und andere Essays*, Hamburg 1956

Stork, Karl, *Èmile Jacques-Dalcroze*, Stuttgart 1912

Szeemann, Harald (Hrsg.), *Monte Verità. Berg der Wahrheit. Lokale Anthropologie als Beitrag zur Wiederentdeckung einer neuzeitlichen sakralen Topographie* Tegna und Milano 1978

Tönnies, Ferdinand, *Gemeinschaft und Gesellschaft. Abhandlung des Communismus und des Sozialismus als empirischer Culturform*, Berlin 1887/Darmstadt 2005

Vill, Susanne (Hrsg.), *Das Weib der Zukunft. Frauengestalten und Frauenstimmen bei Richard Wagner*, Stuttgart/Weimar 2000

Wagner, Claudia, *Der Künstler Karl Wilhelm Diefenbach (1851–1913) – Meister und Mission*, Phil. Diss. München, Maschinenschriftlich 2007

Wagner, Cosima, *Die Tagebücher 1878–1883*, München 1977, Bd. II

Wagner, Richard, *Heldenthum und Christenthum*, in: GSD, Bd. 10

Wagner, Richard, *Deutsche Kunst und deutsche Politik*, in: GSD, Bd. 8

Wagner, Richard, *Eine Mittheilung an meine Freunde*, in: GSD, Bd. 4

Wagner, Richard, *Jesus von Nazareth. Ein dichterischer Entwurf*, in: GSD, Bd. 11

Wagner, Richard, *Kunst und Klima*, in: GSD, Bd. 3
Wagner, Richard *Modern*, in: GSD, Bd. 10
Wagner, Richard, *Offenes Schreiben an Herrn Ernst von Weber, Verfasser der Schrift: ‚Die Folterkammern der Wissenschaft‘*, in: GSD, Bd. 10
Wagner, Richard, *Oper und Drama*, in: GSD, Bd. 3
Wagner, Richard, *Publikum und Popularität*, in: GSD, Bd. 10
Wagner, Richard, *Religion und Kunst*, in: GSD, Bd. 10
Wagner, Richard, *Was ist deutsch?*, in: GSD, Bd. 10
Wagner, Richard, *Was nützt diese Erkenntnis? Ein Nachtrag zu Religion und Kunst* in: GSD, Bd. 10
Wagner, Richard, *Wollen wir hoffen?*; in: GSD, Bd. 10
Wagner, Richard, *Sämtliche Briefe*, hrsg. von Hans-Joachim Bauer/Johannes Forner, Leipzig 1986, Bd. VI/Leipzig 1988, Bd. VII
Weber, Ernst von, *Die Folterkammern der Wissenschaft. Eine Sammlung von Thatsachen für das Laien-Publikum*, Berlin/ Leipzig 1879.
Wedemeyer-Kolwe, Bernd, *Aufbruch. Die Lebensreform in Deutschland*, Darmstadt 2017
Weingart, Peter/Kroll, Jürgen/Bayertz, Kurt, *Rasse, Blut und Gene*, Frankfurt/M. 1992
Winkelmann, Johann Jakob, *Geschichte der Kunst des Altertums*, Darmstadt 1972
Wolzogen, Hans von, *Das Himmelreich in uns. Christliche Festgedanken*, Berlin 1909

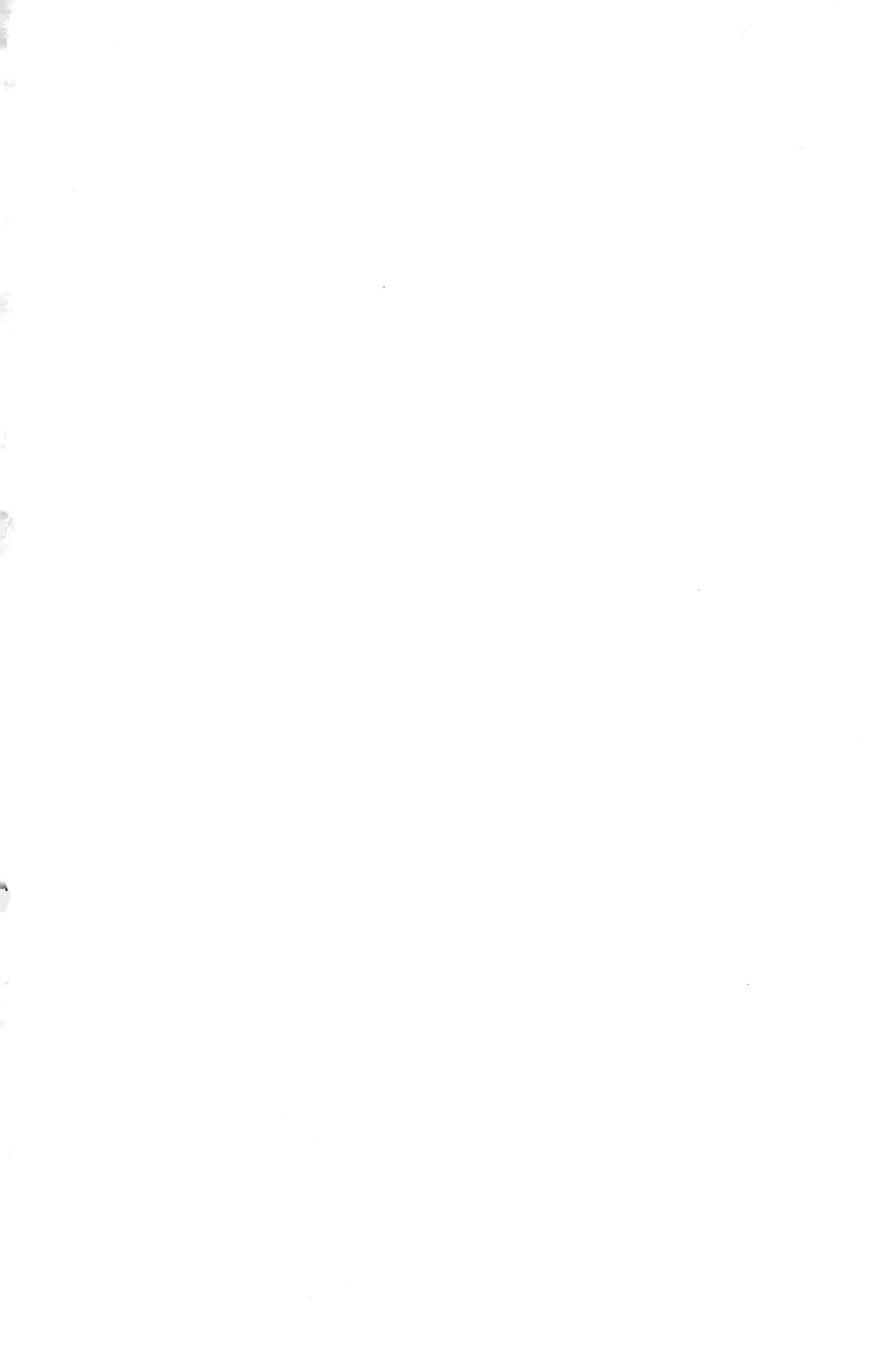

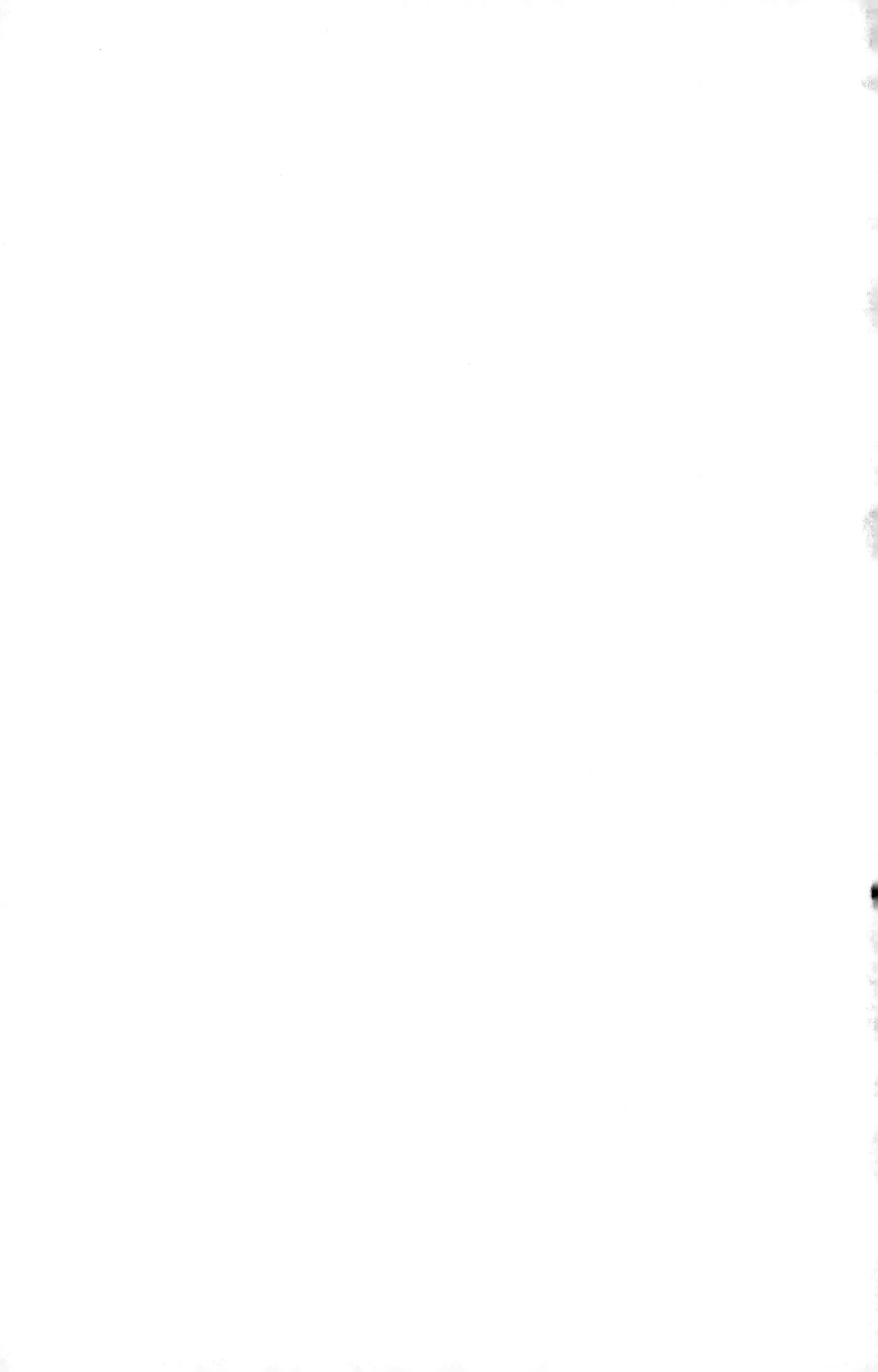